U0682997

新课标

新课堂

新教材

指向深度学习的初中英语
单元整体教学设计与实践

袁春玉 著

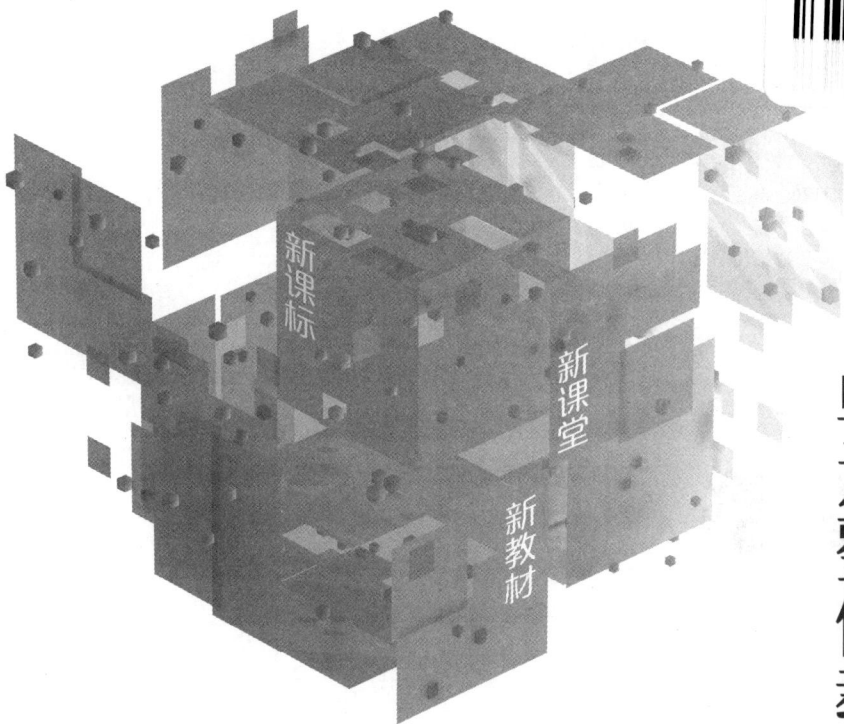

上海教育出版社
SHANGHAI EDUCATIONAL
PUBLISHING HOUSE

图书在版编目（CIP）数据

指向深度学习的初中英语单元整体教学设计与实践／
袁春玉著. -- 上海：上海教育出版社，2024. 12.
ISBN 978 - 7 - 5720 - 3176 - 2

Ⅰ. G633.412

中国国家版本馆 CIP 数据核字第 2024U7K633 号

策划编辑　黄　艳
责任编辑　周长天
封面设计　朱博韡

指向深度学习的初中英语单元整体教学设计与实践
袁春玉　著

出版发行　上海教育出版社有限公司
官　　网　www. seph. com. cn
地　　址　上海市闵行区号景路 159 弄 C 座
邮　　编　201101
印　　刷　上海商务联西印刷有限公司
开　　本　700×1000　1/16　印张 18.75
字　　数　314 千字
版　　次　2024 年 12 月第 1 版
印　　次　2024 年 12 月第 1 次印刷
书　　号　ISBN 978-7-5720-3176-2/G·2807
定　　价　60.00 元

如发现质量问题，读者可向本社调换。　电话:021-64373213

序

很高兴应袁春玉老师邀请为她撰写的《指向深度学习的初中英语单元整体教学设计与实践》一书作序。这本书凝聚袁老师近十年的研究心血，展现了广州市南沙区初中英语学科在教育部基础教育课程教材研究所深度学习教学改进项目的引领下，持续开展基于深度学习的单元整体教学研究所取得的成果，该书的出版将为其他地区开展相关研究提供重要的实践启示和借鉴。

我与袁老师结识于深度学习教学改进项目。2019年，我受邀于教育部基础教育课程教材研究所，前往广州市南沙区指导义务教育深度学习英语学科项目，袁老师是第一批实验学科的英语教研员。在项目推进的过程中，我多次到广州市南沙区参加深度学习单元教学主题研训活动，袁老师孜孜不倦的探索精神和南沙区初中英语教研团队的学习热情给我留下了深刻印象，同时我也见证了深度学习单元教学研究所带来的教师理念的提升、区域课堂的蜕变、教师团队的成长和学生能力的发展。

南沙区初中英语教研团队在深度学习单元教学主题研究中坚持以问题为导向，每一次到南沙区参加深度学习研修活动，教师们都有意识地聚焦一个个在单元教学研究中遇到的问题，把问题凸显在观摩课例中，或者作为课后研讨的主题，如：什么是深度学习的活动？单元目标如何表述？如何开展持续性评价？如何选择主题拓展阅读语篇？拓展阅读与精读活动的区别是什么？英语学科如何开展跨学科单元教学？教师们在研修中勤于思考，大胆质疑，研讨氛围很热烈，老问题解决了，新问题又来了，就这样在问题解决的过程中推动研究的不断深入。

作为区域学科带头人，袁老师具有较强的整合意识与科研意识，把项目推进与学科教研、科研及学科活动等整合。这些年来，她带领南沙区初中英语教研团队，围绕单元整体教学获得省、市、区级10多项课题的立项。袁老师本人主持的广东省规划课题"基于深度学习的教、学、评一体化初中英语单元教学设计实践研究",做得相当扎实,在理论层面,构建了基于深度学习的英语单元教学模型,研制了单元设计模板,提炼出英语单元教学基本特征,总结了英语单元设计与课堂实施的一系列策略方法,公开发表论文 10 多篇(核心期刊 3 篇);在实践层面,她积累了 40 多份优秀案例和单元设计资源,每份设计都经过两轮课堂实践优化后才定稿,提供教学设计、课件、微课等完整资源供一线教师借鉴使用,从而引领全区教师逐步从突破知识点的单课时教学转变为在情境任务中综合运用知识的单元整体教学。

2022 年,我收到了袁老师省课题优秀结题的喜讯。课题有期限,研究无止境,袁老师没有停止探索的脚步,而是紧跟教学改革新方向,结合南沙智慧教育的区域特色,基于单元教学的关键要素不断拓宽研究内容、推进研究深度。她基于"主题"这一要素,开展英语跨学科单元教学研究、跨单元教学研究;基于"内容"要素,带领阅读团队成员立项了"基于主题意义探究的拓展阅读教学研究"课题,课题组成员按照主题分类整理了 800 多个拓展阅读篇章辅助教学;聚焦"作业"立项了"信息技术支持下的初中英语单元作业创新案例研究"系列子课题研究,为单元整体教学研究积累了更加丰富的案例和论文,进一步推进初中英语单元教学研究走向主题化、系列化和课程化。

推进课堂改革是艰难的,然而袁老师和她的团队却能够乐在其中。研究过程中,每当有创新尝试和难点突破时,袁老师会积极与我交流分享。2019 年,南沙区初中英语教研团队基于单元内容整合的问题,开展基于主题意义探究的拓展阅读研究,根据拓展阅读语篇对单元主题意义探究所起的作用,将拓展阅读有机嵌入单元整体教学中,而不是孤立地随意增加一个单课时,并尝试运用 jigsaw reading 的模式开展主题拓展阅读,取得了良好的效果,相关论文在核心期刊发表;2020 年,南沙区的童宇超老师主备的单元案例《义务教育教科书 英语》(沪教版)八年级上册 Unit 5 Educational exchanges 在研修活动中展示,单元综合课是一场模拟出国游学答辩会,师生享受课堂,学生成就感满满的场景历历在目;2021 年,南沙区将单元教学设计发给我,我欣喜地发现教师们在单元设计模板的探索上又向前迈进了一大步,他们使用"主题探究思路图"清晰呈现单元整体设计全貌;2022 年,袁老师针对中考英语复习中重复学习、知识碎片化、学生缺乏新鲜感和挑战性等问题,尝试把深度学习单元教学理念迁移运用到中考复习中，经过三年实践，建构了话题整合的大单元复习模式，有效提升了中考备考效率；2023 年，袁老师与我分享南沙区开展英语跨学科单元教学案例展示的盛况……

本着对深度学习单元教学理念的认同，基于提升区域英语课堂质量的愿望，袁老师带着南沙区初中英语教研团队扎扎实实开展单元教学研究近十年，取得了丰硕的成果。袁老师和团队教师们也在项目中相互成就，共同成长。40 多名教师在省、市级单元教学主题教研活动中进行说课和课例展示，60 多名教师在国家、省、市级单元设计评比、现场授课比赛、教学基本功大赛中获奖，而袁老师自己在课题、论文、教学成果评比等方面也取得了可喜的成绩，成长为广州市名师。

本书是袁老师和她的团队十年研究成果的结晶，是她和团队共同成长的见证。本书具有以下几个特点：

1. 理论与实践相结合。在理论部分，系统全面地梳理了深度学习单元整体教学的概念、特征、研究历程及相关理论支撑；在实践部分，结合具体教学实践案例，阐述了单元整体设计的步骤方法、实施策略和课堂实施效果。令读者清晰理解基于深度学习的单元教学的理论支撑和实践策略，了解实施效果，从而结合自身的实际教学引发反思。

2. 全面完整，系统性强。本书包含了初中英语单元整体设计的各个关键要素，在单元整体设计层面，从主题、目标、内容、活动、评价、作业等方面展开阐述，在课堂实施层面，从精读课、听说课、语法课、拓展阅读课、写作课、综合展示课、复习课等角度展开阐述。另外，概述部分还阐述了区域从通用型单元教学模型到英语学科单元教学模型的建构历程，为区域学科教研提供借鉴。

3. 案例丰富，可读性强。案例赏析部分精选了五个典型案例，均为在省、市、区主题教研活动中展示或者在单元教学案例评比中获奖的优秀案例。案例来自不同年级，类型多样，有教材单元整体设计案例、跨学科单元整体教学案例、单元作业案例和大单元复习案例。案例内容包括亮点简介、单元整体设计、典型课时设计、教师反思、学生过程性作品、专家点评等，力求展示完整的设计思路、生动的课堂互动和真实的实施效果。

《义务教育英语课程标准（2022 年版）》突出强调要通过推动实施单元整体教学，落实好培养学生核心素养的目标。本书将为广大一线教师开展单元整体教学提供良好的范例，为区域学科教学研究提供参考路径。相信这本书一定会为广大读者带去宝贵的教学与研究参考，为培养学生的综合素养、促进学科育人助力，为推动新课程、落实新课标、用好新教材助力。

王　蔷

北京师范大学教授，博士生导师

2024 年 8 月 22 日

前　言

广州市南沙区于2012年9月经国务院批准成为国家级新区。新区成立后，经济发展迅速，原来农村学校的教育内容和教学方法已不能适应现代化、城市化发展的需要。作为区域教研机构，如何引领教师更新理念和改进课堂教学质量成为迫切需求。为打造与区域发展定位相匹配的教育，南沙区与教育部基础教育课程教材研究所签署了基础教育课程改革实验区协议，成为全国首批基础教育课改实验区。

深度学习教学改进项目，是教育部基础教育课程教材研究所基于对全国教师进行的新课程标准网络调查报告，以及对十年课程改革进行反思，在借鉴国内外相关研究成果的基础上，组织专家团队针对我国课程教学改革的实际需要，研究开发的教学改进项目。项目定位是在尊重、接纳、改进和完善现有改革经验和成果的基础上，基于课程标准，解决教学中的重难点问题。南沙区自2014年9月份开始参加深度学习教学改进项目，通过开展深度学习单元教学撬动课堂变革，引领教师专业发展和带动区域内涵跨越式发展。

《义务教育英语课程标准（2022年版）》提出了英语学科四大核心素养，凸显了英语学习对于发展学生心智和培养思维能力的育人功能，明确指出"要围绕主题引领的学习活动进行单元整体教学"。可见，关注思维能力的培养和单元整体教学已经成为我国英语课堂教学改革的必然趋势。

深度学习缘起于人工智能中多层神经网络的机器学习，引申至教育学领域，主要指以提升创新思维等高阶思维能力为目标的学习方式。它着力解决当前课堂中存在的学习形式化、浅表化、碎片化的问题，指向学生创造性解决问题能力的提升。深度学习倡导单元整体教学，并以"深度学习实践模型"引导教师紧扣教学中最关键的四个要素开展单元设计与教学实践。可见，深度学习单元教学与新课标的要求如出一辙。

在开展项目研究之前，南沙区初中英语教学普遍存在以下问题：（1）教师固守教材，按部就班地单课时备课，单元内课时与课时之间缺乏整体构思，课时之间缺乏内在关联；（2）教学目标、内容和活动前后缺乏统一性、连贯性和逻辑性，存在教学碎片化的问题；（3）情境创设欠真实，课堂提问深度不够，较少关注英语学习对学生思维能力的培养；（4）知识讲解偏多，学生参与语言实践活动的机会少，导致学生的知识和技能得不到综合进阶式的发展，英语课堂效率不够理想，学生英语学习兴趣不高。

作为南沙区深度学习第一批实验学科，初中英语学科在王蔷教授、孙铁玲老师等深度学习学科专家的指导下，以教学中的"问题"为导向，以课题为引领，持续深入开展初中英语深度学习单元教学课堂实践研究近十年。

十年来，我们坚持以"问题"为导向，将深度学习与学科教研、学科活动、中考备考等紧密结合，开展专家讲座、课例展示、微课比赛、案例评比等形式多样的深度学习系列研训活动20多场，在不断解决"老问题"，发现"新问题"的过程中，优化课堂设计，积累优秀案例和提炼经验策略。

十年来，我们以课题为抓手，紧跟国家、省、市教学改革方向，基于单元教学中的各个关键要素不断深入探究，开展教材单元设计、跨单元教学、跨学科单元教学、单元主题拓展阅读、单元作业设计等系列课题研究，不断推进研究向纵深发展，逐步形成研究主题化、系统化、课程化的良好局面。

十年来，我们立足单元整体视角下的课堂实践，逐步改变区域初中英语课堂教学目标、内容、活动割裂，评价缺失的现状，带领教师们从相对简单的突破知识点的单课时教学转变为在情境任务下突出知识应用的单元教学，课堂效率明显提升。教学的碎片化少了，系统性增强了；单纯的知识点讲解少了，探究活动多了；教师讲授少了，学生展示多了；教师一言堂少了，师生互动多了。

十年深耕，我们取得了丰硕的阶段性研究成果。

在理论层面，我们建构了"基于五要素的初中英语单元整体教学模型"，研制了初中英语单元整体设计模板，创新了初中英语单元课型模式，厘清了单元整体设计步骤，提炼出了初中英语深度学习课堂基本特征。

在实践层面，我们积累了40多个可供教师借鉴使用的优秀单元教学案例，包括教材单元设计、跨学科单元设计和跨单元教学设计，以及供教师开展单元整体教学的拓展阅读资源，这批资源对于提高教师课程设计和教学创新能力，引导教师从单课时教学转向单元整体教学起到了很好的引导作用。

同时，我们也培养了一支高质量的深度学习教研团队，团队成员开展深度学习单元教学子课题研究 12 项，公开发表单元教学相关论文 25 篇（核心期刊 4 篇），30 多位教师在各级各类单元整体教学主题教研活动中进行单元说课和课例展示，20 多份单元教学案例获省、市级奖项。2021 年，"基于深度学习的初中英语教、学、评一体化单元整体教学模式的构建与实践"课题研究获得了广州市教学成果奖。

　　南沙区初中英语深度学习单元教学研究起步早，研究过程扎实，案例成果丰富，引起了教育界同行们的关注，成为区域对外学术交流的一大亮点。我区先后承担省、市级英语单元教学案例展示活动 10 多场，项目专家王蔷教授称赞我们遵循语言学习规律，将单元目标合理有机分解到课时，循序渐进地发展学生能力的设计思路；学科专家孙铁玲老师肯定我区大胆尝试单元主题拓展阅读的做法；华南师范大学朱晓燕教授指出，我区单元设计高度吻合新课标要求，特色鲜明，为推进省、市初中英语单元教学提供了优秀范例。广州市初中英语教研员何琳老师表示，在南沙区单元课例展示中，每一堂课中学生语言产出的质和量令人欣喜，验证了南沙区坚持开展深度学习课堂改革所带来的区域整体课堂质量的提升。

　　在本书中，笔者对十年研究进行了系统梳理，包括深度学习单元整体教学的理论支撑、单元整体设计各关键要素的设计与实施策略，以及单元整体视角下各种课型的设计与实施策略；展示了区域单元整体教学实践研究的全过程；分享了部分具有典型性的优秀单元教学案例，希望能从理论支撑和实践策略两方面为教师开展单元整体设计和课堂实践提供指引。本书案例主要以沪教版教材为蓝本，希望抛砖引玉，与更多致力于英语课堂教学改革的同行们交流学习。

袁春玉
广州市南沙区教育发展研究院初中英语教研员
广州市名教师工作室主持人

目　录

第一章

初中英语深度学习单元整体教学概述

他山之石，可以攻玉。深度学习缘起于人工智能（AI）中多层神经网络的机器学习，因为人工智能的流行造就了这个时尚而通俗易懂的名词，引申至教育学领域，主要是指以提升创新思维等高阶思维能力为目标的学习方式。

本章系统梳理了深度学习的研究历史和理论支撑，阐述了南沙区初中英语教研团队如何在深度学习单元教学实践模型的引领下，结合课程标准要求和区域学情，建构适合区域学情的单元教学实践模型。

第一节　深度学习的内涵与意义

一、深度学习的概念及特征

深度学习（Deep learning）缘起于人工智能（AI）中多层神经网络的机器学习，引申至教育学领域，主要指以提升创新思维等高阶思维能力为目标的学习方式。深度学习与浅层学习相对，是一种主动的、批判性的学习方式，强调理解性的学习、批判性的高阶思维、主动的知识建构、有效的知识迁移及真实问题的解决。

我国的新一轮基础教育课程改革实施以来，课程改革方向得到普遍认同，课程改革理念深入人心，中小学课堂教学发生了积极变化，"以学生为中心""以价值观为导向""创新能力培养""形成性评价"等一系列教育教学改革的新趋势普遍得到教师们的认同。但是具体落实到课堂教学实施操作上，还是存在不少问题，例如：学生学得粗浅而未深入学科本质，学得分散而缺少整合，学得狭隘而一叶障目，这使得学生简单记忆和机械训练的学习状况未能从根本上得以改变，学生在理解知识、建构意义和解决问题的能力发展上仍存在不足。

2014 年，教育部基础教育课程教材发展中心基于对我国教师进行的新课程标准网络调查，基于对十年课改的反思，在组织专家团队借鉴国内外相关研究成果的基础上，针对我国课程教学改革的实际需要，研究开展了深度学习教学改进项目研究。该项目针对我国中小学教学方式的改进，专家团队对"深度学习"的定义是：

在教师引领下，学生围绕具有挑战性的学习主题，全身心积极参与、体验成功、获得发展的有意义的学习过程。在这个过程中，学生掌握学科的核心知识，理解学习过程，把握学科核心思想与方法，形成积极的内在学习动机、形成健康向上的情感、态度与价值观，成为既具独立性、批判性、创造性又有合作精神、基础扎实的优秀学习者。

深度学习教学改进项目的核心理念和价值追求，深度契合以核心素养为目标的课程理念，立足于推动以学生为中心，以学生核心素养培育为目标的教学改革，着力研究解决当前我国在课堂教学中存在的重难点问题，具有一定的前瞻性。项目组专家概括了深度学习的五个基本特征：联想与结构、活动与体验、本质与变式、迁移与应用、价值与评价，这五个方面是深度学习如何处理教学活动各要素间关系的具体体现，可以作为深度学习是否发生的判断依据。

1. 联想与结构：强调个体已有经验与要学习的知识不是对立的，而是相互成就、相互转化的。"联想"是指学习要重视学生个体经验，"结构"是指通过教学活动对经验和知识的整合与结构化。深度学习强调联想与结构，就是要求学生以建构的方式学习结构中的知识，通过建构将学习内容本身所具有的关联和结构进行个性化再关联、再建构，从而形成自己的知识结构。

2. 活动与体验：这是深度学习的核心特征，"活动"是指以学生为主体的主动活动，"体验"是指学生在活动中发生的内心体验。活动与体验主张学生在教师的带领下主动活动，通过听讲、实验、探索等方式去弄清符号、概念所蕴含的意义，体验知识的丰富内涵与意义的形成过程，不是把知识平移、传输、灌输给学生，而是由教师带领学生"亲身"经历知识的"再形成"和"再发展"的过程。

3. 本质与变式：学生能够抓住教学内容的本质属性，全面把握知识的内在联系，并能够由本质推出若干变式，是学生发生深度学习的标志。把握本质的过程，是去除非本质属性干扰，分辨本质与非本质属性的过程，也是对学习内容进行深度加工的过程。学生把握了事物本质，才能自主建构自己的知识，才能举一反三，实现迁移与应用。

4. 迁移与应用：迁移与应用解决的是知识向学生个体经验转化的问题，表明了深度学习是有目的地培养学生综合能力、创新意识的学习。"迁移"是经验的扩展与提升，"应用"是将内化的知识外显化、操作化的过程，也是将间接经验直接化，将符号转为实体，从抽象到具体的过程。迁移与应用强调学生对学习结果的外化。

5. 价值与评价：价值与评价回答的是教学的终极目的与意义的问题，学生学习的最终目的并不是掌握已有的知识，而是能够在将来进入社会，参与社会实践并创造美好的未来生活。价值与评价不是自然而然形成的，而是在"参与"知识形成的过程中，在批判性的认识与理解的过程中形成的，它蕴含在教学的各个阶段、各个环节的所有活动中。

王蔷教授等补充"内化与交流"作为英语深度学习特有的特征，强调学生要围绕主题和新的知识结构开展以描述、阐释、交流等实践活动为主的内化活动，以巩固新的知识结构，实现深度学习，达到促进知识向能力，能力向素养转化的目的。

教学理念只有落实到课堂教学中才能发挥作用，那么如何在课堂教学中做到让学生积极参与挑战性学习主题，进行自主、合作、探究学习，真正做到学思结合，实现深度学习呢？深度学习教学改进项目专家组一方面在理论上进行科学解读，引导教师准确理解"教不等于学"，教学必须建立在促进学生深度理解的基础上；另一方面给教师提供探索深度学习课堂教学改革的"脚手架"——深度学习教学实践模型1.0（图1），该模型引导教师聚焦教学的四个关键因素进行单元整体设计，即学生学会什么？教什么？怎么教？教得如何？

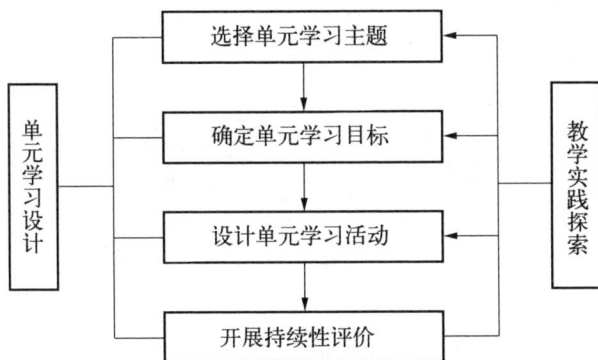

图1 深度学习教学实践模型1.0

深度学习教学实践模型1.0要求教师建立好学科核心素养与学科核心内容之间的关系，依据《义务教育英语课程标准（2022年版）》（以下简称"课程标准"）和教材，选择有利于培养学科核心素养的教学内容和情境素材，选择学习主题、确定单元学习目标、设计单元学习活动、开展持续性评价。深度学习单元教学非常重视学习过程中的评价，把评价作为核心四要素之一，教师需要掌握基本的评价方法和手段来反馈教学效果，用评价来帮助教师检查和反思教学目标的达成度。

深度学习教学改进项目专家组带领全国各课改实验区经过几年的实践探索，把深度学习教学实践模型由1.0升级为2.0（图2）。该模型进一步凸显"学习目标"的素养导向、"学习主题"的引领性、"学习任务/活动"的挑战性以及"学习评价"的持续性，强调以大概念为引领，对教学内容进一步结构化，按照学习进阶的过程把教学活动系列化、情境化，并使其具有挑战性，让学习评价伴随教学全过程，营造开放性的学习环境。2.0 版本重视教师在实践过程中的反思，引导教师边研究、边实验、边总结、边完善，通过教学反思进行经常性的教学改进，不断优化教学设计和教学过程，充分体现了项目研究的开放性和生成性。

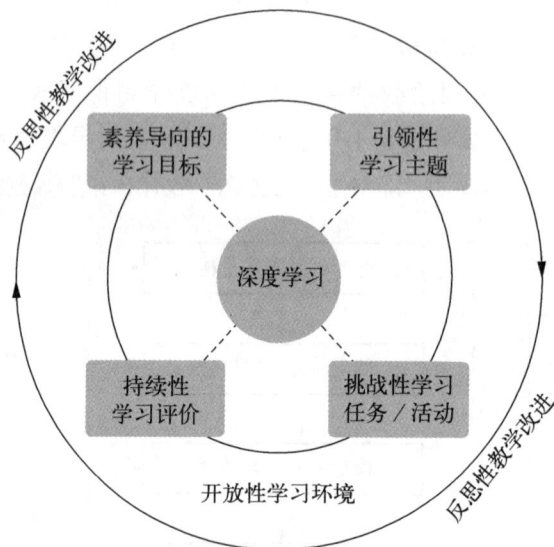

图 2　深度学习教学实践模型 2.0

二、深度学习的研究背景

1950 年，布卢姆提出的布卢姆教育目标分类学，以及俄亥俄州立大学包雷教授早期研究的金字塔式的认知深度发展结构图，两者都提到要重视高层次（即深度）的思维能力，这是深度学习的起源。以布卢姆的教育目标分类学为例，浅层学习就是学习并记忆知识，以及简单的理解，深度学习则是指培养高端的能力，包括高阶思维能力、创造能力、分析问题和解决问题的能力。

深度学习的研究历程主要分为三个阶段：早期学习方式说、中期学习过程说和后期学习结果说。早期学习方式说注重"学习方式"，由贝蒂、柯林斯、麦金尼斯等提出，主张深度学习是为理解而学习，主要表现为对学习内容的批判性理解，强调和先前知识与经验连接，注重逻辑关系和结论证据，是相对于浅层学习的一种学习方式。中期学习过程说注重"学习过程"，布兰斯福德、布朗、科金等提出深度学习是学生提取所学知识，解决不同情境中的新问题的一种学习，认为深度学习是联系真实世界的、有意义的、解决问题的过程，教师要设计这样的学习环境和任务以支持深度学习的发生。后期学习结果说注重"学习结果"，段金菊、余胜提出深度学习的目标是培养学生适应社会发展的核心关键能力，深度学习强调较高认知目标层次，即高阶思维能力的培养。

2010 年，美国教育学家威廉和弗洛拉·休利特发起的 SDL（Study of Deeper Learning：Opportunities and Outcomes）项目，是深度学习最有代表性的研究。SDL 从学习结果的角度诠释了深度学习的概念，并通过三年实验研究提出了"SDL 深度学习能力框架"（表 1）。深度学习能力框架与中国学生发展核心素养体系（表 2）具有较高的一致性。两者都以认知领域的积累为基础，兼顾团队协作和社会参与，主张学生实现自主发展，关键是都突出了学会学习的能力素养。

表 1　SDL 深度学习能力框架

认知领域	掌握核心学科知识
	批判性思维和复杂问题解决
人际领域	团队协作
	有效沟通
个人领域	学会学习
	学习毅力

表 2　中国学生发展核心素养体系

文化基础	人文底蕴
	科学精神
自主发展	学会学习
	健康生活
社会参与	责任担当
	实践创新

国内深度学习的研究大部分集中在互联网、人工智能、信息技术、图像识别、医学、机器工程等领域。2005 年，上海师范大学黎加厚教授研究团队首次发表了一系列有关深度学习在教育学领域的文章。2011 年，段金菊、张浩、吴秀娟等学者发起国内深度学习的研究，但对深度学习概念和内涵的理解还停留在学生认知能力发展上，以理论探讨居多，实证研究匮乏。近几年涌现出大量的深度学习与学科教学相结合的研究，主要是关于深度学习的理论性文献综述和基于深度学习的学习模式、课堂教学策略的研究，其中合作学习、个性化学习、微课、学案研究居多。深度学习在英语教学方面的研究主要集中在大学英语教学，初中英语教学相关的研究较少，把深度学习与单元教学结合起来，以单元教学设计为抓手促进初中英语深度学习的相关研究更少。

课程标准明确提出，单元整体教学是落实英语学科核心素养的重要途径之一，随着新课标的颁布，教育部在全国各地的课改实验区纷纷开展促进课标落地的课堂实践研究，单元整体教学是研究主题之一，笔者开展的指向深度学习的单元整体教学的研究起步较早。

三、相关理论支撑

包雷教授提出，教育科学具有极强的传承性，深度学习作为一个概念性的提法，其理论和实践必须根植于现有学习理论和框架，本质上说，它不是理论性的突变，而是一个时髦的指向性概念，因为人工智能的流行造就了这个名词的时尚性和通俗易懂性。深度学习的主要目标是提升人的创造性思维和解决问题的能力，其主要策略包括研究性学习、多维表征学习、有思考地做中学、主动学习等等，相关学习策略可以从复杂理论、建构理论、隐性学习、整体学习等已有的学习理论中获得支持。

（一）整体学习理论

整体学习是基于大脑的学习观的一个核心理念，它强调基于大脑的学习所具有的整体性、综合性、情境性等特性。这包含几个层面的含义：第一层面指学习者的学习是整个机体共同参与的活动，并非仅涉及大脑或认知系统；第二个层面指学习者的学习是大脑中各个部分协同参与、共同作用的结果，并非某类特定任务只由大脑的某个特定区域承担；第三个层面则着眼于学习者的学习对象，即指在学习的过程中，大脑并不是对单个的、片段化的信息进行加工，而是一直在对沉浸于其中的复杂的整体情境做出反应。

在整体学习理论中，"整体语言教学法"（Whole Language Approach）在语言学习方面提出了一个典型案例。它始于二十世纪八九十年代，认为语言学习应从整体着手，听、说、读、写是整体语言功能的有机组成部分，因此不应当被人为地分成几个部分分别教授，而应该同时综合、整体地教授。一方面，整体学习除了情感的参与，还需要有整体的知识网络，从而产生有效的记忆和理解；另一方面，相对于传统教学过于强调分步走和细节学习，整体学习更强调整体视野下的分步走和细节学习，用单元教学设计来平衡整体与细节。

指向深度学习的英语单元整体教学基于整体学习理论，一方面，英语单元整体教学以单元大任务为引领，各个分课时都为单元大任务服务，分课时之间在情境上具有统一性和关联性，在知识技能上是螺旋上升和互为铺垫的，体现了整体视野下的分步走；另一方面，指向深度学习的英语单元整体教学注重学生自主建构知识和发展综合语言运用的能力，单元整体视角下的各个分课时打破了课型限制，模糊了课型特征，从单一的阅读课、口语课、写作课发展为读写课、读说课等，注重引导学生在真实情境中实践运用语言知识，进而自主建构知识和内化知识，并在此过程中发展听、说、读、写综合技能。

（二）逆向设计理论

格兰特·威金斯和杰伊·麦克泰格提出的逆向设计法，认为我们的课堂教学应该从想要达到的学习结果导出，而不是从我们所擅长的教法、教材和活动导出。

"逆向设计"要求设计者在开始的时候就要详细阐明预期结果，即学习的优先次序，并根据学习目标所要求或暗含的表现性行为来设计课程。设计者在制订目标后需要思考以下问题：什么可以用来证明学习目标的达成？达到这些目标的证据是什么？教与学所指向的、构成评估的表现性行为是什么？逆向设计由三个阶段构成：确定预期结果，确定合适的评估证据，设计学习体验和教学。

指向深度学习的英语单元整体教学遵循逆向设计理论。目前，笔者所在地区使用的沪教版英语教材在内容编排上能很好地引导教师用逆向设计法进行单元设计。教材每个模块的最后一节课是单元综合展示课（Project），即学生分工合作，通过讨论、调查、访谈，以及从书籍、报刊、网络等渠道获得信息资源等方式完成课题，并进行展示，在综合展示活动中培养他们的探究能力和综合语言运用能力。

Project 是单元学习的最终结果表现，但是教师可以以 Project 为单元设计的起点，运用逆向设计法制订单元教学目标：首先，基于单元学习内容和学情分析，思考学生学习完本单元后能综合运用单元所学知识和技能解决什么实际问题，即单元主题大任务；确定了主题大任务之后，再思考学生要完成单元综合展示活动，需要运用哪些语言知识和语言技能，需要设计什么学习活动帮助学生获得这些知识和技能，各项学习活动中需要运用哪些资源，这些活动之间的逻辑顺序是什么，从而为单元总目标搭建层层递进的阶段性目标。

以九年级上册 Unit 4 Problems and advice 为例，单元综合性实践活动为"为学校电台录制一期关于青少年成长问题的专题节目"，学生需要具备的知识和技能包括：阅读英文求助信，口头和书面回复求助信的能力；积累一定量关于青少年成长话题的词汇及提供建议的句型；掌握求助信、建议信的语篇结构等。这是单元终极目标，为达成这个目标，教师运用逆向设计法设计了三个阶段性目标（图3），三个阶段性目标涉及的语言知识逐步增加，语言技能逐步融合，每个阶段性目标下的资源选择和活动设计都是为完成主题大任务服务的。

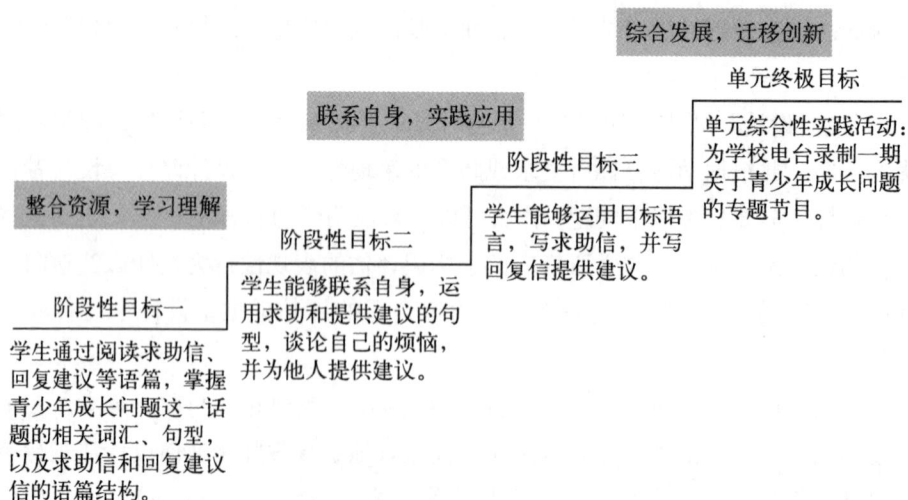

综合发展，迁移创新

单元终极目标

单元综合性实践活动：为学校电台录制一期关于青少年成长问题的专题节目。

联系自身，实践应用

阶段性目标三

学生能够运用目标语言，写求助信，并写回复信提供建议。

整合资源，学习理解

阶段性目标二

学生能够联系自身，运用求助和提供建议的句型，谈论自己的烦恼，并为他人提供建议。

阶段性目标一

学生通过阅读求助信、回复建议等语篇，掌握青少年成长问题这一话题的相关词汇、句型，以及求助信和回复建议信的语篇结构。

图3　九年级上册 Unit 4 Problems and advice 单元教学目标

（三）项目式学习理论

对项目式学习的界定有很多，本书倾向于巴克教育研究所的定义：学生在一段时间内通过研究并应对一个真实的、有吸引力的、复杂的问题、课题或挑战，掌握重点知识和技能。项目式学习的重点是学生的学习目标，包括基于标准的内容以及批判性思维、问题解决、合作和自我管理等技能。它要求在构筑的真实情境中选择现实生活中出现的问题，以解决实际问题为导向设置项目，以教师引导、小组合作的形式，在完成项目的过程中掌握相关学科知识与技能，提升综合能力。项目式学习要关注三个要素：项目问题真实性、实施过程自主性和成果评价多维性。项目式学习实施一般分为确定项目、拆分任务、项目制作、成果展示、评价反馈等步骤。

深度学习单元整体教学的理念、教学环节和步骤与项目式学习有许多相似点。首先，教师要基于教学内容和学情分析，建立教学内容与学生生活实际之间的联系，设计单元主题大任务，即学生能综合运用单元所学语言知识和语言技能去解决的问题。主题大任务本身就是一个项目，具有情境性、实践性和跨学科知识融合性等特点。其次，深度学习单元整体教学的基本环节与项目式学习的实施步骤有很多相似点，如：确定主题大任务就是确定项目，单元学习目标的制订与分解就是拆分任务，单元学习活动就是项目制作过程，单元综合展示课则相当于成果展示。"评价与反馈"是项目式学习的基本环节，评价也是深度学习单元整体教学四要素之一，深度学习单元整体教学强调过程性评价，而不仅仅是对单元综合展示活动或作品的评价。深度学习单元整体教学是教、学、评一体化的教学，倡导教师要根据学习活动的形式和规模，采取多样化的评价方式，如课堂观察、提问、口头评价、填表、打分、投票等，以及评价主体的多样化，主张让学生也参与活动规则和评价标准的制订，充分体现学生在评价活动中的主体性，与项目式学习的三要素之一"成果评价多维性"理念一致。

（四）跨学科融合理论

德国教育学家赫尔巴特开创了学科融合教学的先河。十九世纪中期，他提出教学的关注点不应仅仅聚焦于当下学科，而应广泛联系多个学科，并对相关知识进行融合渗透，以具有综合性的知识作为教学内容开展教学，并指出学生学习知识不是简单地获得眼前的知识，更是与相关的知识建立联系的过程，教师在组织教学的过程中要注意联系其他学科。

美国的学者们对学科融合进行了系统的研究。1986 年，美国国家科学委员会首次提出融合科学、数学及工程与技术的综合性教育理念，STEM（science，technology，engineering and mathematics）教育理念由此诞生。STEM 不是课程间的简单组合，而是在深入理解学科知识表达、学科自身性质、学生生活经验及以学生为本的理念下进行的有机整合，强调学生在多样的学习环境中解决问题、实践创新，致力于培养学生的科学素养，聚焦学生创新才能的发展。1996 年起，STEM 教育开始渗透至中小学。2015 年，美国学者格雷特·亚克门教授在对 STEM 教育深入研究，并结合时代发展对教育理念完善需求的基础上，加入人文艺术元素（art），STEAM 教育理念由此问世。

学科融合是国内外学者所公认的教育趋势，我国对学科融合的研究文献较少，起步也较晚，对国外关于学科融合的研究多集中在相关文献的翻译和政策的解读上。国内学科融合的研究主要聚焦于高等教育，在基础教育领域的研究较少。教育部原副部长王湛认为传统课程的地位和作用被过分地渲染和夸大，进而导致其与其他学科的联系被人为地割裂。北京师范大学的王民教授则表示二十一世纪是一个崭新的时代，教育是国之根本，教学中应大力渗透多元的学科知识，方可使全民迈向教育现代化，进而得以全面发展。

深度学习单元整体教学是复杂的、具有挑战性的主题大任务引领下的教学，是基于真实问题解决的，而生活中的真问题往往涉及多学科知识综合应用。笔者在单元整体教学实践研究中，积累了部分跨学科教学案例，如：九年级下册 Unit 1 Great explorations 设计成英语、历史、地理等学科融合案例，主题大任务为制作英文版中外探险家的手册，学生需要用地理知识绘制探险路线图，学习了解探险家在某些关键地点发生的故事及历史意义，他们通过查阅资料或者请教学科教师学习这些知识，在学习英语的同时促进地理、历史等跨学科知识的学习。又如：八年级下册 Unit 3 Traditional skills 设计成英语与信息技术、美术等学科融合案例，教师设置跨学科主题大任务 An art show（一场中国传统技艺秀），引导学生综合运用英语、信息技术、美术等跨学科知识，通过制作电子海报、手工艺品、卡通漫画、故事表演等多样化的方式展示中国传统技艺，学生自主学习了刺绣、艾灸、舞狮、内画、木雕、琉璃、剪纸、中国结等 40 多种中国传统技艺的名称、历史、发展和制作流程，在综合展示活动中用英语展示和交流。

第二节　初中英语深度学习单元整体教学实践模型的建构

深度学习是一个抽象概念，深度学习实践模型是一个通用型的单元教学模型，那么如何把深度学习单元教学落实到初中英语学科，给一线英语教师更加具体的指引呢？在十年课堂实践过程中，笔者通过建立学科理解、建构学科单元教学模型、研制单元整体设计模板、规范单元整体备课流程、提炼深度学习课堂基本特征等五个方面的研究，探究了深度学习单元整体教学在初中英语学科的落实。

一、建立学科理解

首先，笔者从深度学习的五个基本特征入手，引导教师结合英语语言知识的逻辑和学科教学规律去理解这五个基本特征，思考英语学科深度学习的课堂基本特征，通过带领教师结合课程标准的要求去理解英语学科深度学习的基本特征，发现两者的相通和一致。

联想与结构是指学生能够根据当前的学习活动去调动、激活以往的知识经验，教师需要重视学生经验与课堂知识之间的联系，培养学生以融会贯通的方式对学习内容进行组织，整合意义，联结孤立的知识的能力。在英语学科中，教师要在教学中激活学生的背景知识，以旧带新，引导学生利用话题将碎片化的语言知识联结起来，建构语言知识与语言技能融合的结构化的知识板块。课程标准也强调教师要在主题探究活动中调动学生已有知识和经验，帮助学生在已有知识的基础上，通过感知与注意、获取与梳理、概括与整合，建构和完善新的知识结构，建立知识间的关联，深化对该主题的理解和认识。

活动与体验是指在学习中，学生要全身心（思维、情感、态度、感知觉）投入到具有挑战性的学习活动中，"探索""发现""经历"知识的形成过程，体会学科的思想方法，体验挑战成功的成就感；能够与他人（教师、同学）开展积极的合作与沟通，体会合作在学习中的价值和意义。学习活动要充分凸显学生的主体性。就英语学科而言，这个特征可以理解为以活动推进课堂教学，即教师要在教学中创设真实的情境，引导学生基于真实问题的解决，在此过程中感知、体验、内化和迁移运用语言知识和发展语言技能，活动中要充分体现学生的主体性和交流合作性。课程标准明确指出，英语学习活动是英语学习的基本形式，教师要引导学生在主动体验和积极参与活动的过程中发展英语学科核心素养。

本质与变式是指学生能够深度理解学习内容，举一反三，列出正反例来说明学科知识的本质，能抓住教学内容的关键特征，全面把握学科知识的本质联系。在英语学科中，这一点主要指英语学科学习对学生思维品质的培养。课程标准提出了专门针对学生思维品质这一核心素养的要求，强调学生要能客观地分析各种信息之间的内在关联和差异，分析产生差异的原因，从中推断出信息之间的逻辑关联，正确评判各种思想和观点，创造性地表达自己的观点，具备多元思维和创新思维能力。

迁移与创造是指学生能够将所学内容迁移到新情境中，从而能够综合运用所学知识去解决生活中的实际问题。在英语学科中，这一点指在新情境中综合运用语言知识与技能，用英语做事情。课程标准在英语学习活动观中提出的第三个活动层次为迁移创新类活动，包括推理与论证、批判与评价、想象与创造等超越语篇的学习活动，旨在使学生在新的语境中，基于新的知识结构，通过自主、合作、探究的学习方式，综合运用语言知识技能，开展多元思维，创造性地解决新情境中的问题，理性表达观点、情感和态度，从而促进能力向素养的转化。

价值与评判是指学生反思评判学习内容，对自身经验做出价值判断，形成正确价值观，是指向学科育人价值，落实立德树人根本任务的特征。在英语学科中，这一点可以与核心素养中的文化意识对应，指结合学习主题和内容，培养学生理解和鉴赏中外优秀文化，培养文化理解与包容，提升跨文化沟通能力，与此同时，坚定文化自信，用英语讲好中国故事。课程标准凸显英语学科的育人价值，将对文化意识的培养作为落实核心素养的一个途径，强调要通过英语课程使学生批判性地审视学习内容的价值取向和所涉及的文化现象，在理解和包容东西方文化差异的同时，坚定文化自信，树立人类命运共同体意识，学会做人做事，成长为有文明素养和社会责任感的人。

2021 年，英语深度学习项目专家王蔷教授补充"内化与交流"作为英语深度学习特有的特征，强调学生要围绕主题和新的知识结构开展以描述、阐释、交流等实践活动为主的内化活动，以巩固新的知识结构，实现深度学习，达到促进知识向能力、能力向素养转化的目的。课程标准也指出，教师要引导学生围绕主题和形成的结构化知识开展描述、阐释、分析、判断等交流活动，逐步实现对语言知识和文化知识的内化，促进语言技能发展，助力学生将知识转化为能力。

综上可见，英语学科深度学习的五个基本特征并非新的要求，而是与课程标准理念相通和一致的。这一点与深度学习教学改进项目的初衷也是一致的。深度学习教学改进项目是基于对十年改革的反思，针对我国课程教学改革的实际需要研究开发的，项目定位是在尊重、接纳、改进和完善现有改革经验和成果的基础上，基于课程标准，充分借鉴国内外相关研究成果，针对问题解决的持续性研究。因此，我们可以把课程标准的要求与深度学习相关理念和实践模型相结合，探究如何通过优化单元设计改进课堂教学，落实课程标准要求和实现深度学习。

二、建构学科单元教学模型

教师要将课程理念和要求落实到教学设计与课堂实施中，改变传统的以孤立记忆和操练语言点为主的知识导向教学，从浅表性、碎片化和应试的教学模式中走出来，探索以学生发展为中心的、指向核心素养培养的单元整体教学实践。深度学习项目组为一线教师提供了"深度学习教学实践模型"作为脚手架，引导教师们紧扣主题、目标、活动、评价四个要素开展单元整体教学设计，那么，这个实践模型是不是适合所有的学科呢？研究前期，团队按照深度学习实践模型的指引开展单元整体教学设计与课堂实践，在实践探索中，团队成员发现了一个问题。

由于教材单元语篇有限，不足以支撑单元主题大任务的完成，教师需要基于单元主题补充拓展阅读语篇。例如：在七年级上册 Unit 4 Seasons 单元教学设计中，教师基于教材的项目 Our home town（我们的家乡），创设了 Welcome to my home town（做家乡旅行的代言人）这个情境性、综合性的主题大任务。该任务在单元话题的基础上有所拓展与提升，学生在大任务中，除了介绍气候、景观、常见活动之外，还要介绍家乡的著名景点，以及与季节相关的典型节日习俗，以展示家乡特色。活动具有一定的挑战性，能够激发学生热爱家乡、热爱祖国的情感，实现英语学科的育人价值。作为广州的二代移民，这个活动让学生通过与父母长辈交流或者上网搜索，了解家乡的季节特点和人们的活动，挖掘家乡季节性人文习俗，并用英语多角度介绍家乡的四季，展示家乡之美，很有意义。但是，本单元仅有两个介绍四季气候与活动的语篇，没有涉及文化习俗方面的内容，不能为学生最后的综合性输出活动提供足够支撑，因此，教师增补介绍哈尔滨、广州、英国、泰国等国家或城市季节的四个语篇作为拓展阅读，这四个国家或城市的季节各有特色，具有丰富的、与季节相关的文化习俗，有利于激发学生的阅读兴趣，拓宽学生的文化视野，引导学生在介绍家乡的四季时有意识地去挖掘与季节相关的典型节日或文化习俗，也能为接下来的写作和综合展示活动提供丰富的话题词汇、句型和语篇结构支撑。类似的单元设计还有很多，教师们深切地感受到，英语学科的单元整体教学除了主题、目标、活动和评价之外，单元学习的"内容"，也就是语篇材料也很重要。

深度学习教学实践模型是针对所有学科的通识性教学模型，英语学科可以结合学科特有的学习规律作必要的重构，建构适合英语学科的深度学习单元整体教学实践模型。那么，我们可否把"内容"作为单元设计的重要要素之一呢？

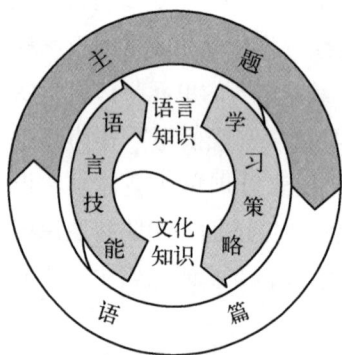

图4 六要素整合的英语课程内容图示

《普通高中英语课程标准（2017 年版 2020 年修订）》（以下简称"高中课标"）提出六要素整合的英语课程内容（图4），强调语篇是语言学习的主要载体，语言学习者主要是在真实且相对完整的语篇中接触、理解、学习和使用语言，因此语言学习不应当以孤立的单词或句子为单位，而应以语篇为单位，并明确了要以主题为引领选择和组织课程内容，以单元整体教学的形式呈现内容。高中课标还提出，教师要为学生提供接触和体验各种语篇类型的机会。英语学科专家王蔷教授也提出，义教课标中，三级的语言技能内容要求指出，课外阅读量累计达到 15 万词以上，目前我们的中小学教材容量有限，课本上阅读材料的不足使得阅读教学在中小学课堂上很难真正开展。

纵观近几年的中、高考英语试题可以发现，试题以篇章为主要形式，全面考查英语综合运用能力，试题语篇取材广泛、体裁多样，将思维品质培养、和谐的人际交往、生态环境保护等具有鲜明时代特征的理念融入其中。程晓堂教授在谈及英语学业质量评价标准与课程内容的关系时提出，英语作为语言学科，不像某些学科，某个知识模块既是学习内容也是学习目标。英语学科的学习内容不是为了掌握这些内容本身，而是通过这些内容的学习形成某种能力和素养，所以质量标准也不会针对这些内容的学习和掌握情况而设定，学校、教师可以根据实际情况自主选择和整合学习内容。

因此，笔者把深度学习教学实践模型与课程标准进行对接，结合本区初中英语教师在开展单元整体教学研究中遇到的问题，建构了"基于五要素的初中英语单元整体教学模型"（图5）。该模型在原来模型的基础上增加了"内容"，并形象地展示五要素之间的关系，即教师在单元整体教学中，要把教材单元内容与学生生活建立联系，创设以解决问题为目的的，真实的、复杂的单元主题大任务；围绕主题任务，基于学科核心素养发展和课程标准的要求重构单元学习目标和整合单元学习内容；以英语学习活动观指导学习活动的设计，确保活动的情境性、逻辑性和思维性；实施持续性、多样性的活动评价，使单元学习成为基于主题意义探究的，目标引领下的教、学、评一体化学习。

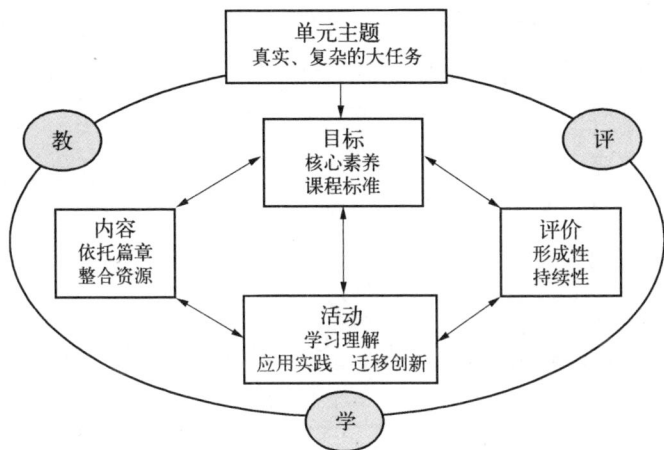

图5 基于五要素的初中英语单元整体教学模型

把"内容"作为单元教学的关键因素之一，目的在于引导教师在分析教材和学情的基础上，基于单元主题探究的需要对教材的各类篇章进行恰当的增、删、补、改，自主选择丰富多样的语篇开展单元拓展阅读。在该模型的引导下，笔者所在区域的英语教师创新了单元课型模式，在单元已有的阅读、听说、语法、写作、综合展示等课型基础上，增加了主题拓展阅读课，使拓展阅读不再是孤立的、随意增加的一个课时，而是根据其对单元主题意义探究所起的作用，有目的地嵌入到单元整体教学中，使其从主题情境创设，到语言知识学习、语言技能提升、思维能力的发展与情感态度的升华都与前后课时保持整体性、关联性和递进性。

三、研制单元整体设计模板

指向深度学习的教、学、评一体化初中英语单元教学实践模型，明确了英语学科单元整体教学的基本要素和单元设计基本理念，那么，如何将这些理念落实到具体的课堂教学中呢？对于广大一线教师来说，最直接的方法就是提供一个可供模仿借鉴的单元整体设计模板，让教师在备课上课中进行实践。自2014年南沙区启动深度学习单元整体教学项目以来，笔者带领团队通过开展全区课例观摩，广泛征求广大一线教师的建议，不断优化改进模板，以下列举三个具有代表性的过程性模板。

（一）初中英语单元整体设计模板 1.0

2015年9月，团队结合深度学习四要素实践模型，与学科专家孙铁玲老师在区级培训展示的案例，形成了初中英语单元整体设计模板 1.0。

一、单元概要

教学单元名称：九年级上册 Unit 5 Action!

设计/授课教师：

日期：

学情分析：（学生已有的知识储备、学习特点、思维特征等）

单元大约所需课时：

使用的资料和资源：

单元摘要：（用三至五句话描述本单元教学内容，本设计的亮点，即如何根据学情整合教材、选取课外资源、设计活动，来层层递进地完成单元教学目标，使学生最终能够完成单元综合性语言输出活动。）

单元学习主题：（由单元教学目标提炼形成，能看出单元学习内容与生活建立的联系，能看出学生学完本单元能做什么。）

二、单元整体目标

目标1	目标2	目标3	目标4	目标5
你想录制电视节目吗？ Are you interested in filming a TV programme?	你对录制电视节目了解多少？ How much do you know about filming a TV programme?	你能作为一名记者完成一次采访吗？ Can you make an interview as a reporter?	你能以小组为单位，合作完成主持稿的撰写吗？ Can you write a script for a talk show in groups?	你能作为一个主持人/记者/摄影师/观众，参与录制一个脱口秀节目吗？ Can you take part in the talk show as（a host/a reporter/a cameraman/a listener ...）?

三、单元整体设计框架（只列举主要活动）

目标及课时	课型及教学内容	学习活动	设计意图及评价方式
目标1 目标2 2课时	阅读课 阅读一篇关于电视节目录制的文章	活动： 1. Say You Say Me 2. 剧本分析与表演热身 3. "Acting Fun"课本剧表演	**设计意图：** 1. 让学生学会做笔记和复述 2. 学会分析故事的起因、经过和结果，体会人物的心理特征和变化，进行模仿和角色扮演 **评价方式：** 1. 学生互评，教师点评 2. 教师、学生根据评价表点评 3. 教师根据评价表进行综合评价，并按综合得分排名 如果有必要可附评分表
……	……	……	……

1.0版本的突出特点是用问题形式呈现单元目标，激发学生思考。本设计模板的不足在于：（1）没有提炼出单元的主题意义，只有单元主题大任务，没有结合英语学科核心素养培养的目标提炼出主题大任务背后的育人意义；（2）在单元整体设计框架中，各分课时的目标只能体现与单元阶段性目标的关系，没有写明具体内容；（3）分课时设计的目标叙写方式用四维目标形式呈

现，有割裂之嫌。

（二）初中英语单元整体设计模板 2.0

2018 年，经过三年实践探索和持续优化，团队探索出初中英语深度学习单元整体设计模板 2.0。

七年级上册 Unit 4 Seasons 单元教学设计

【单元学习主题】

1. 主题名称：

2. 主题解读（从学科核心素养、课程标准、教材、学情等方面简要分析主题如何提炼出来，对于学生学习的意义和价值，对学生的适宜性等）——学会什么？

【单元学习目标】

1. 目标确定（聚焦学科核心素养，结合课程标准、教材、学情等方面简要分析目标的制订标准、所承载的学科核心素养、对内容的要求、对于学生的适宜性等）——学到什么程度？

2. 学习结果（单元学习后，期望获得的学习结果，也就是具备基于单元话题的综合语言运用能力；目标描述语言—问句、陈述句；格式—表格式、思维导图、序号罗列……）

【单元学习活动及评价】

单元学习规划（共6课时）

课时	学习目标 （分解）	学习内容 （整合重组）	学习活动 （主要活动）	持续性评价 （标准及方式）
第 1 课时				
第 2 课时				
……				

附件：（请附 1—2 个典型课时教学案例）

第＿＿课时	课型：		设计者：
教学目标 （细化版— 教师用书）	1. 2. 3.		
教学环节	学习活动		设计意图及评价方式
1.			
2.			
作业设计			
板书设计			

从 2.0 版本可以看出，团队的研究取得了突破性进步，单元设计模板凸显了学科特色，主要亮点有三个：（1）有主题解读，能够引导教师从学科核心素养和课程标准要求出发，结合教材、学情分析，提炼单元主题意义并设计主题大任务；（2）按照"五要素"（主题、目标、内容、活动、评价）开展单元设计，引导教师关注单元学习内容的增、删、补、改；（3）单元学习规划采用表格形式，简明扼要、要素突出。横列展示了各个课时的目标，以及基于目标拟提供给学生学习的内容，拟设计的学习活动以及对应的活动评价，凸显目标引领下的教、学、评一体化；纵列能够清晰展示从第一课时到最后的综合展示课，各课时目标、内容、活动之间的整体性、关联性和递进性，凸显单元整体教学的关联整合和螺旋上升。

（三）初中英语单元整体设计模板 3.0

2021 年，团队针对教师们普遍提出的"单元设计格式复杂，解读性文字多"的问题，同时根据英语深度学习学科专家王蕾教授的建议继续优化改进，形成初中英语单元整体设计模板 3.0。

八年级下册 Unit 6 Pets 单元教学设计

一、单元学习主题 Live happily with pets

[主题解读]

指向素养：单元话题—连接生活—主题大任务—育人价值

[教材整合]

教材内容—前后联系—基于主题探究的增、删、补、减

[学情分析]

语言基础—学习特点—生活经验—兴趣

二、单元主题探究思路（图示法厘清单元主题、子主题、语篇整合及课时安排）

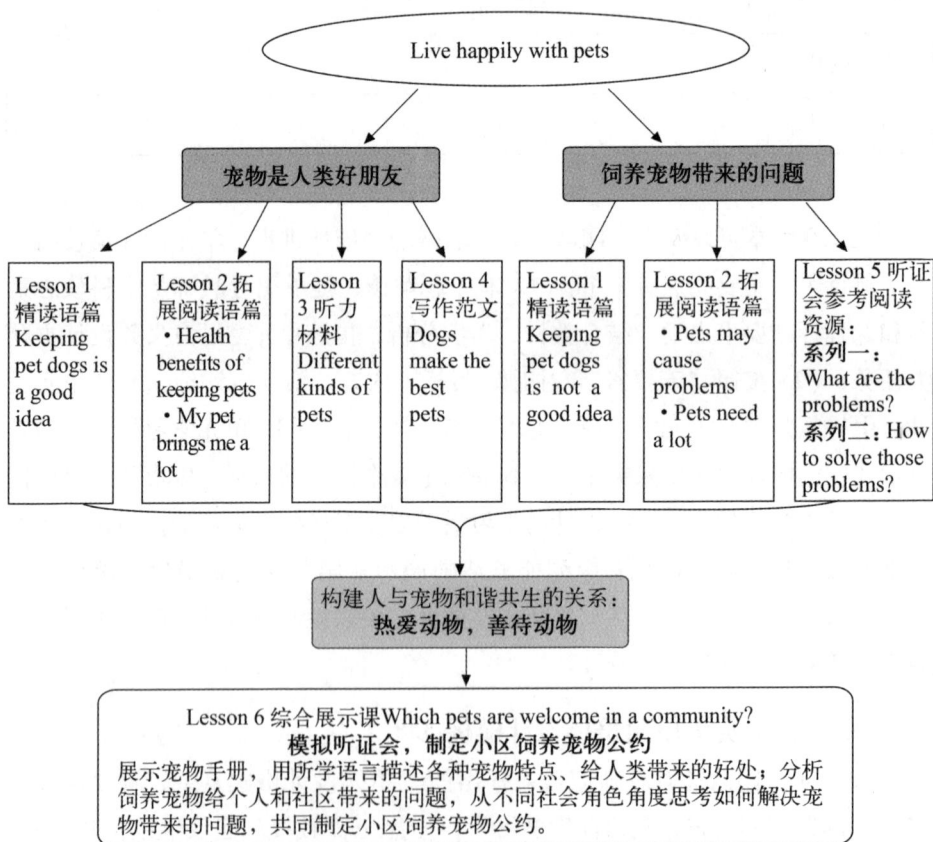

```
                    ┌─────────────────────────────┐
                    │   Live happily with pets    │
                    └─────────────────────────────┘
                         ↓                    ↓
            ┌─────────────────┐      ┌──────────────────┐
            │  宠物是人类好朋友  │      │  饲养宠物带来的问题 │
            └─────────────────┘      └──────────────────┘
```

| Lesson 1 精读语篇 Keeping pet dogs is a good idea | Lesson 2 拓展阅读语篇 • Health benefits of keeping pets • My pet brings me a lot | Lesson 3 听力材料 Different kinds of pets | Lesson 4 写作范文 Dogs make the best pets | Lesson 1 精读语篇 Keeping pet dogs is not a good idea | Lesson 2 拓展阅读语篇 • Pets may cause problems • Pets need a lot | Lesson 5 听证会参考阅读资源：系列一：What are the problems? 系列二：How to solve those problems? |

```
            ┌──────────────────────────────┐
            │  构建人与宠物和谐共生的关系：      │
            │     热爱动物，善待动物          │
            └──────────────────────────────┘
                          ↓
┌──────────────────────────────────────────────────────────────┐
│ Lesson 6 综合展示课Which pets are welcome in a community?        │
│        模拟听证会，制定小区饲养宠物公约                            │
│ 展示宠物手册，用所学语言描述各种宠物特点、给人类带来的好处；分析      │
│ 饲养宠物给个人和社区带来的问题，从不同社会角度思考如何解决宠        │
│ 物带来的问题，共同制定小区饲养宠物公约。                          │
└──────────────────────────────────────────────────────────────┘
```

三、单元学习目标

阶段性目标/子主题的目标（在……主题情境下，语言知识、语言技能、思维能力的发展、情感态度升华）

四、单元整体规划

课　时	学习目标	学习内容（教）	学习活动（学）	持续性评价（评）
第 1 课时 精读课				
……				
第 N 课时 综合展示课				

该模板有两个亮点：（1）简化了"单元学习主题"的解说性文字，教师只需要用简要的文字说清楚两点，即：指向核心素养的单元主题意义是什么？基于教材和学情分析创设的主题大任务是什么？（2）增加单元主题意义探究思路图，王蔷教授建议教师们尽量用图示法展示单元整体设计思路，包括主题探究的逻辑、语篇整合、课时安排等，一图览尽，能快速了解单元整体设计思路。

该模板得到了专家的高度肯定。在 2022 年的市区联动主题教研活动中，华南师范大学外国语言文化学院朱晓燕教授评价指出，南沙区初中英语单元教学基本模型已经形成，单元设计高度吻合新课标要求，特色鲜明，能够以单元主题为引领，构思各课时目标、内容、活动，关注单元课时之间的整体性、关联性和递进性，重视语篇材料的补充和输入，落实教、学、评一体化，为全市英语教师提供了优秀范例。

单元设计模板的优化过程，也是区域教师持续深入探究单元整体教学的历程。在这个过程中，教师们对单元知识与技能的整体架构能力逐步提升，单元主题探究的思路逐步清晰。广大一线教师在"初中英语单元整体设计模板 3.0"的引导下，理念和行为发生转变，课程设计能力和教学创新能力得到了提升，教学的盲目性、碎片化减少了，整体性、系统性和逻辑性增强了，课堂教学发生显著变化。

四、规范单元整体备课流程

单元整体教学需要教师从相对简单的、突破知识点的单课时教学转变为在复杂的核心任务中突出知识应用的单元教学，要求教师在设计前必须研读课程标准和教材内容，从而整体把握学科体系与关键教学内容，选择情境素材的连接策略、促进学生思维发展的外显策略和学习过程的深度互动策略。

与单课时备课相比，单元整体教学设计在任务量和难度要求上都要高很多。首先，它需要教师在单元学习开始之前完成单元所有课时的备课，而不是备一课上一课；其次，各课时的情境创设、活动设计、内容的重新整合，特别是拓展资源的选择，必须通过备课组集思广益和分工合作才能够完成。备课组面对复杂繁多的备课任务，往往不知道从何处下手，因此，区教研员多次参与实验校单元备课实践，总结出"初中英语深度学习单元教学设计流程"（图6），引导备课组通过分解备课任务和进行同伴交流，有序完成单元备课。

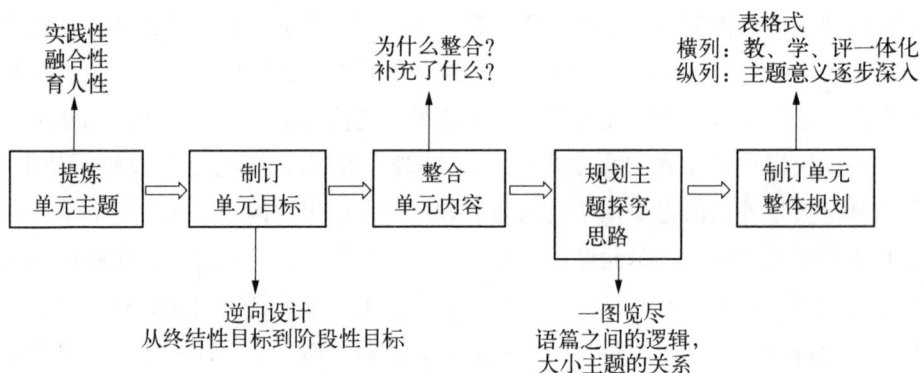

图6 初中英语深度学习单元教学设计流程

该流程不仅展示了单元备课的顺序和基本步骤，而且用关键词突出各个环节的核心，如：在提炼单元主题环节，要基于主题意义创设一个主题大任务，主题大任务要体现用语言解决真实问题，体现技能融合发展和学科育人，鼓励教师设计具有跨学科融合特点的主题大任务；在制订单元目标环节，引导教师首先设置单元终结性目标，再运用逆向设计法，为终结性目标搭建支架，设计阶段性目标，关注目标的梯度；在整合单元内容环节，建议教师思考基于主题意义探究的需要整合内容；在规划主题探究思路和制订单元整体规划环节，均为教师列出具体的图示形式和格式。

五、提炼初中英语深度学习课堂基本特征

在推进深度学习单元整体教学的过程中，团队开展了形式多样的深度学习主题竞赛，以激发教师参与的积极性，如单元设计评比、单元说课评比、课堂教学评比等，那么，什么样的课堂是深度学习的课堂呢？深度学习的五个基本特征是针对所有学科的，且相对抽象，具体到初中英语课堂教学中，应该有学科化的、广大一线英语教师更容易理解的表达。

团队把深度学习的五个基本特征与英语学科教学特点进行联系，结合课程标准提出的"六要素整合的英语学习活动观"的要求，在大量的课例观摩和评比活动中，总结提炼出英语深度学习课堂的"五化"基本特征，作为南沙区初中英语课堂评价和教师自我反思的标准和依据，即：目标素养化、情境真实化、内容结构化、技能综合化、教学评一体化。

目标素养化是指在教学设计中，要体现英语学科核心素养的四个维度，即语言能力、文化意识、思维品质和学习能力，提醒教师不能只关注语言知识、语言技能、思维能力发展等目标，还要基于学习内容发展学生的学习策略，引导学生形成正确的人生观和价值观。就英语学科而言，就是要培养学生理解和鉴赏中外优秀文化，具有文化理解与包容及跨文化沟通能力，以及坚定文化自信和用英语传播中华优秀文化的能力。

[案例链接]

教学内容：九年级下册 Unit 4 Natural disasters 第二课时 Listening and speaking

本节课听力文本是有关小行星撞击地球的两段政府公告和一段学生间的对话，内容是学生们得知这一消息时的不同反应以及各自想要做的事情。

教学目标：

在本课结束时，学生能够：

1. 感知并应用三种句型：be going to；feel + *adj.*；It is + *adj.* + that；

2. 运用听前预测、听中笔记、听后组句的技巧获取主旨信息并回答细

节问题；

3. 利用关键词进行信息转述，描述小行星将要撞击地球时，四名学生的反应及各自想做的事情；

4. 理解语篇所传递的价值观，思考什么是人生最重要的事情，探寻生命的意义。

从目标设置可见，教师能够充分挖掘听力材料的内涵，引导学生通过听力文本的学习，思考语篇所传达的深层内涵，进行生命教育。在课堂实践中，要倡导教师通过创设合适情境和恰当的学习活动，将素养化的目标渗透其中，春风化雨式地润泽学生，而不是"贴标签"式地生硬灌输。在听力活动之后，教师让学生再读一遍听力材料，然后针对四名学生在大灾难发生之前的不同行为开展小组讨论，并就"If I were one of them, I would ..."进行分享。学生在交流、倾听和教师的引导中，更加深入理解亲情、友情在生命中的重要性，学会珍惜生命，珍惜当下。

情境真实化是指，教师要善于把教学内容与学生熟悉的社会、家庭、学校生活相结合，创设真实的活动情境，引导学生在解决问题的过程中运用知识，进而达到知识的内化。在实际教学中，教师们都已具备创设情境的意识，但对于情境是否真实，能否激发学生的参与热情是欠考虑的。例如：某老师在教授被动语态语法的时候，让学生机械地按照被动语态的规则改写句子，出现了"English is spoken by us every day.""Some sports were played by me yesterday."之类不符合实际应用的句子，不利于引导学生真正理解语法的语用意义。

[案例链接]

教学内容：八年级上册 Unit 5 Educational exchanges

单元阅读材料内容是关于中英两国学生到对方国家进行游学，在游学的过程中遇到异国他乡的文化差异。单元最终输出活动为写作任务，要求学生基于给定的几项出国游学活动撰写游学报告 My experiences in the exchange visit。

这个写作任务的主要目标是训练学生运用现在完成时表达做过或尚未

做过的事情，但写作任务不是基于学生的真实经历，无法引起学生的写作兴趣和情感共鸣。因此，教师设计了模拟"出国游学申请答辩会"活动作为单元输出活动。活动设计如下：

1. 活动分组：申请人按申请项目分成两组（Australia，India），并按角色分为申请人和答辩专家

2. 宣布答辩会流程和评价标准

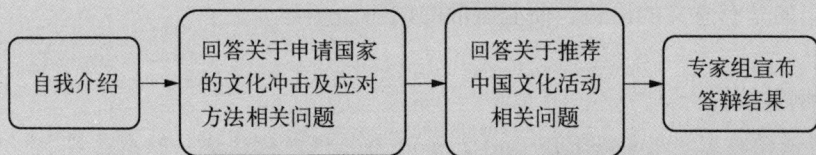

自我介绍 → 回答关于申请国家的文化冲击及应对方法相关问题 → 回答关于推荐中国文化活动相关问题 → 专家组宣布答辩结果

项目	要　　求	分值
自我介绍	1. 内容完整，语言语调准确 2. 结合出国游学国家的活动项目特点陈述自己的申请理由，运用 be born, live in, come from, be good at 等短语	10
专家问答	1. 能够运用单元所学"文化冲击"相关知识回答问题，内容正确，合理 2. 能够运用 have+-ed 目标句型回答专家提问	10
面试礼仪	礼貌、大方、自信	5

3. 模拟出国游学答辩

"出国游学申请答辩会"的情境真实且有趣。学生需要阅读游学项目招生海报、选择目的地、填写英文申请表，在面试答辩中用英语进行自我介绍，并回答专家关于出国游学的目的、对不同国家文化差异的了解及应对措施等问题。学生在答辩中需要运用现在完成时表达自己对目的地文化所作的了解，不仅训练了学生在真实情境中综合运用目标词汇、语法知识解决问题的能力，还体验了人生的第一场全英文面试，感觉既新鲜又有挑战，因此成就感和积极性更高。

内容结构化是指学习的内容以语篇为单位，而非零散的单词、短语和句

子。语篇涵盖概念意义、人际意义和语篇意义。整体外语教学强调教学活动应基于整体输入、整体互动和整体输出的"整进整出"理念，强调让学生输出意义完整的语篇。不管何种课型，都应倡导教师引导学生将本节课学到的词汇、句型、语法等知识，基于一定的情境，用篇章的形式进行口头或者书面形式的输出。在精读课中，教师可以在阅读理解活动之后，设计一个基于思维导图复述课文的活动；在语法课中，教师可以在学习完语法规则后创设一个适合运用该语法知识的情境性任务，学生通过口头或书面形式完成任务。总之，学生输出的是有意义的语篇，而非零散的词句。

[案例链接]

教学内容：九年级下册 Unit 5 Sport 第三课时语法课—时态复习

本单元的主题是体育运动，九年级下册语法课的基本目标是复习归纳和实践运用。在归纳复习了初中阶段所学的六种时态的结构、时间状语和使用规则后，教师创设了如下情境：在非遗申请会上，从踢毽子、放风筝、中国功夫等中国传统运动项目中选择一项进行非遗申请演讲。教师为学生提供思维导图和关键词，如：中国功夫的发源地、流派、代表人物，毽子和风筝的起源、材料、玩法、作用等等，学生要自主组织语言介绍这些运动的起源、现状和未来展望。输出内容是一个结构完整的语篇，不仅让学生灵活运用了多种时态，也激发了学生传承发扬中华优秀传统（传统体育）的意识。

技能综合化是指教师要打破课型的限制，依托学习材料的特点灵活设计有利于发展学生听、说、读、写综合语言运用能力的活动。现行的课堂教学一般分为阅读课、听说课、语法课、写作课等，但是一种课型是以某种形式的活动为主，而不是这种课型就只培养某种单一技能，教师可以设计形式多样的语言活动，最大限度发挥教材的作用。

[案例链接]

教学内容：七年级下册 Unit 8 From hobby to career 第五课时写作课

在单元整体设计理念下，本节课将为下一节单元综合展示课"职业招聘会"做准备，因此教师设置了两个写作任务：一部分学生是招聘组，挑选一种职业制作招聘广告海报，从工作内容、品质和能力要求等方面介绍详细信息；另一部分学生是求职者组，从个人基本信息、兴趣爱好、职业规划、职业认识、努力方向等方面写求职文案并制作电子简历。招聘广告和求职简历都是完整的小语篇，是学生经过单元前面几课时的学习后自主建构知识的体现。

除了语言能力之外，海报的图片、页面美化需要运用美术学科知识；而制作电子简历需要运用信息技术学科知识，如插入字幕、图片、音乐、短视频等，能够培养学生跨学科知识运用能力和创新能力，这就是技能的综合化。

教学评一体化是指课堂的每一项活动，都要有明确的目的，那就是为教学目标服务，每一项活动都要有评价，用评价让学生了解学习的效果，清楚自己的改进点，充分发挥评价的反馈与促学功能。实际上，上文中的"初中英语单元整体设计模板 3.0"的表格式单元整体规划，横列依次是"学习目标""学习内容""学习活动""持续性评价"，教、学、评一体化设计的导向已经非常明确。教师在设计活动时，要提前考虑活动是否可测可评，也就是要考虑评价的实施，以及活动与评价的同步设计。在课堂实践中，教师需要把多样化的评价贯穿整个课堂教学，要根据学习活动的形式和规模，采取多样化的评价方式，如课堂观察、提问、口头评价、填表、打分、投票等，使学生在聆听、评价、打分的过程中进行交流学习和自我反馈，使评价成为学习的有机组成部分。同时，评价主体也应多样，包括教师评价、小组互评、生生互评等。教师应让学生也参与活动规则和评价标准的制订，充分体现学生在评价活动中的主体性。

以七年级上册 Unit 4 Seasons 单元第三课时拓展阅读课为例（表3），教师基于目标设计了阅读后的活动：绘制思维导图、口头复述、分享好词好句等，设置的评价标准对应了目标中的关键要素"提取篇章大意""制作思维导图""口头介绍篇章"和"基于语篇问答"。在口头复述短文活动中，采取小组互评的形式，教师引导学生说出打分的理由、指出存在的问题或提出修改建议，使学生在聆听、评价、打分的过程中交流学习和自我反馈，充分发挥评价的反馈与促学功能。

表3 七年级上册 Unit 4 第三课时学习目标、学习活动与评价标准

学 习 目 标	学 习 活 动	评 价 标 准
1. 能通过阅读提取篇章大意，制作思维导图，口头介绍所阅读的短文，并基于篇章开展问答； 2. 能概括季节类篇章的要素（地理位置、气候、景观、典型季节性活动）及结构特征，了解国内外不同地方的季节性活动及其相关文化习俗。	**学习理解类活动：** 分组阅读，完成阅读任务（概括大意、制作思维导图、分享好词好句）。 **应用实践类活动：** 1. 小组展示思维导图，口头介绍篇章内容。 2. 组间基于阅读篇章开展问答（信息沟）。 3. 对比和归纳四个语篇的内容、结构特点。	1. 思维导图的制作：思维导图能清晰完整地体现篇章结构，关键词少而精，结构图要体现总分的结构。 2. 语篇复述：篇章大意概括精炼准确，语篇复述内容完整，词句运用准确，语音语调正确。 3. 小组互动：认真倾听其他组的展示，做笔记；积极提问，提问正确有质量；参与面广，能回答其他组的提问，回答准确。

第二章

初中英语深度学习单元
整体教学设计策略

不积跬步，无以至千里。单元整体教学强调单元整体部署和规划，是整体视野下的分步走和细节学习，而单元整体设计就是整体规划与细节学习之间的巧妙平衡。

本章从深度学习单元整体设计的关键要素出发，阐述指向深度学习的单元整体教学如何把主题探究、语言知识学习和语言技能发展有机分解到各分课时。

第一节　提炼单元主题

在传统课堂教学中，教师多以课型和语篇进行教学，主要精力放在词句理解层面，对主题意义的关注不够。单元整体教学引领教师从碎片化的、表层的教学转向素养立意、主题引领的整合性深度教学。在英语课程六要素中，主题起着引领作用，凸显的是英语学科的育人价值，单元目标的制订、内容的整合、活动的设计等都要为主题意义的探究服务，提炼单元主题是单元整体教学设计的开始，也是单元整体教学设计的关键因素。本节将从主题的概念、类型和提炼策略等方面进行详细阐述。

一、单元主题的概念

课程标准将主题内容分为三大范畴：人与自我、人与社会、人与自然，这是对英语学习内容的宏观分类。本章讨论以单元为单位的主题。"单元学习主题"是指依据课程标准，围绕学科某一核心内容组织起来的，体现学科知识发展、学科思想与方法深化或丰富认识世界的方式，能够激发学生深度参与学习活动，促进学生学科核心素养发展的主题。

单元标题和单元主题是"名"和"实"的关系。单元标题是对单元语篇内容的概括和凝练，而主题则为语言学习提供意义语境，并有机渗透情感、态度和价值观。程晓堂教授指出，对于语篇而言，话题强调的是语篇陈述的主要内容，是对事物的客观描述，通常会用短语或简单句来概括。主题则带有一定的主观性，需要我们对文体内容进行评价判断。话题一般比较具体，比较微观；主题是对相关话题的提炼和归纳。所以，教师不能直接把单元话题或标题作为单元主题，而是要深入研读单元内容，挖掘语篇内涵及所承载的教育价值，指向学生学科核心素养的培养，提炼单元主题。

在情境和主题中进行知识教学，能让知识经过化学反应产生质变，使教下去的知识转化为学生留下来的价值观念和带得走的核心素养。有意义的语言学习必然是以主题为引领、以语篇为依托、以意义探究为目的展开的。初中英语单元学习是探究主题意义的学习。

　　单元主题可以是大概念、大任务、项目问题、论题或情境化的短语等。正如有的教师所说，英语单元主题就像一个凝练的"口号"，教师和学生可以从这个口号中了解到，通过单元学习学生能够用英语完成的情境性大任务，以及单元内容所表达的核心思想及价值观。当然，单元主题意义不是喊个口号就行了，也不能强塞给学生，教师需要基于设定的单元主题，制订学习目标、整合学习内容和开展学习活动，引导学生通过单元学习逐步深入地进行探究。

二、单元主题的类型

　　从主题所涉及的单元内容来看，单元主题可分为教材单元主题、跨单元主题、跨学科主题。

1. 教材单元主题

　　初中英语教材以单元为单位组织和划分教学内容，教材单元以与学生的学习和生活密切相关的话题为单位为学生提供学习内容。单元学习内容具有情境性、统一性和关联性，以教材编排好的单元内容开展单元教学实践占单元教学实践的绝大部分，研究团队对于如何提炼教材单元的主题总结出了一些规律。

　　有些单元的标题具有很强的指向性和概括性，体现鲜明的价值观导向，此时，教师可以直接利用标题名称作为单元主题，如：八年级下册 Unit 1 Helping those in need，八年级下册 Unit 5 Save the endangered animals 等含有动词短语的标题，对单元大任务有很强的指向性。

　　有些单元的标题偏抽象笼统，需要教师将单元学习内容与学生的生活紧密结合，赋予话题实践性、情境性和教育意义，如：七年级上册 Unit 4 Seasons，八年级上册 Unit 4 Inventions，八年级下册 Unit 6 Pets 等，教师将主题设定为 "Welcome to my home town" "Little inventions, big changes!" "Shall we keep pets?"，因此单元大任务及价值观导向清晰可见。

　　有些单元所涉及的话题与学生的生活实际和思维程度有一定的差距，学生在理解和参与上都会有一定的困难，很难接受和真正地融入到教学活动中去，因此教师需要基于学情调整。例如八年级上册 Unit 5 Educational Exchange，学习内容是介绍中英学生教育交流的经历，现实的情况是部分学生缺乏相关经历，因而无法把学习内容与自身经历相结合产生共鸣。教师将主题定为 "Let's apply for an educational exchange"，这是一个任务式的主题，从主题可见单元大任务是参加"出国游学答辩会"，学生将学会填写英文教育交流项目申请表，以及在面试答辩中用英语进行自我介绍并回答专家关于出国游学的目的、对不同国家文化差异的了解及应对措施等问题，体验人生的第一场全英文面试。这个主题培养了学生的跨文化意识，指向其未来的发展。又如九年级上册 Unit 5 Action! 的学习内容是影视片场的情境，学生对于这样的情境感觉陌生茫然，如果将主题改为任务型主题"Filming a talk show for school TV"，让学生结合之前学过的 School clubs 单元，将在学校参与社团的经历录制一场脱口秀，场景更真实，可操作性更强。

[案例链接]

　　以九年级上册 Unit 4 Problems and advice 为例，从单元标题中的两个关键词 problems 和 advice 可以判断本单元主要内容是围绕青少年成长的问题和建议。初中阶段，学生进入了青春期，心理和生理的急剧变化使他们在家庭生活、学习、人际交往等方面出现很多的矛盾和问题，经历成长的烦恼。基于此，教师提炼出 To grow up with problems（伴随问题一起成长）这一主题，基于主题和单元学习内容设计了"给学校电台录制一期关于青少年成长问题的专题节目"的活动，学生需要运用单元所学到的语言知识，讨论、交流和解决自己和同学在成长和学习中的问题，正视青春期成长烦恼，形成正视问题、积极寻求解决方案的思维，并主动为他人提供建议和帮助，从而实现身心的健康成长。提炼后的主题体现出明确的育人目标。

2. 跨单元主题

　　教师可以调整学习单元的大小、学习任务的解构程度和学习时间的安排。除了教材单元之外，还可以按照学科核心素养的进阶来组织，打通年级甚至学段，跨教材单元，通过对相关内容进行整合来确定单元学习主题。

　　跨单元主题学习主要用于复习教学中。基于解决初中英语第一轮教材复习碎片化的问题，团队开展了跨单元复习研究。沪教版初中教材共六册，相同或相近的话题重复出现，螺旋上升。新授课期间，学生各个单元的学习相对零散。在中考复习阶段，教师可以引导学生以话题为单位将零散的知识进行整合，形成结构化的知识在语境中输出运用。因此，团队尝试把深度学习单元教学的理念运用到初中英语第一轮复习中，按照话题在情境中运用的原则，将初中教材 46 个单元整合为 11 个话题大单元，开展大单元复习实践研究，引导学生将语言知识和技能的提升与中考备考策略的培养有机整合在单元主题意义探究活动中，从而缩短复习进程，提高复习课的效率。

具体做法是每个大单元整合大约五个相关联的教材单元，按照"讨论话题、拓展话题和综合运用"三个环节，引导学生在统一的大单元语境下开展听说、说写、读写等综合性的语言实践活动。此外，虽然话题大单元复习的主要目标是复习备考，但也不能忽视学科育人，学生通过三个环节的学习活动，层层深入地探究大单元主题的意义，逐步形成健康向上的情感态度和价值观。

[案例链接]

以"自然、世界与环境"大单元为例，教师将七年级上册 Unit 3 The Earth，Unit 4 Seasons，七年级下册 Unit 4 Save the trees，Unit 5 Water，Unit 6 Electricity，九年级下册 Unit 3 The environment，Unit 4 Natural disasters 共七个单元整合在一起开展复习，基于七个单元语篇的育人价值提炼大单元主题为 Protect the Earth。通过对七个单元内容的复习，学生最终能从环境问题现状、原因及环保建议三个方面完成一份"保护地球"倡议书，在倡议书中能够灵活运用有关资源的种类和效用的介绍性表达，有关环境问题及表现的描述性表达和针对环境问题的建议性表达（词汇、短语和句型），以及现在进行时、情态动词等相关语法。

讨论话题环节以"词汇复习课"呈现，教师以"问题链"带着学生复习教材七个单元语篇的重点词汇、短语和句型，在师生问答中共同绘制"词汇树"，将零散的知识进行整合，形成结构化的知识，并引导学生在新情境中进行口头输出。

拓展话题以"拓展阅读课"呈现，教师为学生补充了 Polar bears and their floating ice，Plant lamps 和 The more trees, the better 三个语篇，在提升阅读微技能的同时，为学生大单元终极任务——写"保护地球"倡议书的"建议"部分，提供更多创新性的观点。

综合运用以"话题写作课"呈现，学生在情境性写作任务的引导下，自主提取前两个课时的内容和观点进行整体性输出，在综合运用大单元核心词汇和句型、语法等语言知识的同时，提升"保护地球，从我做起"的意识和责任感。三节课无论是语言知识的筛选整合，拓展阅读材料的选择，还是写作任务的设计，都为主题意义的探究服务。

3. 跨学科主题

德国教育学家赫尔巴特在十九世纪就提出教师在组织教学的过程中要注意联系其他学科。课程标准倡导教师要引导学生结合个人生活经验和社会生活需要，围绕特定主题，由真实的问题或任务驱动，综合运用其他相关课程的知识自主开展项目学习。

深度学习单元教学也同样倡导教师按照真实情境中的学习任务组织跨学科主题学习，选择综合性、实践性和开放性都很强的单元学习主题，以发展学生综合运用学科相关知识、技能和方法来解决实际问题的能力。2021 年，在教师们对教材单元整体教学的设计和实施基本成熟的基础上，团队开始开展跨学科单元设计研究，尝试把单元学习内容与其他学科知识建立联系，设计基于真实情境的主题大任务，学习任务所涉及的知识包括英语学科之外的知识，引导学生综合运用英语和其他学科知识解决问题，培养综合素养。

但不是所有单元内容都适合开展跨学科融合教学，教师在选择跨学科主题时要考虑三个问题。第一，有没有学科融合点？即单元内容是否涉及其他学科相关知识，这是进行跨学科融合主题设计的首要条件，如：七年级下册 Unit 4 Save the trees，Unit 6 Electricity，八年级上册 Unit 6 Ancient stories，Unit 7 Memory，九年级下册 Unit 1 Great explorations 等，从标题来看，这些单元会涉及历史、心理学、生物学、物理等学科知识，具备跨学科融合点；第二，能不能设计综合运用跨学科知识的主题大任务？教师要运用逆向设计法，先构想设计出综合运用英语和跨学科知识去解决的情境性大任务，在这个大任务里，学生需要真正运用跨学科的知识去解决问题，而不是仅仅用英语去表达这个学科的内容；第三，跨学科大任务是否具有可行性？如果涉及的跨学科知识难度太大，或者以学生的语言水平难以表达，不建议进行跨学科融合教学，如：七年级下册 Unit 6 Electricity，八年级上册 Unit 7 Memory 等，虽然教师可以设计很有新意的跨学科主题大任务，但是因为任务会涉及很多物理学、心理学的专业知识，这些知识涉及大量专业英语词汇，会增加学生学习的负担，可操作性不强。

[案例链接]

针对九年级下册 Unit 1 Great explorations，潭山中学英语科组将单元的主题设计为 Follow the footsteps of the great explorers，跨学科主题大任务是制

作中外探险家画册，将英语、历史、地理三个学科进行有效融合。在单元学习中，学生听、读郑和、张骞、马可·波罗、哥伦布、麦哲伦等多位探险家的人物介绍及探险故事，学习人物传记类语篇的基本结构和语言特征，发展英语听、说、读、写等综合语言运用能力。单元综合展示为制作中外探险家画册，学生需要选择一位探险家，深入了解探险家的历史背景及探险经历，如：探险的路线图、途经点的地理特征、气候特点、民俗、古今变化等，以及探险中有意义的历史故事。学生需要通过网络搜索、查阅史料，或者请教历史、地理老师，学习画册制作所需要的历史、地理知识，在这个跨学科大任务中，学生能够输出的语篇比教材人物传记语篇更加丰富和深刻，语言能力与跨学科知识运用能力同步提升。同时，学生能够加深对中外探险家的认识，了解他们所作的社会贡献，学习他们的优秀品质，树立敢于追求理想，勇于探索的价值观，落实学科育人。

教师在跨学科主题单元教学中要注意坚持英语学习的主体性，既不能把跨学科当作一个有名无实的噱头，也不能偏离了英语教学的目标，一方面，要将跨学科知识的学习有机融入单元学习的过程中，引导学生切实运用跨学知识解决问题，实现真融合；另一方面，各项学习活动的设计要紧扣英语语言能力目标，关注学生在单元学习过程中核心语言知识的学习与运用，以及语言技能的提升。

另外，教师要注意跨学科并不局限于学校课程表中开设的学科，如语文、数学、历史、地理等，还应该包括更多初中生应该学习或正在学习的自然人文学科，包括安全知识、传统文化知识、心理健康知识等，这些话题在初中英语教材中都有涉及，应当鼓励教师基于这些内容设计跨学科主题探究学习活动，引导学生依托英语课堂，积极探索更多丰富有益的知识，提升综合运用多种知识解决问题的能力，提升综合素养，而不仅仅是学科核心素养。

从主题所涉及的单元综合活动类型来看，可分为任务式主题和议题式主题。

1. 任务式主题

任务式主题指以一项与学生的学习、社会生活相关的任务作为主题，如：

Filming a talk show for school TV，Let's apply for an educational exchange，A guidebook for natural disasters，My environmental protection proposal，A creative invention competition 等。单元教学通过任务来驱动、激发、维持、加强学生的学习动机，引导学生通过各分课时的学习，在语言知识和语言技能方面逐步提升，最终能够综合运用单元目标语言知识和综合技能完成主题大任务。

八年级上册 Unit 5 Educational exchange 的单元主题为 Let's apply for an educational exchange。这一主题把单元学习内容与学生实际状况相结合，引导学生通过学习，了解参加教育交流项目的活动内容、目的和意义、可能遇到的文化差异及应对策略，产生对教育交流项目的兴趣，培养跨文化意识，最终能够参加一场出国游学申请答辩会，根据游学项目介绍和自我需求，填写教育交流项目申请表，并在出国游学面试中用英语进行自我介绍和答辩，指向学生的未来发展。

八年级下册 Unit 4 Cartoons and comic strips 的单元主题为 An audio comic show。本单元的终结性语言实践活动是"一场有声漫画展"，学生通过欣赏和学习卡通漫画的制作，小组合作制作一幅有声漫画作品，参加班级漫画展。学生需要小组合作完成确定主题、构思情节、设计人物、配图、编写对白、配音、软件合成等一系列活动，在活动中发展创造力和想象力，融合运用英语、艺术、信息技术等学科知识，培养合作精神，理解中外漫画的文化内涵，加深文化理解。

2. 议题式主题

议题式主题指以一个充满探究性质的问题作为单元主题，如："Shall we keep pets？""How to use computer properly？"，引导学生在单元各课时学习中，层层深入地思考和逐步回答这个探究性问题，最终能够自主建构语言知识，运用综合语言技能表达个人对主题的理解。

以八年级下册 Unit 6 Pets 为例，"Shall we keep pets？"这一主题把单元话题 Pets 与生活中宠物的饲养问题紧密结合，并将话题发散至社区和社会，单元综合展示活动为"社区饲养宠物问题听证会"，引发学生辩证地、多角度地思考和解决社区宠物饲养方面的问题，从而深入理解主题意义"人类应该与自然和谐共生"，发展学生的批判性思维。

八年级上册 Unit 4 Inventions 的主题为 "Little inventions，big changes！"，引导学生了解古今发明的缘由及意义，深刻体会发明对社会发展的重要意义，在进一步了解古今发明家的故事之后，激发学生基于现实生活中的问题，开展创新性发明研究，提升用科技改变生活的意识。

三、单元主题的提炼

英语学科深度学习单元教学是主题引领下的基于意义探究的学习，提炼单元主题的思路是以学生的生活经验和兴趣为基础，将课本内容与生活建立联系，设定具有情境性、实践性，有助于实现提升综合语言运用能力的中心任务，从而体现学科的育人价值，因而单元主题的设定决定了单元教学的高度。例如，七年级上册 Unit 4 Seasons 的话题为 Seasons，主要学习内容是听读关于季节的短文，口头和书面描述自己喜欢的季节。笔者将单元主题设定为 Welcome to my home town，把单元话题与学生生活紧密结合，引导学生在单元学习后做家乡旅行的代言人，制作海报或录制短视频来用英语介绍自己家乡的四季气候特征与典型习俗、旅游景点等，激发热爱家乡的感情。这一中心任务需要学生综合运用跨学科知识，融合多种语言技能，海报或宣传片的制作需要小组合作并有一定的创新意识，这些使单元学习不再是单纯的语言知识的学习，而是基于主题意义探究的学习。图 7 呈现了单元主题设定思路。

图 7　七年级上册 Unit 4 Seasons 单元主题设定思路

（一）主题设定指向核心素养

课程标准明确了核心素养导向的初中英语课堂教学新理念和新要求。义务教育英语课程要培养学生适应未来发展的正确价值观、必备品格和关键能力，即包括语言能力、文化意识、思维品质和学习能力的核心素养。核心素养的特征之一是具有统领功能。教师要全面了解和理解学科核心素养在学生发展的不同阶段的不同表现，站在学科整体角度做好单元学习主题的选择和确定。学生通过学习某一主题下的不同语篇，能更清晰地认识自我和周围世界，达成发展核心素养的课程目标。以七年级上册 Unit 4 Seasons 为例，教师设定的单元主题为 Welcome to my home town，学生通过"展示介绍家乡的四季风光"，在一系列的语言实践活动中发展了听、说、读、写等语言技能，培养了小组合作、搜集和整理学习资源等学习能力。学生在收集四季风光图片，分析家乡地理位置及四季气候，了解家乡四季中人们的活动及相关文化习俗，制作海报或视频宣传片的过程中，拓宽了文化视野，融合了跨学科知识，也培养了知识迁移运用能力和创新思维能力。

（二）主题设定落实课程标准

课程标准是确定单元学习主题的主要依据。课程标准提出，教师要强化素养立意，围绕单元主题，充分挖掘育人价值，确立单元育人目标和教学主线。课程标准对研读语篇也提出了具体要求，要求教师从 What，Why，How 三个角度，了解语篇的内容和语言特点，明确语篇所传递的主题意义。课程标准还对教材所处学段的语言能力（包括语言知识和语言技能）、文化意识、思维品质和学习能力等目标提出了具体详细的要求。教师在设定单元主题，以及相关主题大任务的时候，要着重考虑任务是否紧扣知识和能力目标。仍以七年级上册 Unit 4 Seasons 为例，Welcome to my home town 这一主题和"展示介绍家乡的四季风光"这一主题大任务涵盖了课程标准主题内容要求（三级）中的"家乡与社会的变迁""节假日与庆祝活动""不同地区的生态特征与自然景观"等子主题内容，融合了表达性技能中的"喜欢""邀请"，学生在探究主题意义的过程中综合运用了以上话题知识并实现了知识的迁移和创新。

（三）主题设定基于教材分析

单元主题是在整合单元内各语篇主题内容的基础上建构的。教师需要通过对单元内各语篇内容的解读整合概括出单元的主题内容，从而充分挖掘单元主题的育人价值。教师要根据学生情况，最大限度地用好教材，使课程内容情境化。七年级上册 Unit 4 Seasons 的前一单元的话题是 The Earth，后一模块的主题是 Travels，结合本单元在教材中的位置，单元设计在话题语言知识上将做承上启下的衔接，如：在"展示介绍家乡的四季风光"的活动中，引导学生说说家乡的环境，把上一单元中关于环境污染和环保的语言知识融合进来，以表达对家乡环境的关切。同时，"展示介绍家乡的四季风光"的活动也为自然地过渡到下一模块主题 Travels 做了内容上的准备，学生在下一模块将能够运用本单元知识安排一次家乡之旅，使单元之间的学习内容和活动具有连续性。

（四）主题设定依据学情分析

单元主题的提炼要考虑学生在语言知识储备、语言能力现状、思维方法、学习习惯、学习动机、自我管理能力等方面的差异，也就是说，单元主题的确定要因学情而异，不可无视学情实际，将主题意义强加给学生，否则不仅不能激发学生的学习兴趣，不能有效提升学生的语言能力，反而会禁锢学生的思维，违背单元主题引领的教学理念的初衷。例如，在设定七年级上册 Unit 4 Seasons 单元主题前，教师先进行了学情分析，了解到班里 80% 的学生来自广东省外，学生的祖籍分布在五湖四海，做家乡旅行代言人的活动让学生通过与父母长辈交流或者上网搜索，了解家乡的四季气候、人们的活动以及与季节相关的典型节日，凸显了单元学习内容的文化元素，激发了学生对家乡的热爱之情，很有现实意义。在小学阶段，学生零散地学习过"天气""四季"和"人们的活动"这些话题的相关词汇和简单的句式表达，为本单元学习打下了一定的语言知识基础，本单元学习将在大任务语境下，引导学生将这些零散的语言知识整合成语篇。

四、基于单元主题的进一步思考

单元主题提炼不是天马行空，一味追求创新，而是要把课本话题与课程标准要求、核心素养目标、英语的人文性目标等联系起来，结合学生兴趣与地方特色，提炼出一个有高度、有意义、有利于学生能力培养和思维发展的主题。提炼单元主题时，首先应该尽可能基于教材单元的编者意图，切合整册教材乃至整套教材的内容体系。教师可以基于学情寻找不同的切入点，但不能抛开教材内容。其次，要同步构想支撑主题落实的学习内容及活动，考虑主题大任务的可操作性和可评价性。主题的落实是一个系统工程，包含教学目标的制订、对教材的整合、教学活动的设计和开展、持续评价的制订与执行等，而主题就是引领这一切的方向，教师要基于主题制订目标，搭建学习素材网络，开展系列活动，以及实施持续性评价。

　　单元主题是一个具有主观性的大概念，不是一成不变的，不同的教师对主题有不同的理解，不同的学情可以设置内涵深度不同的主题。教师要避免让学生以为每个单元只有唯一的单元主题意义，可以保留学生对主题的不同理解，以发展学生的多元思维。单元整体教学实践后，教师也可以基于实施效果对单元主题进行不断反思，通过收集实践反馈报告、研讨等方式总结经验和不足，及时修正既定的单元学习主题。

第二节　制订单元目标

自开展单元整体教学以来，单元目标的设置和表述一直是困扰教师们的问题。在分课时教学时，教师只需要制订单课时目标。单课时目标的制订相对简单，只需要基于本节课的教学内容设计教学目标和重难点，较少考虑前后课时的关联，而单元目标的设置需要整体考虑单元教学内容。再者，教师们对于单元目标与课时目标的区别很困惑，有的教师认为把单课时目标放在一起就是单元目标，这种理解显得片面。本节分享了团队基于单元目标制订的一些思考，针对性地解答了让一线教师困惑的问题。

一、单元目标的制订与表述

（一）什么是单元目标

确定单元主题后，下一步是围绕主题建构单元教学目标。课程标准明确提出，教师要强化素养立意，充分挖掘单元主题的育人价值，以单元教学目标为统领，引导学生在学习过程中逐步建构对单元主题的认知，发展能力，形成素养。主题意义是抽象的、上位的观念，不能直接教授给学生，而单元目标是将抽象的观念转化为具体的课堂教学行为的中间媒介。单元目标对具体的教学材料、学习活动和课堂评价起着统领作用，引领教师选择合适的学习材料，开展合适的学习和评价活动，帮助学生探究主题意义。

本研究对单元目标的定义为：单元目标具有综合性，是学生综合运用这个单元所学的知识、技能和策略，以及跨学科知识去解决真实、复杂的任务的一种外在的输出的素养表现。单元目标分为单元总目标和单元阶段性目标。

单元总目标是学生学完一个单元后，能综合运用单元所学的知识、技能、方法、策略去解决一个较为复杂的、能够综合体现学生能力素养的大任务，即综合展示课的任务，也可以称为 Project。因此，研究团队认为 Project 的目标就是单元总目标或单元终结性目标，如：七年级上册 Unit 4 Seasons 的单元综合展示课任务是学生能够制作介绍家乡四季美的宣传片或海报，并图文并茂地使用目标语言知识介绍家乡，展示家乡之美，学生完成这个主题大任务所需具备的语言知识、技能、策略等，就是单元总目标。单元主题大任务具有综合性和复杂性，学生不可能上完一节课就能完成，因此教师需要对大任务进行分解，引导学生分步骤完成，这就是单元阶段性目标。

单元阶段性目标是教师根据学生已有基础，把复杂的主题大任务有机分解为一个个子主题任务，学生在子主题的学习中不断地将获取的知识技能通过实践应用转化为能力，为完成单元终极大任务做铺垫，最终形成素养。各子主题任务所对应的目标就是单元阶段性目标。单元总目标和单元阶段性目标分别对应单元大主题和子主题。

（二）如何表述单元目标

新课标颁布之后，各学科的核心素养都突出"立德树人"的育人理念，指向深度学习的单元教学目标是学生探究单元主题和学习单元核心内容后形成的核心素养的结果，涵盖且融合了知识与技能、过程与方法、情感态度与价值观的三维目标。但是，仅用三维目标方式表达单元目标不全面，单元整体教学目标的设计和阐述方式应在以往三维目标方式的基础上有所提升。

初中英语单元教学目标设计将布卢姆教育目标分类学和马杰行为目标理论的基本理念相结合，沿用有关认知水平层次目标，设计"动词（描述预期的认知过程）+名词（描述预期学生习得或建构的知识）"的陈述方式，同时结合具体教学目标设计行为表现、行为条件、行为标准三个要素，围绕一个单元学习学生应该"做什么、怎么做、做得怎么样"，来体现对主题内容学习和核心素养发展的精准陈述。具体表述形式为：

在……主题情境下，通过……活动，习得……知识（词汇、语法、句型等），培养……技能（听说读写），发展……能力（学习能力或思维能力），形成……意识（文化意识、价值观）。

以下以七年级上册 Unit 3 The Earth 单元整体教学目标为例，阐述单元目标的表述方式。

1. 在领略地球之美、感受地球之殇的主题情境下，学生能运用一定的阅读策略（条件）获取（表现）介绍保护地球文章的大意，制作（表现）思维导图，并结合思维导图自主组织语言口头复述篇章（表现），在复述的过程中灵活（标准）运用目标词汇句型。

2. 在保护地球主题情境下，学生能运用核心词汇 Earth, protect, provide,

energy，important，pollute，kill 等和句型 There be . . . ，It is + *adj.* + for sb. to do sth.，stop doing sth.，some . . . some . . . others . . .（条件）进行交谈（表现），完成一份演讲稿（标准），分享保护地球的一些措施（表现），学习保护地球的举措（意识）。

3. 在世界地球日的情境下，学生能够收集和筛选（表现）资源，小组合作（标准）制作一份"世界地球日"的宣传片，并进行保护地球主题演讲，图文并茂地（标准）使用目标语言（条件）介绍地球现状，提出保护措施，呼吁保护地球（表现），形成"保护地球，从我做起"的意识（价值观）。

从上述的表述可见，单元目标在语言表达上遵循"做什么、怎么做、做得怎么样"三个维度，在内容层次上以主题情境为单位，三个目标的主题情境分别为"地球之美、地球之殇—保护地球—世界地球日"，体现对主题意义探究的层层深入。

随着 2024 年新版教材的启用，笔者比较了旧版教材和新版教材，发现单元目标表述的"主体"已经从"You will . . . "变成了"I can . . . "，体现了新版教材对"以学生为中心"的强调，也为教师后续优化目标表述提供了导向。

（三）如何制订单元目标

在多年的实践探索中，研究团队探索出两种制订单元目标的路径，这两种不同的思路也体现出团队实践研究的不断深入和进步，不断与新课标要求靠近。

1. 以逆向设计法为指引，制订阶梯式单元目标

这种路径以格兰特·威金斯和杰伊·麦克泰格提出的逆向设计法为指引，教师先设定单元总目标，再基于学生已有基础与单元总目标之间的差距，对达成单元总目标所需要的能力进行分解，设计阶梯式目标。阶梯式单元目标能形象体现在单元整体学习过程中，学生是如何层层递进地完成阶段性目标，最终达成单元总目标。

以七年级上册 Unit 4 Seasons 为例，教师首先根据单元学习主题，确定单元总目标为学生能够制作介绍家乡四季美的宣传片或海报，并图文并茂地使用目标语言知识介绍自己的家乡，展示家乡之美。为达成单元总目标，设定了三个阶段性目标：（1）通过阅读语篇，掌握描写家乡四季相关的词汇、句型、语法、语篇结构等语言知识；（2）通过听说活动，掌握口头介绍家乡四季特点的

听说技能；（3）掌握以书面形式多角度描写家乡四季的写作技能。这三个阶段性目标层层递进，从输入到输出，语言知识逐步拓展，语言技能逐步提升，为达成单元总目标搭建支架。图 8 呈现了完整的单元教学目标。

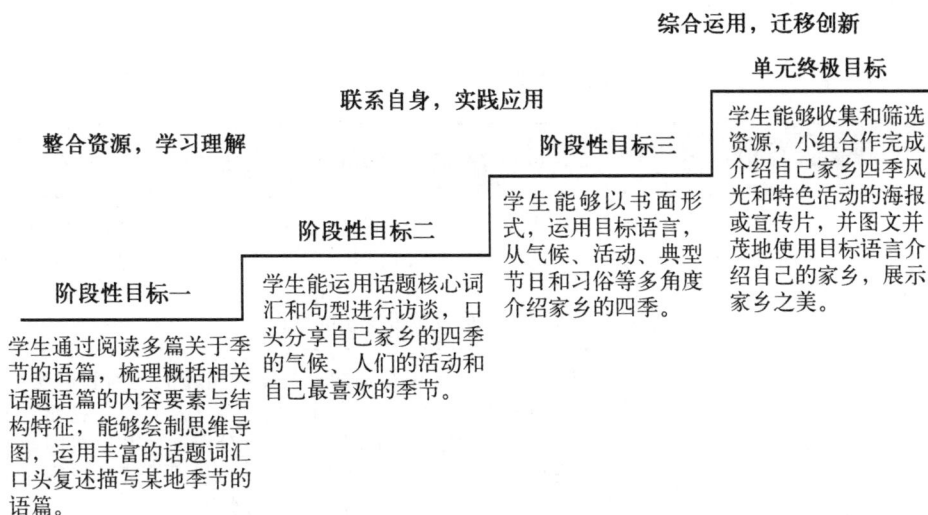

图 8 七年级上册 Unit 4 Seasons 单元教学目标

由上面的案例可见，阶梯式单元目标是按照"阅读—听说—写作—综合展示"的顺序描述目标，与教材的编排顺序一致。但是这种目标描述方式具有一定的局限性，即在阅读、听说、写作等阶段性目标中，虽然学生发展的是综合语言运用能力，并非单一技能，但在目标描述中没有凸显单元整体教学"整合"的理念，不能体现出学生是在基于主题探究的学习中综合习得知识，发展听说读写综合技能，提升思维和形成情感态度价值观。

2. 以主题意义为引领，设计双线并进型目标

基于主题意义探究的英语教学要尽量围绕主题和语境设计教学目标，要以主题内容为主线，以语言为暗线来设计教学活动和教学环节。学生在理解语篇内容、探究语篇主题意义的过程中体验语言的使用，感知语言的结构，尝试运用所学语言。

课程标准提出，教师要引导学生通过对各语篇内容的学习，加深对单元主题意义的探究，从而逐步建构和生成围绕单元主题的深层认知、态度和价值判断，促进其核心素养综合表现的达成。研究团队尝试使用双线并进的方式设置单元目标，以主题意义深入探究为明线，以单元内各个语篇能让学生获得的语言知识、技能发展、能力提升和思维培养为暗线，体现主题意义理解的深度与学生语言、文化、思维的提升和发展之间是相辅相成的。表4以八年级下册Unit 6 Pets为例，呈现了采用双线并进的方式设计的单元整体教学目标。

表4 八年级下册 Unit 6 Pets 单元整体目标

主题意义（明线）	知识、能力与思维（暗线）
宠物是人类的好朋友，给人带来快乐	在采访活动中谈论饲养宠物的益处和有趣之处，并通过制作宠物宣传手册的活动，整合运用有关宠物的外形、性格、趣事、照顾方法等话题的语言和说明文的结构知识，表达饲养宠物的益处和有趣之处，形成关爱宠物的意识。
饲养宠物会产生很多问题	在小型辩论活动中，运用结构图分析宠物问题的起因和影响，并通过对信息的筛选和整合建构自己的观点，从业主、物业管理、宠物主等多角度提出解决方案，提升分析问题和解决问题的能力，发展逻辑思维、批判性思维和创新思维等高阶思维能力，理性看待饲养宠物，并培养对宠物的责任心。
建构人与宠物和谐共生的关系，学会热爱动物，善待宠物	参与社区宠物饲养问题模拟听证会，综合运用单元所学语言知识，有条理地表达观点并提供证据，并基于对方观点进行反驳，尝试以不同的社会角色处理宠物问题；培养小组合作能力，发展批判性思维能力和创新思维能力，积极建构人与宠物和谐共生的关系，提升社会责任意识。

二、从单元目标到课时目标

（一）什么是课时目标

单元目标体现的综合性与在素养层面的表现，并不是每学完一个语篇或其他学习材料之后就会转化为某种素养，而是需要多个课时目标不断强化、巩固、深化，从而帮助学生逐步将单课时形成的能力转化为素养。本研究对课时目标的定义为学生在一个课时学习活动完成后，对某个单元子主题探索过程中语言知识、文化知识、语言技能和学习策略各方面的具体变化和素养发展，它体现了知识建构和技能提升的具体过程，是单元目标的落地和具体实施路径。因此在单元目标确定之后，教师需要结合单元各课时的具体内容和学情，对单元目标进行有机分解，使学生通过单课时学习循序渐进地达成单元目标。

（二）从单元目标到课时目标的分解

阶段性目标不可能在某一节课完成，因此其与课时目标也不是简单的对应关系，而是基于课时学习的内容有机渗透在各个单课时。图 9 以七年级上册 Unit 4 Seasons 为例，呈现了教师如何将单元阶段性目标有机分解到各个课时。

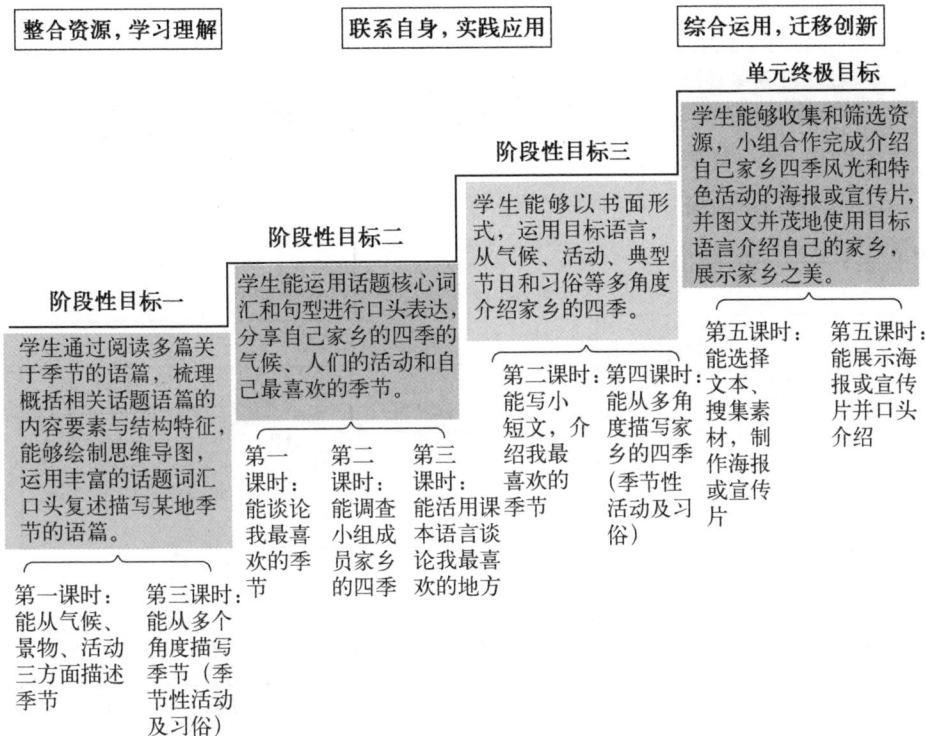

整合资源，学习理解	联系自身，实践应用	综合运用，迁移创新

单元终极目标

学生能够收集和筛选资源，小组合作完成介绍自己家乡四季风光和特色活动的海报或宣传片，并图文并茂地使用目标语言介绍自己的家乡，展示家乡之美。

阶段性目标三

学生能够以书面形式，运用目标语言，从气候、活动、典型节日和习俗等多角度介绍家乡的四季。

阶段性目标二

学生能运用话题核心词汇和句型进行口头表达，分享自己家乡的四季的气候、人们的活动和自己最喜欢的季节。

阶段性目标一

学生通过阅读多篇关于季节的语篇，梳理概括相关话题语篇的内容要素与结构特征，能够绘制思维导图，运用丰富的话题词汇口头复述描写某地季节的语篇。

第一课时：能谈论我最喜欢的季节

第二课时：能调查小组成员家乡的四季

第三课时：能活用课本语言谈论我最喜欢的地方

第二课时：能写小短文，介绍我最喜欢的季节

第四课时：能从多角度描写家乡的四季（季节性活动及习俗）

第五课时：能选择文本、搜集素材，制作海报或宣传片

第五课时：能展示海报或宣传片并口头介绍

第一课时：能从气候、景物、活动三方面描述季节

第三课时：能从多个角度描写季节（季节性活动及习俗）

图 9　七年级上册 Unit 4 Seasons 单元目标分解图

以阶段性目标二为例，它主要培养有关季节话题的听说能力，听说目标并不是只在听说课中培养，而是有机渗透到第一至三课时。在第一课时精读课的读后活动中，学生能运用篇章中的词句谈论喜欢的季节及原因；在第二课时听说课中，学生能运用相关句型与小组成员谈论自己家乡的四季及自己最喜欢的季节；在第三课时拓展阅读课的读后讨论中，学生能结合四个阅读语篇的内容谈论自己喜欢的地方及原因，有意识地把与季节相关的节日习俗纳入介绍季节的内容，话题表达的内容从基于课本到联系自我，逐渐丰富，能力逐步提升。

从单元目标到课时目标的分解遵循语言学习的基本规律和学习材料的特点，体现了语言知识的滚动复现和语言技能发展的螺旋上升。学生在目标的引

领下深度参与学习活动，逐步积累语言知识，形成综合性语言运用技能，最终能够将单元所学知识迁移与应用到"做家乡旅行的代言人"这一有现实意义的综合性语言实践活动中。

图10以七年级上册 Unit 7 School clubs 为例，呈现了一个双线并进型单元目标分解的案例。

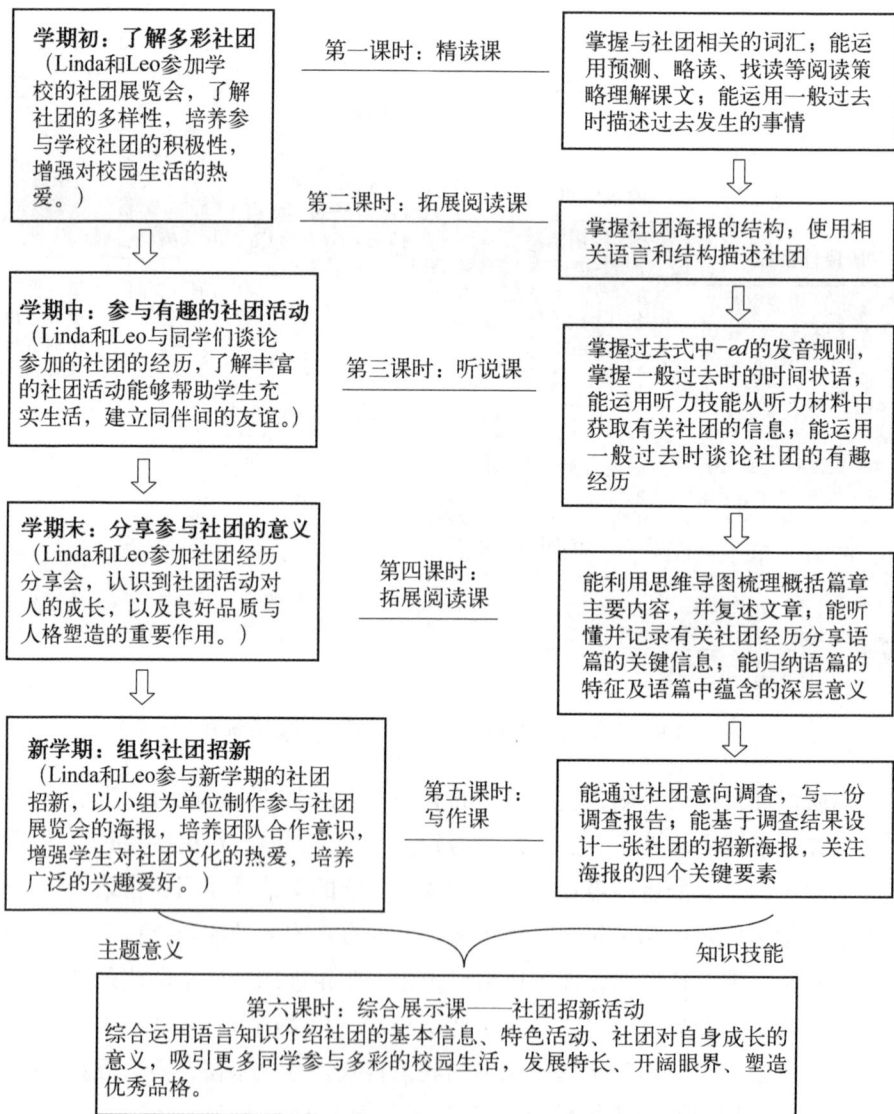

图10 七年级上册 Unit 7 School clubs 单元目标分解图

　　双线并进型目标描述方式能够清晰呈现，随着主题意义的逐步深入，语言知识和技能是如何逐步提升的。在第六课时"社团招新活动"综合展示课中，学生需要小组合作创设一个新社团，制作社团招新海报，并从社团的基本信息、特色活动及社团意义三个方面介绍自己创设的社团。在制作海报和口头介绍的过程中，学生需要运用主题词汇、短语和句型表达社团的基本信息，如attend, event, activity, educational, take part in, I like … because … 等，使用一般现在时和一般过去时描述校园活动，并融合美术技能以增强社团亮点和吸引力，综合展示"听、说、读、写、看、画"等技能。学生之所以能够完成本节课的综合展示活动得益于前面五个课时的学习积累，包括：在第一课时精读课中学会描述社团经历；在第二课时拓展阅读课中了解海报的基本结构及多样化创新社团活动内容，激发自主创设新型社团的创意；在第四课时拓展阅读课中深刻认识社团对个人品格塑造的积极意义；在第五课时写作课中学会制作图文并茂的社团海报等。分课时学习不仅帮助学生逐步积累综合展示所需要的语言知识和技能，也使学生对于社团的形式、内容和意义的认识逐步加深，引导学生发现自己的兴趣特长，积极参与适合的社团活动，并通过参与社团活动发展特长，开阔眼界，塑造坚持不懈、帮助他人、关爱社会等良好品质，主题探究和语言、文化、思维协同发展，相辅相成。

　　最后，笔者需要强调的是，深度学习是指向学生高阶思维能力培养的学习，因此教师在制订教学目标的时候，要关注目标的多维性，除了关注知识、技能，更要关注能力的提升、思维的发展，以及价值观的塑造，从而实现英语学科综合育人的功能。

第三节　整合学习内容

英语学习的内容是什么，是单词、句型和语法吗？英语考试的内容是什么，是教材中的学习内容吗？英语学业质量标准与课程内容之间的关系是什么，是对应关系吗？对于这些问题，新课标一一给出了答案。英语作为一门语言学科，不像有的学科，某些知识模块既是学习内容也是考查评价的内容，英语学科的学习内容不是为了掌握这些内容本身，而是通过这些内容的学习形成某种能力和素养，因此，英语学业质量标准也不会针对这些内容的掌握情况而设定。教师可以根据学生的实际情况自主整合学习内容。本节阐述了单元整体教学中，学习内容整合的原因、策略和注意事项。

一、教师对学习内容理解的现状

"联想—结构"是深度学习的重要特征之一，它强调学习内容的结构性和系统性，即学生学习的知识不应是零散的、碎片式的、杂乱无章的信息，而应是有逻辑的、结构鲜明的、有体系的知识。因此，在学习新知识的过程中，学生需要在教师的引导下，联想已有的知识结构，从而融会贯通地建构出属于自己的知识结构体系。

对于英语学习内容的理解，笔者所在区域的初中英语教师仍存在着两个误区：一方面，教师们不清楚英语学习的内容是什么，就如王蔷教授在课标组核心专家系列公益讲座中提到，英语学科的内容已经被广大教师约定俗成地认为就是学习语音、词汇、语法等语言知识及语言技能，而忽略了语篇作为英语语言学习的重要载体功能。课程标准指出，英语课程内容由主题、语篇、语言知识、文化知识、语言技能和学习策略等要素构成。课程内容的六个要素是一个相互关联的有机整体，共同构成核心素养发展的内容基础。其中，语篇承载表达主题的语言知识和文化知识，为学生提供多样化的文体素材。在单元学习中，学生始终在教师的支持下基于语篇（即话题）开展学习，顺势挖掘主题意义，融合语言学习与意义探究，并向主题拓展。

另一方面，教师缺乏基于学情自主整合学习内容的意识和能力。相当数量的教师按照教参或者现成的课件按部就班地授课，并未深入研读教材，忽视教材的编写意图，缺乏基于学情整合教材和自主使用教材的能力，即"教教材"而非"用教材来教"。小部分教师虽在研读教材后把握了各课语篇的内涵与重难点，却"忘记"探索单元内各课型所用语篇材料之间，抑或教材内同一大话题下不同单元间的内部联系，因而在教学时，这些教师便将教材里有联系、有逻辑、成体系的语篇知识进行割裂式处理，致使学生在学习过程中"一叶障目，不见泰山"，无法建立起完整的知识结构。所以，在教学中，虽然教师尽力迎合学生学习的兴趣点，费尽心思调动学生的学习积极性，却难见成效，其主要原因之一就是忽略了对单元学习内容逻辑的梳理与必要整合，造成学生学习的碎片化，导致学习效果不理想。

二、对初中英语单元教学内容的探索

深度学习为一线教师提供单元整体教学的脚手架——深度学习实践模型，引导教师抓住教学中的四个关键要素——主题、目标、活动和评价——进行单元教学设计。高中课标和义教课标都提出了六要素整合的英语课程内容，明确英语学习的内容是融语言、文化、思维为一体的多种形式的语篇，而不是词汇、句型、语法这些零散的内容，倡导教师为学生提供接触和体验各种语篇类型的机会。单元整体教学设计需要依据学生的学习规律和学习现状对单元教学内容进行学科内、学段内甚至跨学科的整合、重组，提供具有教学意图的、结构化的教学内容。

因此，笔者把深度学习实践模型与初中英语学科特点进行对接，建构了"基于五要素的初中英语单元整体教学模型"，在深度学习实践模型的基础上增加了"内容"要素，而这个"内容"特指各种形式的语篇，包括文本、音频、视频及各种生活中的多模态语篇。教师在单元整体教学中要基于学情、基于单元主题意义探究的需要，对单元学习内容进行必要的整合，为学生补充鲜活的、有时代感的拓展阅读材料，帮助学生开阔视野，启迪思维，拓展语言知识，更好地完成具有挑战性的主题大任务。

三、单元学习内容整合的策略

课程标准指出，教师要强化素养立意，围绕单元主题，充分挖掘育人价值，确立单元育人目标和教学主线；在深入解读和分析单元内各语篇及相关教学资源，并结合学生的认知逻辑和生活经验的基础上，对单元内容进行必要的整合或重组，建立单元内各语篇内容之间及语篇育人功能之间的联系，形成具有整合性、关联性、发展性的单元育人蓝图。单元整体教学的目标是引导学生基于对各语篇内容的学习和主题意义的探究，逐步建构和生成围绕单元主题的深层认知、态度和价值判断，促进其核心素养综合表现的达成。以下以八年级下册 Unit 4 Cartoons and comic strips 为例，呈现了教师在进行单元学习内容整合时可采用的步骤。

（一）深度分析教材

高中课标指出，单元标题是对语篇内容的概括和凝练，而主题要为语言学习提供意义语境，并有机渗透情感、态度和价值观。因此，教师要深入研读单元内容，挖掘语篇内涵及所承载的教育价值，才能准确把握单元的主题意义。课程标准指导教师要从 What，Why，How 三个角度进行语篇分析，通过研读明晰语篇的主题内容是什么，语篇传递的意义是什么，语篇具有什么样的文体特征、内容结构和语言特点。

八年级下册 Unit 4 Cartoons and comic strips 单元内容包括三个阅读语篇、一个听力语篇和三个写作语篇（表5）。

表5　八年级下册 Unit 4 Cartoons and comic strips 教材语篇

序号	篇　　章	内　　容	形　式
1	How to make a cartoon	动画制作的基本步骤	文本
2	How to make a comic strip	漫画制作的基本流程	文本
3	A comic strip about a baby dinosaur	漫画赏析：小恐龙的故事	故事（听力）
4	Mystery Island	漫画《神秘岛》	漫画
5	Tom and Jerry	外国卡通《猫和老鼠》介绍	文本
6	Havoc in Heaven	中国卡通《大闹天宫》简介	文本
7	Fishing with birds	漫画制作：《鸬鹚捕鱼》	漫画

其中，语篇1、2、5、6为说明文，语篇3为记叙文，语篇4、7为应用文。单元的输入语篇为语篇1、2、3、5、6，主要关于动画及漫画的简要制作

流程，以及中外经典卡通和漫画作品的介绍等内容；输出语篇为语篇 4、7，需要学生利用美术、音乐、信息技术等跨学科知识完成漫画作品及有声漫画作品的制作。语篇体裁多样，难度适中，虽有些生词，但是不影响学生理解和提取信息。

（二）提炼单元主题

英语深度学习单元教学是主题意义探究的学习。深度解析单元教材内容之后，教师要基于学情提炼单元主题并构想单元主题大任务。

教师在对英语学科进行深度学习单元主题提炼时，应当把握学科核心素养的进阶发展，这是确定单元学习主题最为关键的依据之一。结构化和情境化的程度越高，越能凸显学科"大观念"的知识，其发展核心素养的功能就越强。为了凸显学科"大观念"知识而选定契合学科思想方法的单元学习主题，有必要对单元学习内容进行高度整合。整合方式可以是对同一单元内不同章节或课时的学习资源进行整合，也可以是跨越教材体系，对同一学科"大观念"知识下的不同单元进行学习资源的整合，甚至可以整合不同学科知识完成跨学科主题大任务。

"卡通片和漫画"是青少年非常感兴趣的事物，学生对于这个话题有了不少观看和阅读的积累，部分学生能用漫画自如表达自己的创意，学生也很喜欢为电影和动画片配音。基于教材内容和核心素养的要求，并结合学情，教师确定本单元主题为 An audio comic show（一场有声漫画展），相应的主题大任务是：通过欣赏和学习漫画的制作流程，以及阅读中外经典动漫作品的介绍，学生能以小组合作的形式制作一幅有声漫画作品，并在班级有声漫画展中展示小组作品。为了完成这一主题活动，学生需要完成确定主题、构思情节、设计人物、配图、编写对白、配音、软件合成等一系列任务，他们在活动中发展创造力和想象力，融合运用英语、艺术、信息技术等学科知识，培养合作精神，理解中外卡通漫画的文化内涵，加深文化理解。

（三）制订单元目标

教学目标是关于教学将使学生发生何种变化的明确表述，是指在教学活动中所期待得到的学生的学习结果。在教学过程中，教学目标起着十分重要的作用。教学活动以教学目标为导向，且始终围绕教学目标进行。深度学习视域下的英语单元教学目标包括单元终极目标和阶段性目标，单元终极目标呼应单元学习主题，而单元终极目标的实现则依赖于单元阶段性目标的实现。图 11 为八年级下册 Unit 4 Cartoons and comic strips 的单元教学目标。

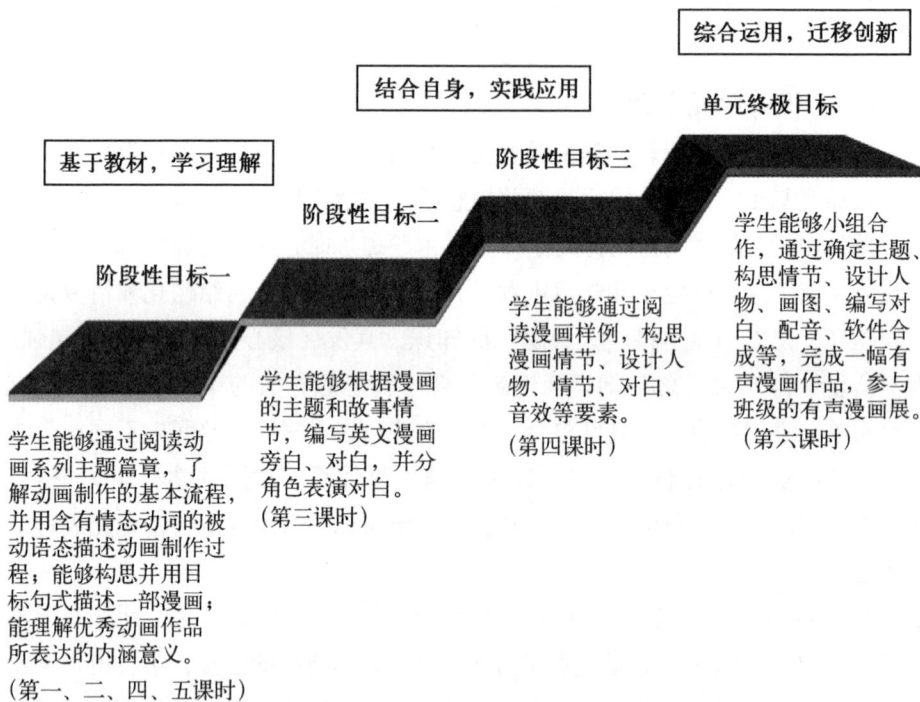

图 11　八年级下册 Unit 4 Cartoons and comic strips 单元教学目标

可见，要想实现单元终极目标"小组合作完成一幅有声漫画作品"，需要把握住分课时的阶段性目标任务，即通过读、听、写等技能的操练，不断提升学生对动画、漫画制作、配音，对漫画作品的评价与介绍等的认知程度。本单元内的教学语篇虽涉及一些动画及漫画的制作流程，但要让学生自行完成一幅有声漫画作品还存在一定的难度，课本上的篇章内容还无法完全覆盖单元情境任务，如：教材的 More practice 和 Culture corner 部分虽有提及中外经典动画作品《猫和老鼠》和《大闹天宫》，但语篇较短，介绍及评价并不系统，鲜有提及介绍漫画作品的四个维度，即 characters，plots，features，intentions or impacts，需要教师基于主题大任务的需要整合学习内容。

（四）整合单元内容

"创造并介绍自己的有声漫画作品"这一任务要求学生能掌握动画和漫画

制作的步骤、学会为人物和音效配音，最为重要的是，学生需要通过前几个课时的学习，掌握从四个维度介绍漫画等文艺作品的技能。但是，这四个维度的内容分散在不同语篇中，如：Reading 语篇着重介绍卡通人物角色、情节设定，More practice 和 Culture corner 语篇侧重介绍经典卡通作品《猫和老鼠》《大闹天宫》的历史背景、特色及影响。教师需要基于主题探究补充拓展阅读篇章。拓展阅读不仅可以引领学生对主题意义进行深度探究和理解，为后续的写作活动铺路搭桥，还可以为学生丰富知识储备、开阔视野搭建平台。表6展示了单元内容整合前后的对比。

表6　八年级下册 Unit 4 Cartoons and comic strips 内容整合对比

整　合　前	整　合　后
Reading： · How to make a cartoon（Intensive reading） · Tom and Jerry（Extensive reading） · Havoc in Heaven（Extensive reading）	Reading： · How to make a cartoon（Intensive reading） · Comments on cartoons of Hulu Brothers，Tom and Jerry，Doraemon（Extensive reading） Grammar：The passive voice with modal verbs
Listening：A comic strip about a baby dinosaur	Listening & Speaking： · How to make a comic strip（Adapted monologue from Grammar） · A comic strip about a baby dinosaur
Grammar：The passive voice with modal verbs	
Speaking：The ending of the story about a baby dinosaur	
Writing：Mystery Island	Writing：Mystery Island
Project：Making a comic book	Project：Creating and introducing your own cartoon

从上表可见，教师从三个角度对本单元教材语篇进行了整合：

1. 改变语篇用途：将 Grammar 部分的语篇 How to make a comic strip 改编为听力材料，在训练精听能力的同时，渗透本单元目标语法；

2. 融合原文改编：基于 More practice 和 Culture corner 里介绍《猫和老鼠》与《大闹天宫》的语篇内容，结合中西方较为经典与热门的动漫作品，融合生成了三篇结构框架较为相似的拓展阅读篇章，即三篇针对动漫的评论文章（*Comments on cartoons of Hulu Brothers，Tom and Jerry，Doraemon*），使学生熟悉介绍漫画作品的"四维度"内容框架，为本单元终极目标任务做铺垫；

3. 改变 Project 活动形式：将本单元 Project "制作一本漫画书"改变为"制作并介绍自己的有声漫画作品"，学生不仅仅画漫画和写文本，还需要配音、剪辑动画，进一步促进主题大任务的跨学科融合性。

内容整合就是在新的教育理念指导下，以学生核心素养发展为依托，从大量知识中选择最具有核心素养成分和价值的学科知识内容，并进行结构化组织。本单元经过整合后，课内外共七个语篇从不同层面谈论有声漫画制作步骤和介绍方法，构成两个子主题，即"学习制作有声漫画作品"和"学会介绍有声漫画作品"（图 12）。各课时围绕单元主题展开，内容各有侧重又相互关联，学生通过分课时学习逐步将零散知识进行意义关联，建构基于主题的结构化知识，发展语言运用能力，培养创新思维能力，以及多学科知识融合运用的多元思维能力，学习不同国家的动漫在主题、人物、内涵等方面的异同，感受动漫的文化魅力。

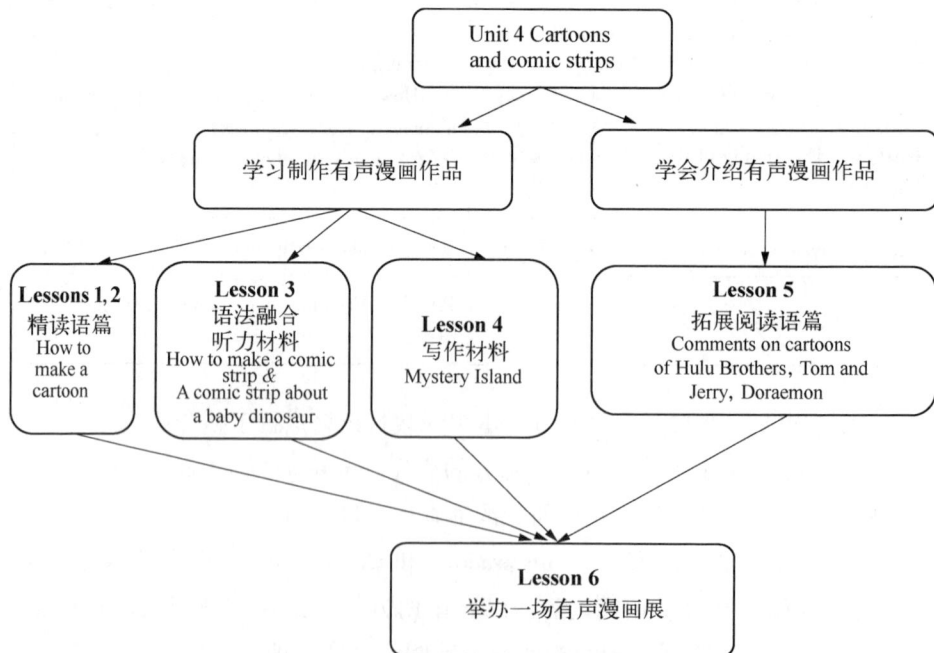

图 12　八年级下册 Unit 4 Cartoons and comic strips 单元主题意义探究思路

四、单元学习内容整合的注意事项

（一）坚持以教材内容为主导

课程标准强调，教材各单元应围绕主题，选择适切的语篇材料，设计有利于学生接触、体验、感知、学习和运用语言的教学活动。英语教师在进行单元整体教学时，应充分研读教材，结合教材内容设置相应的主题模块，结合学情和主题大任务完成的需要进行教材内容的增删补改，为学生搭建更加充分的支架，引导学生通过逻辑关联更为紧密的学习内容，循序渐进地提升知识和发展技能，进而发展综合素养。

（二）关注语篇的主题意义

主题意义的解读不是唯一的，同一个语篇，从不同的角度去解读，能够产生不同的主题意义，不同的人对同一个语篇会产生不同的意义解读。没有单元整体教学意识的教师往往过于注重单课时语篇的内容结构及语言细节，只根据单个语篇进行意义内涵挖掘和目标设定，不能从单元主题意义的角度把握语篇逻辑关系和知识脉络，因此在进行单课时内容整合的时候缺乏单元大局观，可能会补充一些与主题意义探究无关，甚至相悖的拓展内容。还有的教师对单元主题意义的提炼不够准确，在对单元内的教学语篇进行资源整合时，往往认为只要话题相同就可以选用，没有深思拓展语篇对主题意义是否有拓展延伸作用，拓展了量却没有了质。那么，基于单元整体教学，关注主题意义的语篇是如何选择的呢？笔者在七年级上册 Unit 7 School clubs 单元设计中（见附录案例一），补充了"基于兴趣特长选择社团"和"基于不足选择社团"的两个故事，引导学生思考参加社团的真正意义不仅仅是为了发展自己的长处，也可以是弥补短板，使自己成为更好的自己。此处，笔者还补充了一篇"Ben 加入救助流浪动物社团"的语篇，引导学生认识到可以把兴趣爱好与回馈社会联系起来，进一步升华参加社团的意义，这样的整合补充了教材语篇的不足，延伸了学生对于社团意义的理解，能帮助学生在单元综合展示活动"新学年社团招新活动"中展示更具创新性和育人意义的社团。

（三）把握拓展语篇的难度

语篇的整合应依据学生的语言能力发展和年龄特征，体现由易到难、由浅到深、循序渐进、适度复现的原则。语篇内容的选择要注意趣味性和层次性，以及学习形式的多样性和灵活性，保护学生对英语的好奇心和学习兴趣。词汇、句子等语言知识的难度要符合学生的语言基础，要基于学情进行适当的文本重构，一方面，在词汇难度层面，可使用学生熟悉的词汇，逐渐引入新词汇；提供词汇表或注释，帮助学生理解生词的含义；引导学生通过上下文推测词义，培养他们的猜词能力，从而拓展学生的词汇量；另一方面，要把握句子难度，可以改编简化过于复杂的句式，适当使用连接词和过渡词，帮助学生厘清段落、句子间的逻辑关系。

（四）关注拓展语篇的多样性

单元学习内容的整合是单元整体教学设计的重要环节，它可以促进单元主题意义的深度探究和单元教学目标的落实。高中课标指出，语言教学中的语篇通常以多模态形式呈现，既包括口头和书面的语篇，也包括音频和视频的，并以不同的文体形式呈现。教师在选择语篇时，要尽量涵盖实际生活中各种类型的语篇，使学生接触到真实、多样的语篇材料和形式，以更好地适应未来学习、工作和娱乐需要。例如，在八年级上册 Unit 4 Inventions 单元教学中（见附录案例二），教师在第三课时 Grammar 插入一段自制的手机发展史的视频广告，有意识地把形容词比较级、最高级渗透在生动活泼的手机广告中，让学生在观看视频的过程中感知目标语法知识。又如，在七年级上册 Unit 7 School clubs 的第三课时听说课中，教师设计了关于校园社团的调查问卷，要求学生回答对学校现有社团的看法及期望的社团类型。这种多模态阅读语篇，让学生感觉新鲜有趣，为单元主题活动创设了真实的情境。问卷的调查结果又能再次运用到第五课时写作课中，作为写作的引入背景，先让学生阅读调查结果，了解大家对社团的期望，从而创立出更符合学生兴趣的新社团。

Questionnaire about clubs

Name：

Gender：☐Male　☐Female

Age：

Hobby：

Dream：

1. Firstly, can you tell me which club you want to join?

A. Subject area clubs：

☐Art Club ☐STEM Club ☐Maths Club ☐Literature Club

☐History Club ☐Language Club ☐Others：_____

B. Hobby clubs：

☐Football Club ☐Hiking Club ☐Basketball Club ☐Fishing Club

☐Swimming club ☐Badminton Club ☐Racing Club ☐Photography Club

☐Cooking Club ☐Reading Club ☐Drama Club ☐Dubbing Club

☐Film Club ☐Traveling Club ☐Chess Club ☐Music Club

☐Games Club ☐Planting Club ☐Student Leadership Club

☐Others：_____

2. How many clubs have you joined? How many clubs do you want to join?

I have joined _____ club(s). And I want to join _____ club(s).

3. How often do you want to participate in the clubs?

☐Daily ☐Weekly ☐Monthly ☐Yearly

4. Do you enjoy the activities in the club?

☐Yes ☐No

If the answer is "No", you can skip Question 5.

5. Why do you want to join a club?

☐Developing hobbies

☐Improving skills

☐Making friends

☐Enjoying a good time

☐Learning how to socialize and communicate with others

☐Others：_____

6. What interests you most in the club(s)?

7. What do you learn from the club(s)?

8. Do you have any suggestions for club(s)? Please offer your suggestions below.

9. If you don't want to participate in a club, why?

10. If you can be the founder of a club, what club would you like to found? Why?

附录：单元内容整合案例

[案例一]　七年级上册 Unit 7 School clubs

本单元内容关于学校社团活动，从学情角度而言，七年级学生已参加过学校里的各种社团活动，对该话题也很感兴趣，但教师所在学校目前社团活动形式和内容有限，学生对社团活动内容和形式有更高的期待；话题相关的词汇和句型对学生来说难度适宜，但学生对构成海报的重要元素以及格式的掌握还不够；学生在小学已接触过本单元的语法一般过去时，但不够系统化，运用也不够熟练。这些都决定了教师在进行单元整体教学设计时，需要围绕单元学习情境和语言知识目标整合学习资源，主要包括：（1）结合学校社团开设的实际情况，融合课本 Writing 部分的社团招新海报，补充多张丰富多样的社团海报，供学生在拓展阅读课上学习与了解社团海报的文本特点，为本单元写作任务及单元终极目标而服务；（2）补充三篇名人校友所分享的"社团活动经历"，使学生在了解特定社团活动的同时，见证社团活动经历给个人成长带来的影响，服务于单元的情感目标；（3）在第三课时作业的基础上生成一份社团意向调查报告，帮助小组创设新社团，从而指向单元终极目标活动——创设并介绍你的社团并票选出最受欢迎的新社团。单元内容整合对比见表 7。

表 7 七年级上册 Unit 7 School clubs 内容整合对比

整 合 前	整 合 后
Reading： · The Clubs Fair（Intensive reading） · A trip to Lucky Island（Extensive reading）	Reading： · The Clubs Fair（Intensive reading） · Ten school club posters（Extensive reading） · Club experiences（Extensive reading） Grammar：The simple past tense
Listening：School clubs Grammar：The simple past tense Speaking：Clubs at my school	Listening & Speaking： · Two school clubs · A club experience to Lucky Island（dialogue + adapted monologue）
Writing：A school club poster	Writing：A school club poster（Including information given in Extensive reading）
Project：A survey about free time activities	Project：Creating a new club and voting for your favourite one（poster）

本单元教材语篇涉及真实的学习情境与任务，包括 Linda 和 Leo 参加学校社团展览会的经历，学校的两名教师介绍并谈论他们的社团，远足社团的一次活动经历等，但其语境线索与文本的关联性不太强，需要教师在单元整体教学设计时，结合学生在校参与社团活动的真实情境，整合单元中可用的语篇素材。

内容整合后，教师以时间为顺序，创设了学期初了解学校多彩的社团，学期中参与有趣的社团活动，学期末分享参加社团的感受和新学期开展社团招新四个场景，引导学生阅读交流在各个场景下的见闻、经历、感受，从中了解社团活动的多彩有趣，进而理解参加社团的意义，最终能够创设一个新社团并制作招新海报，主题意义的探究逐步深入。

[案例二] 八年级上册 Unit 4 Inventions

单元整体设计保留了精读课和听说课的学习语篇，沿用了教材话题信息——发明的用途、外形、特色、使用受众、使用频率等信息，但语法课的语篇与该单元话题关联性不强，因此教师补充了"手机的变迁"这一多模态语篇（视频+文本），帮助学生了解手机在外形、材料、特色、用途等方面变迁情况的同时，辩证看待手机等时下热门发明的"负面影响"，培养学生批判性思维能力。拓展阅读课上，教师补充了两篇结构相似的"青少年发明家故事"，使学生了解发明的动机旨在解决生活中的困扰，为了使生活更加便捷。这些增补的语篇体裁形式多样，为单元综合展示课上的"发明介绍"与"观众问询"活动，提供了丰富的内容和语言支撑。课内外语篇有机整合，使课时之间的情境关联更紧密，语言知识铺垫更充分，主题意义探究思路也更加顺畅。单元内容整合对比见表8，单元主题意义探究思路见图13。

表8 八年级上册 Unit 4 Inventions 内容整合对比

整 合 前	整 合 后
Reading：Great inventions（Intensive reading）	Reading：Great inventions（Intensive reading）
Grammar：School report；Map；Different kinds of microwave ovens；Rubbish that four families throw away in a year ［comparative and superlative of *good*，*bad* and *far*；the structure of（not）as ... as］	Grammar： The development of smartphones
Listening：Funny inventions	Listening & Speaking： Funny inventions & Useful everyday inventions
Speaking：Useful everyday inventions	
More practice：A pen giant	Extensive reading： · A pen giant · Boy inventor wins big · A robot to find plastics in the ocean
Writing My invention（Introducing the invention's looks，specialties，and way of working）	Writing My invention（Including more information of the invention's materials，uses，the problems it solves ... ）
Project：Finding out about Chinese inventions	Project：A creative invention competition

```
                    ┌─────────────────────┐
                    │   Unit 4 Inventions  │
                    └─────────────────────┘
                      ╱                    ╲
          ┌──────────────────┐      ┌──────────────────┐
          │   了解不同发明     │      │    用发明解决      │
          │                  │      │   生活中的问题     │
          └──────────────────┘      └──────────────────┘
```

| Lesson 1 Intensive reading：Great inventions 历史上的重大发明 | Lesson 2 Grammar：The development of smartphones 不断演变的发明 | Lesson 3 Listening & Speaking：Funny and useful inventions 生活中有趣与有用的发明 | Lesson 4 Extensive Reading：Amazing inventors 了不起的发明家 |

```
                    ┌─────────────────────┐
                    │     点燃发明设想      │
                    └─────────────────────┘
                              │
                    ┌─────────────────────┐
                    │      Lesson 5        │
                    │ Writing：My invention│
                    │      我的发明创想     │
                    └─────────────────────┘
                              │
           ┌──────────────────────────────────────────┐
           │               Lesson 6                    │
           │ Project：A creative invention competition  │
           │             创新发明大赛                   │
           └──────────────────────────────────────────┘
```

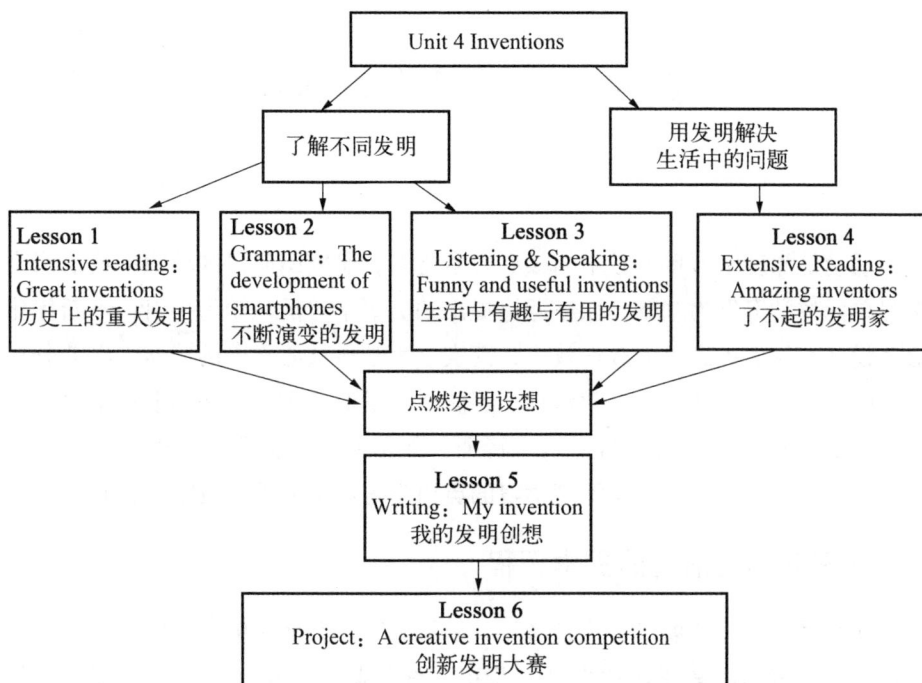

图 13　八年级上册 Unit 4 Inventions 单元主题意义探究思路

第四节 设计学习活动

活动是深度学习单元教学的核心要素之一，研究团队以区域初中英语深度学习单元教学案例为基础，以新课标提出的英语学习活动观为指引，不断优化活动设计，从而提高单元教学效率，落实学生学科核心素养的培养。本节分享了团队对深度学习活动的探索历程。团队在大量课堂实践的基础上总结提炼出深度学习单元学习活动的四个基本特征，即指向性、关联性、逻辑性和融合性，并以具体案例阐明指向深度学习的英语学习活动的设计策略和实施效果。

一、对深度学习活动的探索历程

深度学习倡导开展以"大任务""大主题"为引领的单元整体教学，项目组提供"深度学习教学实践模型"指引一线教师开展单元设计。该模型抓住教学中最基本的四个要素：教师教什么？学生学什么？怎么学？怎么评？即主题、目标、活动和评价。

"怎么学？"即"学习活动"，是深度学习单元教学关键要素之一。教师们能接受"以活动推进课堂教学"的理念，但是对"什么样的活动是深度学习的活动？"存在困惑和误解。常见的误解有：（1）认为深度学习的课堂活动是那种热闹型、表演型的展示活动，导致课堂容易走向浅层热闹的表演性课堂，华而不实；（2）认为活动就是课堂任务，等同于 task，课堂上所有的听、说、读、写、译等任务都是活动。那么，深度学习课堂活动与传统教学模式的区别到底在哪里呢？2017 年 9 月，雷军博士来南沙区指导深度学习课堂教学，提出"高阶思维"这个概念，教师们初步达成一个共识：重视学生的思维能力，尤其是高阶思维能力的培养是深度学习单元教学的目标之一，不论外显性交际活动还是内隐性学习活动，深度学习课堂活动都要求培养学生的高阶思维能力，即批判性思维和创新思维。高中课标提出了"英语学习活动观"，王蔷教授指出，整合课程内容和优化教学途径是实施英语深度学习的两个重要抓手。据此，研究团队最终清晰地形成了"基于活动观的学习活动就是指向深度学习的活动"的思路，在大量的课堂实践中引导教师在单元的不同阶段、不同课型中遵循英语学习活动观设计活动，总结归纳出深度学习单元整体教学中学习活动的基本特征。

二、指向深度学习的英语学习活动的基本特征

项目组专家总结归纳出深度学习的六个基本特征：联想与结构、活动与体验、本质与变式、迁移与应用、价值与评价、内化与交流。这些基本特征体现在单元教学的主题、目标、活动、评价等各个方面。

课程标准提出的英语学习活动观秉持在体验中学习、在实践中运用、在迁移中创新的学习理念，倡导学生围绕真实情境和真实问题，激活已知，参与到指向主题意义探究的学习理解、运用实践和迁移创新等一系列相互关联、循环递进的语言学习和运用活动中。活动观的活动分类基于布卢姆教育目标分类学，具有从输入到输出，从低阶到高阶的梯度性，符合语言学习的基本规律，能够指引教师在设计学习活动的时候，深入思考活动的逻辑性与科学性，确保学习活动符合语言学习的基本规律。王蔷教授提出，以六要素整合学习内容，以活动观优化活动设计是实现英语深度学习的途径，这些理论支撑为本研究的活动设计指明了方向。

首先，研究团队明确了什么样的活动是深度学习的活动：学习理解类、应用实践类、迁移创新类活动都是深度学习的活动，而不仅仅只有高阶思维的活动；其次，团队理解了如何设计深度学习的活动。不论是从单元整体角度来看，还是从单节课来看，都要基于活动观的指引设计具有逻辑性和梯度性的学习活动，引导学生沿着学习理解、实践运用到迁移创新的路径进行学习，而迁移创新指的就是推理、批判、评价、想象、创造等培养高阶思维能力的活动。团队把深度学习基本特征与英语学习活动观对接，开展深度学习单元教学活动设计与实施研究，在大量的实践中逐渐归纳总结出深度学习活动的基本特征：指向性、关联性、逻辑性和融合性。

活动的指向性是指学习活动和活动评价指向学习目标。深度学习实践模型展示了主题、目标、活动和评价四个基本要素之间相互关联、相互作用的严密逻辑关系，引导教师基于单元主题制订目标，基于目标设计学习活动，并用目标来检测活动效果，实现目标引领下的教、学、评一体化。

活动的关联性是指单元各个课时活动是相互关联的。从表象来看，整个大单元围绕一个统一的主题大情境，每个分课时的活动都在统一关联的大情境下进行；从内涵来看，学生在每个活动中所学习和运用的语言知识是互为铺垫、

滚动复现的，每节课活动所运用的语言技能要符合语言学习的基本规律，从输入到输出，即从听读到说写，呈螺旋上升。

活动的逻辑性是指不论从单元整体角度还是分课时角度来看，学习活动都要遵循"学习理解—应用实践—迁移创新"的逻辑，三个层次的学习活动层层递进，环环相扣，使学生实现语言知识的滚动增长，语言技能的螺旋上升，以及对单元主题意义认识的逐步深入。

活动的融合性是指活动中技能的融合，跨学科知识的融合。英语课程旨在发展学生的综合素养，而不是彼此割裂的各种知识和技能。学习活动不是单一技能型活动，而是让学生运用听、说、读、写、看、演等多项技能。深度学习单元整体教学是在复杂的、具有挑战性的主题大任务引领下的教学，而复杂的大任务往往基于真实问题的解决，生活中的真实问题往往涉及多学科知识的综合应用。单元综合展示活动能很好地体现活动的融合性，在单元的各个分课时中，教师应尽可能地设计融合性活动，提升学生的综合语言运用能力。

三、深度学习单元学习活动设计与实施策略

下面，笔者从区域单元整体教学案例中精选部分典型活动片段，阐述深度学习单元学习活动基本特征的具体体现。

（一）活动具有指向性

1. 活动的设计基于目标

以八年级上册 Unit 5 Educational exchange 第三课时主题拓展阅读课为例，通过本节课学习，学生将能够：

（1）理解语篇内容，理解并运用重点单词和短语 attract, participate, crafting, performance, tanned, fair, instrument, awkward, culture shock；

（2）归纳两篇文章的主旨大意，提炼篇章基本结构；并提升略读、扫读、细读等阅读微技能；

（3）了解澳大利亚和印度的多元文化特征，了解更多关于欧亚教育交流活动中的文化冲击，以包容开放的心态应对文化冲击。

基于以上目标，教师主要设计了如下学习活动。

[活动一] 阅读语篇，回答问题，然后小组合作完成思维导图并基于思维导图复述短文

1. Read the articles quickly and answer the questions.

（1）Where did Mandy and Tim go?

（2）Did they enjoy their experiences?

（3）What is the main idea of each paragraph?

2. Read the articles carefully and finish the mind map in groups.

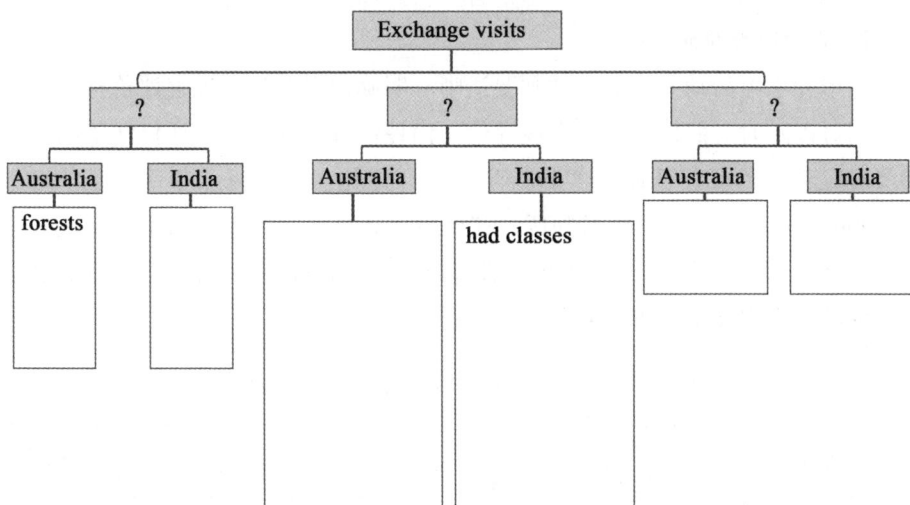

3. Work in groups. Use the mind map to retell the articles. Follow the example below.

In Australia, Mandy has seen ... and she has done ... The culture shock she has experienced was ...

［设计意图］

通过问题，教师不仅检测了学生对于文章内容的理解，还能针对性培养学生略读、扫读、细读等阅读微技能，思维导图能够引导学生梳理概括语篇结构和文章大意，同时，学生基于思维导图口头复述短文，再次巩固对短文内容的理解，也训练了口头表达能力，对应目标 1 和 2。

［活动二］　读后讨论

在学生理解两个语篇内容之后，教师引导他们关注两个语篇的最后一段，思考"What is culture shock?"。随后教师要求学生阅读课本第 80 页 Culture shock 语段，并通过列举多个文化冲击的例子，让学生理解"文化冲击"的概念。然后，教师创设新语境，让学生开展讨论："If you have a chance to go on an exchange visit, which country would you like to go? And how will you deal with the culture shock there?"

[设计意图]

该活动训练学生在新语境中灵活运用语篇词句进行口头表达的能力，强化学生对不同文化冲击的理解与思考，对应目标3；活动聚焦文化冲击，为最后的单元综合展示课——出国游学申请答辩会做铺垫。

2. 活动评价对应目标

在单元学习活动开始前，教师要清晰、明确地引导学生理解评价标准，以便他们可以随时对照标准进行自我评价，而评价维度的制订与评价活动的开展都要对应学习目标，从而落实教、学、评一体化。还是以八年级上册 Unit 5 Educational exchange 第三课时为例，在读后短文复述活动中，两组学生代表分别基于 Australia 和 India 的思维导图进行口头复述，描述不同游学国家的景色、旅游活动和文化冲击。短文复述活动的评价标准见表9。

表9　八年级上册 Unit 5 Educational exchange 第四课时复述活动评价表

项　目	具　体　要　求	总分
语句表达	能正确运用描写景点、旅游活动和文化冲击的词句和时态，如 attract people, participate in local activities, experience culture shock；描述活动时能运用 It is + *adj.* + to do 等句式	5
口头分享	发音准确、自信大方，能从景色、旅游活动和文化冲击这三方面进行介绍	3
小组参与	参与面广，能回答其他组对于本组阅读篇章的提问，回答准确	2

小组代表复述短文时，其他学生能根据评价表的三项内容进行有效评分，既关注口头表达的内容是否完整、正确，又兼顾小组成员的综合素养。同时，其他小组也能针对分享内容提出问题，如："If I were in India, how could I make new friends?""What can I learn about from Sydney Opera House?"。学生在问答过程中，训练听说能力。

该活动评价指向目标，体现教、学、评一致的原则。首先，活动评价指向本节课的目标——能够利用思维导图和关键词归纳篇章大意，能运用重点词汇短语口头表达，能了解东西方国家多元文化及文化冲击。其次，它也指向单元主题的目标——学习了解参加教育交流项目的活动内容、目的意义和可能遇到的文化差异及应对策略，培养跨文化意识。

（二）课时活动之间互相关联

英语单元教学是主题意义探究的学习，在整个单元学习中，学生在教师创设的主题关联的统一情境下开展学习活动。因此，单元整体教学下的各个分课时的学习目标、内容和活动具有较强的一致性和关联性，具体到活动上来说，活动的情境、具体内容及活动所涉及的语言知识具有一致性和关联性。

以八年级下册 Unit 6 Pets 为例，教师把单元话题 Pets 与生活中宠物的饲养问题紧密结合，提炼单元主题为 Live happily with pets，并将话题发散至社区和社会，设计单元综合展示活动为"社区宠物饲养问题模拟听证会"，引导学生辩证地、多角度地思考和解决社区宠物饲养方面的问题，从而深入理解主题意义"人类应该与自然和谐共生"，发展学生的批判性思维。在单元主题引领下，每节课的教学内容安排和语用活动都服务于主题大任务，清晰明了，关联性强（图 14）。

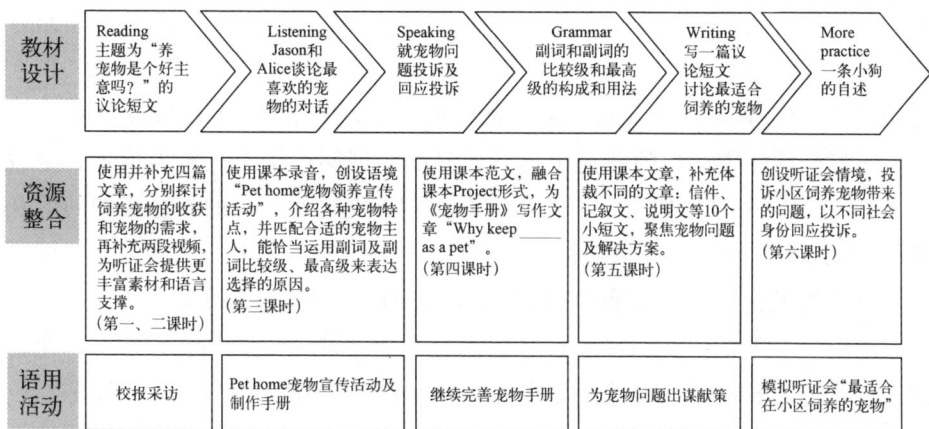

教材设计	Reading 主题为"养宠物是个好主意吗?"的议论短文	Listening Jason和Alice谈论最喜欢的宠物的对话	Speaking 就宠物问题投诉及回应投诉	Grammar 副词和副词的比较级和最高级的构成和用法	Writing 写一篇议论短文讨论最适合饲养的宠物	More practice 一条小狗的自述
资源整合	使用并补充四篇文章，分别探讨饲养宠物的收获和宠物的需求，再补充两段视频，为听证会提供更丰富素材和语言支撑。（第一、二课时）	使用课本录音，创设语境"Pet home宠物领养宣传活动"，介绍各种宠物特点，并匹配合适的宠物主人，能恰当运用副词及副词比较级、最高级表达选择的原因。（第三课时）	使用课本范文，融合课本Project形式，为《宠物手册》写作文章"Why keep ____ as a pet"。（第四课时）	使用课本文章，补充体裁不同的文章；信件、记叙文、说明文等10个小短文，聚焦宠物问题及解决方案。（第五课时）	创设听证会情境，投诉小区饲养宠物带来的问题，以不同社会身份回应投诉。（第六课时）	
语用活动	校报采访	Pet home宠物宣传活动及制作手册	继续完善宠物手册	为宠物问题出谋献策	模拟听证会"最适合在小区饲养的宠物"	

图 14　八年级下册 Unit 6 Pets 单元活动设计

阅读课的教学资源为教材语篇 *Head to head*，教师补充了四篇关于宠物喂养的小短文以及两段视频，引导学生探讨养宠物的收获及带来的问题，为单元综合展示活动"社区宠物饲养问题模拟听证会"提供更加丰富的素材和语言支撑。在学生学习了多个宠物喂养相关的语篇后，教师设计了"校报记者针对养宠物的利弊进行采访'Is it a good idea to keep pet dogs? Why or why not?'"的活动，为第六课时的听证会做语言铺垫。

听力课的对话录音来自课本，录音内容为 Jason 和 Alice 谈论自己饲养的宠物。完成听力任务后，教师创设语境"Pet home 宠物领养宣传活动"，要求学生迁移运用听力文本的语篇，介绍几种宠物的特点，如猫、狗、鸟、猪、兔子、金鱼等，并匹配合适的宠物领养主人。在语言表达的过程中，教师注重引导学生运用副词及副词比较级、最高级来表达宠物的外形，在听力课型中关联了语法内容及其运用。口语课使用教材语篇，就宠物问题进行投诉及回应投诉。教师融合课本 Project 内容，引导学生从外形和趣事两个角度表达自己选择某种动物作为宠物的原因。本节课活动的表现性成果是完成宠物手册的封面和前两页，即画一幅自己想领养的宠物的图片，再从外形和趣事两个角度列举这种宠物的特征和优点，完成手册第一、二页，学生将复习运用形容词及其比较级、最高级描述宠物的外形特征，描写宠物趣事，手册及相关语言都将成为第六课时听证会的论据。

写作课以教材语篇 *Dogs make the best pets* 为范本，引导学生从宠物的外形、性格、喂养等角度列举宠物的优点，从"饲养该宠物的原因"的角度，针对自己所领养的宠物写一篇短文。教师要求学生课后参考教材第 96 页，小组合作补充完成宠物手册"How should we take care of it?"部分，最终组成一份主题为"Keeping a(n) ＿＿＿ as a pet"的手册，作为单元学习的阶段性成果。

拓展阅读课中，教师补充了体裁各异的拓展阅读语篇，包含信件、记叙文、说明文等 10 个小短文，语篇内容聚焦饲养宠物对不同的人造成的问题及解决方案。学生通过两轮阅读活动，提取、梳理、分析和整合有用信息，用于佐证自己的观点，为第六课时听证会做好充分的正反方辩论准备。

最后一个课时是单元综合展示课，创设了模拟听证会的情境，学生以宠物主人、业主代表、物业代表、观察员、现场听众等身份参与活动：宠物主人声情并茂地介绍宠物；业主和物业代表运用"观点+论据"的方法表达自己支持/反对饲养某种动物的理由；观察员记录关键信息并概括归纳小组辩论结果；其他同学通过听各组辩论，投票选出最适合在小区饲养的宠物，共同制作小区饲养宠物公约。在模拟听证会中，学生再次运用单元阶段性成果"Keeping a(n) ＿＿＿ as a pet"宠物手册中的内容作为论据。

综上可见，各个课时的活动情境、活动成果、活动所运用的语言知识的关联性很强，整个单元就是一个大的项目，每节课都在为最终的单元整体活动作铺垫，学生对单元主题意义的理解也逐步深入，从认为宠物可爱有趣，到了解宠物的需求，到意识到饲养宠物带来的问题，到多角度探讨解决饲养宠物的问题，最终能够辩证看待饲养宠物的利弊，学会想办法克服困难，解决问题，做一个有责任心的、文明的宠物饲养者。

（三）活动具有逻辑性

课程标准提出，教学设计与实施要以主题为引领，以语篇为依托，通过学习理解、应用实践和迁移创新等活动，引导学生整合性地学习语言知识和文化知识，进而运用所学知识、技能和策略，围绕主题表达个人观点和态度，解决真实问题，达到在教学中培养学生核心素养的目的。

学习理解类活动包括感知与注意、获取与梳理、概括与整合，旨在引导学生基于语篇，立足文本，获取整体概念以建构知识，培养其对话题的感知能力，对信息的检索能力及对文本的概括能力。该类活动设计主要包括：（1）观看图片/视频，（2）头脑风暴，（3）创设主题情境，（4）运用创意词汇云图，（5）看图预测，（6）扫读找关键词，（7）细读填写图表，（8）思维导图概括大意，（9）梳理建构模板框架，（10）听录音获取关键信息等。一般情况下，课时的前半部分多是学习理解类活动。

应用实践类活动包括描述与阐释、分析与判断、内化与运用的活动，强调引导学生深入语篇，通过描述学习主题，分析具体现象，培养阐释和表达以及转化能力。活动设计主要包括：（1）小组讨论，（2）口头汇报，（3）小组分享，（4）根据思维导图复述，（5）口语交际对话，（6）采访，（7）依据框架独立写作，（8）改编课本剧，（9）对比异同，（10）辩论等。一般情况下，课时的后半部分会开展应用实践类活动。

迁移创新类活动包括推理与论证、批判与评价，以及想象与创造的活动，着重引导学生在逐层深入剖析文本蕴含的深层含义的过程中，加深对语篇内涵的理解，从而超越语篇，提升他们在新情境中运用所学结构化知识和技能的迁移创新能力，促进其能力向素养转化。每个单元最后的单元综合展示活动属于迁移创新类活动，迁移创新类活动需要创设一个真实的新语境。单元综合展示活动类型有：（1）社团招募，（2）产品推荐，（3）现场答辩，（4）作品创作，（5）节目录制，（6）志愿者竞选，（7）宣传片制作等。

下面以七年级上册 Unit 4 Seasons 为例，具体阐述活动如何呈现逻辑性。

从单元整体角度来看，七年级上册 Unit 4 Seasons 的单元综合展示活动是"做家乡旅行的代言人"，活动体现了学生综合语言运用能力，多渠道搜集和整理学习资源的能力，以及小组合作能力，激发学生热爱家乡的感情。

从各分课时活动设计（表 10）来看，单元前面的几个课时（阅读课、听说课）基本上以学习理解与应用实践类活动为主，如：获取与梳理语篇信息，概括与整合语篇大意，运用语篇知识进行描述、阐释、内化等。在单元的第四、五课时（写作课、展示课）中，在学生对语言知识的学习达到一定程度后，教师设计了迁移创新类活动，如：写作及作文评价，以及充分发挥小组成员的创新能力和跨学科知识运用能力的活动——制作和展示介绍家乡四季的海报或宣传片。单元各课时活动层层递进，为单元综合展示活动服务，体现了英语学习活动观的逻辑顺序，促进学生逐步深入发现家乡的四季风景美，挖掘家乡的人文美，使学生感悟祖国的地大物博和多样性的文化，从而激发学生为家乡代言的自豪感和热爱祖国热爱家乡的情感。

表 10　七年级上册 Unit 4 Seasons 各课时课堂活动设计

第一课时（精读课）了解四季气候与活动	第二课时（听说课）讨论喜欢的季节	第三课时（拓展阅读课）了解各地四季活动及人文习俗	第四课时（写作课）家乡的四季	第五课时（单元综合展示课）做家乡旅行的代言人
学习理解：获取与梳理，概括与整合（理解语篇）	学习理解：获取与梳理（听力练习）	学习理解：获取与梳理，概括与整合（理解语篇，制作思维导图）	应用实践：内化与运用（写作）	应用实践，迁移创新： 1. 梳理资源，制作海报或宣传片 2. 展示海报或宣传片，投票评价
应用实践：内化与运用（介绍我国四季气候及活动）	应用实践：内化与运用（调查小组成员最喜欢的季节）	应用实践：描述与阐释（基于思维导图复述）	迁移创新：批判与评价（评析与修改典型作文）	

从单课时角度来看，以第三课时拓展阅读课活动设计为例（表 11），阅读活动之间逻辑性很强。读前活动展示天气预报新闻视频"北方的第一场雪"，引导学生感知和注意本节课话题"The seasons are different in different places."。读中活动包括分组阅读（学习理解：获取概括）→阅读分享交流（应用实践：

描述阐释）→独立完整阅读（运用实践：分析判断）→教师导读（应用实践：对比归纳），引导学生层层深入地理解四个国家或城市（广州、哈尔滨、英国、泰国）的四季气候特点、人们的活动及与季节相关的人文习俗。读后活动为口语交际任务"我的理想居住地"，学生联系自身，评价四个地方，再次运用语篇知识和自己已有的知识，口头输出，说说喜欢的居住地及原因。这节拓展阅读课从话题引入到多个语篇的拓展阅读，再到新情境下的口头输出，呈现了从学习理解类活动到应用实践类活动，再到迁移创新类活动的过程，体现了由浅入深、由易到难的学习活动原则。

表11 七年级上册 Unit 4 Seasons 第三课时课堂活动设计

阶段	活 动	类 型	意 图
读前	活动1：观看天气预报视频	感知与注意	引入话题
读中	活动2：分组阅读，小组合作制作思维导图	获取与梳理概括与整合	获取细节信息，理解语篇概括语篇大意
	活动3：复述语篇，小组分享并做笔记	描述与阐释获取与梳理	基于信息沟，交流语篇，培养听说能力了解四个语篇完整的信息
	活动4：独立阅读四个语篇	获取与梳理概括与整合	总结概括语篇的结构和内容要素（地理位置、气候、景观和典型季节性活动）
	活动5：教师导读，横向对比四个语篇	概括与整合描述与阐释	理解国内外不同地方典型的季节性活动及其蕴含的文化习俗
读后	活动6：口头表达：我的理想居住地	内化与运用批判与评价	在新情境下，活用语篇语言知识进行口头表达

（四）活动具有融合性

融合性一方面是指技能融合，体现在单课时中教师能够打破课型的限制，基于学习材料的特点灵活设计技能融合性的活动，例如：在精读课中，除了基于阅读微技能的阅读活动之外，教师常常会在读后设计角色扮演、采访、复述等运用语篇知识的口语活动，培养学生的听说技能；在听说课上，教师也会引导学生在充分地听说交流后，用书面形式进一步巩固目标语言知识，训练写作技能。

融合性另一方面是指多学科知识的融合。深度学习单元整体教学是复杂的，具有挑战性的主题大任务引领下的教学。复杂的大任务往往基于真实问题的解决，生活中的真实问题往往涉及多学科知识的综合应用。因此，单元综合展示活动往往涉及跨学科知识的综合运用。下面以七年级下册 Unit 8 From hobby to career 为例，展示活动设计如何体现多技能融合和跨学科知识融合（图 15）。

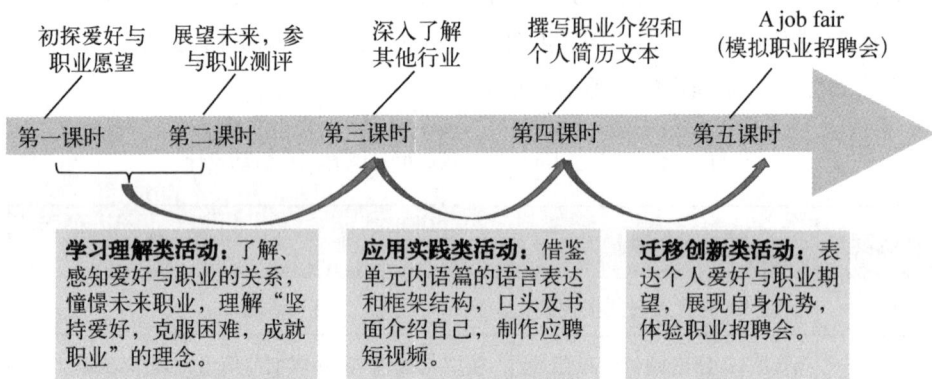

图 15　七年级下册 Unit 8 From hobby to career 单元整体设计

单元主题大任务为"参加一场模拟职业招聘会"，学生在阅读职业要求，完成个人电子简历，进行自我介绍的过程中，综合运用了英语、信息技术、美术，以及与职业相关的天文、生物等跨学科的知识，加深了他们对常见职业的了解，鼓励他们坚持兴趣爱好并把它发展为自己的事业，使学生形成初步的生涯发展规划意识，同时提升语言运用能力和综合素养。

在第一课时精读课中，教师在阅读环节之后设计了口语活动，学生运用目标语言采访五名同学的兴趣爱好及职业愿望，完成采访表格，并结合自己的兴趣爱好，思考自己未来可能从事的职业。活动设计体现了阅读技能与听说技能的融合。

在第二课时听力和语法课后，教师安排学生参加霍兰德职业兴趣测试，了解自己合适的职业，并根据测试结果，完成在线问卷。该课时运用了职业测试软件和数据分析，帮助学生认识兴趣、性格与职业的关系，体现了英语学习与信息技术的融合，以及各职业跨学科知识的融合。

第三课时拓展阅读课中，学生自主阅读，在完成提取篇章的主要信息等阅读活动后，采访自己感兴趣的两个职业，完成调查报告，并拍摄、编辑采访视频。该课时设计既有阅读与口语的技能融合，又有视频制作、剪辑等信息技术技能的融合。

第四课时口语和写作课上，在口语表达活动后，学生从求职者的角度推销自己，介绍个人基本信息、兴趣爱好、职业规划、职业认识、努力方向等，然后运用话题词汇、篇章结构、单元语法等知识，写一篇题为"My hobby and future career"的短文。随后学生分角色扮演求职者和人力资源经理。扮演求职者的学生根据短文内容制作一份电子求职简历（视频简历）。扮演人力资源经理的学生，小组合作制作招聘海报，准备面试问题。本节课中，学生基于不同的角色为职业招聘会做准备，综合运用了英语、信息技术等学科知识，培养学生面对未来职场面试的综合素养。

第五课时单元综合展示课活动主题为 A job fair（模拟职业招聘会），在该招聘会上，扮演人力资源经理的学生介绍职业特点及招聘要求；扮演求职者的学生播放电子简历，现场回答面试问题。最终，人力资源经理挑选求职者并陈述选择理由。该活动培养学生多技能融合和跨学科知识综合运用能力，启发学生对未来职业的思考，培养初步生涯规划意识，落实学科核心素养，实现学科育人。

四、结语

在以活动观为指引的初中英语单元教学实践中，教师要以培养学生综合语言运用能力和落实学生综合素养为目标，基于学情和学习材料的特点设计活动，关注活动的指向性、关联性、逻辑性和融合性，在活动的实施时要坚持学生在活动中的主体地位，不断反思活动的效果，以便及时调整。

在基于活动观的单元学习活动设计中，要注意并不是每一个单课时都需要设计迁移创新类活动，迁移创新类活动一定是学生的语言知识积累和技能提升达到能够灵活运用的程度才能开展，一般来说，单元学习的后半部分和综合展示课要设计迁移创新类活动，以检验学生是否能够在新情境下灵活运用所学语言知识，融合听、说、读、写、演各项技能，创新性地解决问题。此外，活动设计要紧扣目标语言知识，避免"热闹无内涵"的活动或者"为了活动而活动，活动堆砌"的现象，而目标引领下的教、学、评一体化单元设计，能够引导教师基于目标设计活动，基于目标设计评价，进而用评价检验活动效果，可以使教师有意识地避免这种教学设计上的失误。

第五节　开展持续性评价

　　华东师范大学崔允漷教授在第六届全国基础教育研讨会上说，深度学习单元教学的先进性在于它非常重视教学中的评价。评价是深度学习单元教学基本要素之一，贯穿整个学习过程，与主题、目标、内容、活动等其他要素环环相扣，成为学习的一部分。本节将结合片段式案例，聚焦评价的视角，从评价标准的制订和评价活动的实施两方面阐释如何从评价入手落实教、学、评一体化。

一、评价的内涵

　　传统的英语课堂以知识讲解、语法剖析和记忆为主，学生参与语言实践活动较少。在评价方面，教师主要针对学生知识和技能的掌握情况进行评价，而很少评价学生的情感态度、跨文化意识、学习策略，因此也忽略了学生对学习策略的掌握，跨文化意识的形成，以及积极情感态度的养成；传统课堂的教学评价语言匮乏，教师通常只使用简单的语言评价，如 good，well done 等，这样的口头评价形式单一，无法让学生获得成就感；有时，教师也会买一些礼物发给学生作为奖励，或者对学生的表现进行打分，这虽然能在一定程度上促进学生学习的主动性，但是这种偏功利性的评价缺乏系统性，致使英语课堂评价流于形式。这样的英语课堂，无法推进学生持续学习的内在动力，学生口语表达能力弱，思维尤其是高阶思维得不到锻炼，整体课堂教学效率大打折扣。

　　深度学习单元实践模型引导教师聚焦教学的四个关键因素：内容、目标、活动和评价来开展单元整体教学，即在单元主题引领下，制订课时目标，选择教学内容和情境素材，设计学习活动，进行学习评价，环环相扣，使核心素养具体化，可培养、可干预、可评价。深度学习单元整体设计把评价作为教学最关键、最基本的要素之一，引导教师基于目标设计活动，在设计活动的同时，考虑如何评价活动的实施效果，使评价贯穿于教学整个过程，也就是持续性评价。持续性评价是一种形式多样的，以学生发展为中心、以学科核心素养为导向的立体性评价，是综合素质评价的一部分。它是贯穿于整体的评价，通过持续地进行信息反馈，激励学生思考，指导改进学生学习的方式以及教师的教学方式。

那么如何在英语学科单元教学中落实深度学习单元实践模型，有效开展持续性评价，发挥评价在教学中的积极作用呢？前文提到，本研究在多年实践基础上，设计了"初中英语单元整体设计模板 3.0"，能够清晰引导教师按照"五个要素（主题、目标、内容、活动、评价）"开展单元设计，在表格式的单元学习规划中，横列展示了各个课时的目标，基于目标拟提供给学生学习的内容，以及拟设计的学习活动和对应的活动评价，引导教师采用目标导向的设计理念，聚焦五个关键因素，进行单元设计和分课时设计。内容的整合、活动的设计、评价的实施都基于目标并回归目标，评价贯穿整个学习过程并成为学习的一部分，形成教、学、评一体化的教学体系，促进自主、合作、探究学习的真正落实。下面，笔者结合具体案例，谈谈初中英语深度学习单元教学评价的实施策略。

二、评价标准的制订

深度学习按照"确定单元学习主题—制订单元学习目标—整合单元学习内容—设计单元学习活动—开展持续性评价"的环节开展，但在实际操作中，各环节并非独立且有严格的先后顺序，如：在确定单元学习主题的时候，教师已经基于主题意义探究的需要考虑要补充哪些学习材料了；又如：持续性评价的设计应先于活动来进行，这样教师在设计活动时就会明确活动后的评价标准，多一个角度来考虑学习的有效性。实际上，在教、学、评一体化设计理念的指引下，教师在规划单元整体框架的时候，都会在确定目标之后，自然而然地考虑到目标的可测性以及如何基于目标设计活动评价的维度，进而思考活动的形式与组织实施，活动与评价是同步考虑、互相调整、一体设计的。

（一）评价标准对应教学目标

深度学习单元教学是目标引领下的教、学、评一体化教学，在"初中英语单元整体设计模板 3.0"的引导下，教师需要在设计每一项活动的时候同步考虑该活动的评价方式及评价标准。表 12 是从七年级上册 Unit 4 Seasons 单元整体设计框架中节选的拓展阅读课的设计。

表12　七年级上册 Unit 4 Seasons 拓展阅读课设计

课　时	学习目标	学习内容	学习活动	持续性评价
第三课时 Extensive Reading（拓展阅读课）	1. 能自主阅读，提取篇章大意，制作思维导图，并展示思维导图，运用本节课的目标语言知识，如 warm and wet, last from … to, take part in, shine brightly, take an umbrella with sb., monsoon, sunshine, average temperature, a dry/ rainy period, be opposite of, go skiing, ski race 等自主组织语言，口头介绍所阅读的短文；能基于语篇开展问答； 2. 能归纳总结语篇结构和内容要素（地理位置、气候、景观、典型季节性活动）；了解国内外不同地方与季节相关的典型季节性活动及其蕴含的文化习俗。	课外主题拓展阅读：四篇介绍国内外不同地点的篇章（广州、哈尔滨、英国、泰国）	**学习理解类活动：**各组阅读一个语篇，制作思维导图，摘录好词好句。 **应用实践类活动：** 1. 小组展示思维导图，口头介绍所读语篇。 2. 小组间基于信息沟，针对阅读语篇开展问答。 3. 评价其他小组的思维导图及口头表达。 4. 对比四个语篇，归纳共同点。	**评价标准：**通过思维导图的制作、阅读成果口头汇报和小组参与互动三个方面评价各小组的阅读成果 **评价方式：**打分表

　　拓展阅读课的两个基本目标是"提取篇章大意"和"归纳篇章结构和内容要素"。针对教学目标，教师设计了学生分组自主阅读、展示思维导图、口头复述阅读文本、分享好词好句、基于语篇问答等一系列读说结合的活动。读后展示活动采取小组互评的形式，并基于目标1制订了读后展示活动的评价标准，评价标准与教学目标高度对应。

　　表13是阅读成果口头汇报评价表，因为要进行小组互评，教师需要列出更细化的评价维度以便学生操作，评价维度的设计能清晰显示评价标准与教学目标高度统一对应的关系。评价标准对应目标中的关键要素"提取篇章大意""制作思维导图""口头介绍大意"和"基于语篇问答"。特别值得关注的是，评价标准要紧扣语言知识的运用，以评价标准引导学生运用本节课的目标语言知识。

表 13　七年级上册 Unit 4 Seasons 拓展阅读课口头汇报评价表

评价项目	具 体 要 求	分 值
思维导图制作	内容要素完整（地理位置、气候、景观、典型季节性活动）；篇章结构清晰完整	10
思维导图讲解	语音语调准确；灵活运用话题词汇短语，如 warm and wet, last from ... to, take part in, shine brightly, take an umbrella with sb., temperature, a dry/rainy period, go skiing；小组参与度高	20
小组互动	认真倾听，做笔记；积极提问	10
	积极回应其他组的提问，回答准确	10

表 14 是读写课的评价表。

表 14　七年级上册 Unit 4 Seasons 读写课评价表

目　　标	评 价 标 准
1. 能抓住内容四要素（地理位置、气候、景观、典型季节性活动），运用话题词汇和篇章结构等知识，写一篇短文，介绍家乡四季； 2. 能够运用英语作文评价标准评价和修改作文。	1. 内容四要素齐全，季节性活动典型有特色（6 分） 2. 恰当运用词汇短语 warm, wet, sunny, temperature, a dry/rainy period, shine brightly 等表达气候特征，运用前面几课时的话题词汇短语 last from ... to, take part in, take an umbrella with sb., go skiing 和句型 It's + adj. + to do 等（6 分） 3. 结构清晰，语言流畅（3 分）

　　其中，目标 1 对应的是写作活动，写作活动评价标准的三个维度分别对应目标 1 中的"抓住内容四要素""运用话题词汇和篇章结构知识"，是目标落实在学习成果上的具体表现，体现了基于目标设计评价，用针对性评价检验目标达成教、学、评一体化的设计理念。对于学生来说，这个评价标准不仅仅是一个打分表，更是一个非常具体的写前引导，引导他们写一篇结构清晰、内容充实、语言丰富的作文。"教、学、评一体化"不是表象上的"一致"与"相对应"，真正的一体化应该是一个"教与学—教与评—再教与学"的相互融通的循环过程，是一种内在的即学、即教、即评的过程，是一种不断诞生新的学习、新的教学、新的评价的过程。在评价活动中，教师通过引导学生说出打分

的理由，指出存在的问题或提出修改建议，使学生在聆听、评价、打分的过程中进行交流学习和自我反馈，充分发挥评价的反馈促学功能。评价维度紧扣语言知识目标，引导学生在评价的过程中不断巩固学习目标，使评价活动变成聚焦学习目标的学习活动，评价活动本身成为基于目标的巩固学习，真正实现assessment as learning（评价即学习）。

（二）评价标准体现学生主体

在每个单元学习活动开始前，教师应清晰、明确地让每个学生知道和理解评价标准，以便学生可以随时对照标准进行自我评价；倡导共同制订和执行标准，让学生参与评价标准的制订，充分参与到评价活动中，使每个学生都能够获得成就感。评价标准相当于"游戏规则"，学生自己制订的游戏规则更愿意去遵守，而且制订"游戏规则"的过程也有助于学生对"游戏"本身的理解。一般来说，对于小组展示、作品制作等团体形式活动的评价标准，倡导师生一起在活动前制订，这有助于学生明晰活动内容和流程，提升他们的参与积极性。

以九年级上册 Unit 5 Action! 为例，教师将单元主题大任务定为"录制微电影参加校园电影节"，为完成这一主题大任务，学生需要通过小组合作确定故事主题、构思情节、编写剧本、学习采访用语、撰写主持稿、拍摄英文微电影、参加校园电影节展示。在第三课时中，教师带领学生参与拟定微电影的评价标准。课堂上，教师让学生们站在评价者的立场上去思考"怎样拍摄微电影"，引导学生一起制订标准。以下是课堂上教师引导学生参与拟定评价标准的对话。

T：Boys and girls, I know your films are on the way. But what makes a good film?

S1：Firstly, the story should be interesting.

T：I agree. The content of the movie should be attractive so that a lot of people will be interested in it. Anything else?

S2：The best story for a movie should be educational and easy for students to understand.

S3：It should be logical and creative.

T：Yes, educational and creative. Good points. The best film should be different from others and we can learn something from it. What about the actors?

S4：The actors should have good pronunciation.

S5：When they act，they must speak loudly and be full of feelings.

S6：We'd better wear suitable clothes and dress up.

T：Woo，you list very important points. I believe all of you will make very good films. Let's talk about the effect of the video，the picture，the sound and the setting.

S7：The video should have clear pictures and sounds.

T：Can we add some music to make the video more attractive？

S8：Yes，of course. And the setting should match the story so that the film looks vivid.

T：Now we all know what makes a good film. Let's make the criteria for the film.

基于上述对话，师生共同制订了微电影的评价标准（表15）。

表15 九年级上册 Unit 5 Action! 微电影评价标准

评 价 维 度	分 值
主题内容：选择教材或课外的内容，真实有趣，健康积极，有教育意义	20
演员表演：团队合作，服饰道具合适，演员表情动作自然	20
语言知识：语句通顺流利，语音语调准确，感情丰富	40
视频效果：背景自然，画面清晰，音量合适，适当运用信息技术增效（字幕、背景音乐、动画等）	20

通过师生共同制订的微电影评价标准，教师引导学生从选材、语言、表演、视频制作等多个角度关注微电影的制作和拍摄，从侧面为微电影的拍摄提供了指导意见，无论是评价标准的制订还是评价过程本身，都指向同一个目标，即引导学生更好地完成主题大任务，在完成任务的过程中更好地运用语言知识和提升技能，促进自主、合作、探究学习的真正落实，实现深度学习和学科核心素养的培养。

三、评价活动的实施

深度学习的课堂是活动推进的课堂，课堂充满形式各异、层次分明的活动。有活动就有活动评价，如何做到让学生在所有的活动中都得到及时的反馈，评价不流于形式呢？英语学科教、学、评一体化的本质在于突破传统教学与评价二元对立或割裂的局面，通过整合教学与评价，使评价不再凌驾于教学之上或游离于教学之外，而是镶嵌于教学之中，成为教学的有机组成部分，使教、学、评在持续的良性互动中最大限度地达成教学目标，促进学生学科核心素养的逐步形成与发展。基于教、学、评一体化的初中英语深度学习单元整体教学很好地践行了这一点，在教学设计的过程中，目标、活动与评价是同步思考，互相调整，一体化设计的。在课堂实践中，教师会根据学习活动的形式和规模，采取多样化的评价方式，体现评价主体的多元性。

（一）学习理解类活动的评价与实施

在课堂教学中，占比最多的还是学习理解类活动，这类活动规模小，以个体参与为主，教师大都采取口头评价的方式，在评价主体上会采取教师评价或生生互评。以七年级上册 Unit 4 Seasons 精读课的学习活动为例，在学生阅读完 The four seasons 语篇后，教师在幻灯片上展示四季的图片，并在图片下面给出提示句型"I like/don't like ... because it is ... and I can ..."，引导学生根据自己的实际情况表达自己喜欢的季节，以下是师生对话：

T：Which season do you like best?

S1：I like spring best because the weather is nice and I can fly a kite.

T：Nice idea! What other things do people usually do in spring?

S2：Have a picnic.

S3：Enjoy flowers.

S4（Jiamin）：Plant trees.

T：Plant trees. That's great. I like it. Do you like Jiamin's idea? Sally?

S5（Sally）：Yes，we can plant more trees in spring to protect the environment.

T：Excellent! I like all your ideas. It's warm and wet in spring. It's joyful to do outdoor activities with family in the beautiful spring.

在师生对话中，教师板书核心词汇 warm，fly a kite，hot，eat ice creams，cool，have a picnic with families，It's + *adj.* + to do 等，为接下来 My favourite season 口头汇报做铺垫。在这个过程中，评价与追问融合在一起，教师评价与学生评价融合在一起，即便是教师口头评价，都不再只是传统的"Good job." "Well done."等笼统的评语，而是针对教学活动和学生学习表现和理解程度的真实反馈，并基于学习契机适当追问。这样的评价反馈能够促使学生在课堂上思考，激发学生对知识作进一步的探究与迁移运用。

（二）综合性语言实践活动的评价与实施

在深度学习理念的指引下，教师们注重把课本与生活联系起来，创设情境，通过"基于现实生活中的问题解决"的主题任务式学习，引导学生创造性地运用知识去解决问题，不同的课型会有以结对或小组活动形式开展的应用实践或迁移实践类活动，特别是单元最后的综合展示课（Project），需要学生综合运用单元所学语言知识与技能，检验他们整个单元学习的效果，活动中通常有学生小组合作完成的作品展示，如视频、海报、报告、课件等，具有情境真实、知识综合、技能融合、小组合作等特点。这样的活动不能简单地由教师口头评价，通常需要制订评价表，通过填表、打分、投票等灵活多样的形式进行评价，评价主体也要有多样性，如教师评价、小组互评、生生互评等。同时，最好让学生参与活动规则和评价标准的制订，充分体现学生在整个综合展示活动中的主体性。

[案例链接]

八年级下册 Unit 6 Grammar 课时语言实践活动评价案例

本节课的语法点为副词比较级与最高级的用法。为引导学生在真实情境中发现语法规律并运用语法知识，教师设置了"学习身边榜样，努力做更好的自己"的大语言情境，选取的素材全部来自学生身边的例子和生活中的真实材料。

在感知学习并总结归纳了形容词与副词比较级、最高级的构成及用法后，教师设计本节课的语言实践活动为 Choose the best candidate，要求学生以口头汇报的形式为学校本学期的"博雅学生"做推荐。教师给出口头汇报的模板，学生小组讨论后确定人选，罗列选择理由，然后按照模板进行口头汇报，其他同学在小组汇报时听写所陈述理由的关键词，并根据笔记选出自己心目中的最佳候选人。活动要求其实就是一份具有评价标准的评价表，学生说出的理由越多且越充分，就越能获得其他学生的投票，学生在活动中运用语法知识，发展听说技能，在互评中升华情感，实现主题意义的探究。评价自然地融入到语言实践活动中，是"融评价与活动为一体"的典型案例。

Make a report : Choose the best candidate
推荐"博雅学生"

Oral report:
Hi, everyone! Just now we discussed the people we should learn from in our class.
We think ... is the best person we should learn from.
(reason 1) ... more ... the most ...
Besides, ... (reason 2) ...
What's more, ... (reason 3)...
...
So we think ... is the best candidate.

[案例链接]

八年级下册 Unit 4 Cartoons and comic strips 单元综合展示活动评价案例

本单元综合展示活动是"一场有声漫画展",小组合作制作一幅有声漫画作品并参加班级漫画展。通过单元前几节课的学习,学生已经了解了漫画的要素和制作流程,小组合作完成了漫画作品的选题、绘画、剧本撰写等工作,还缺最后一道合成工作。在展示课前,教师在课堂上提供范例,引导学生讨论优秀有声漫画的评价标准。

项　目	具 体 要 求
内容和语言	1. 内容主题鲜明,情节连贯,对白、旁白文字和音效词表达准确,能用 warnings, speech bubbles, thought bubbles, captions, sound words 等要素完成漫画(20分) 2. 漫画的配音语音语调准确,语言流利清晰,声音洪亮(20分) 3. 在漫画中运用被动语态的现在完成时和含有情态动词的被动语态(10分)
制作和展示	1. 构图饱满,布局得当,具有想象力,画面色调感染力强(20分) 2. 恰当运用信息技术提高漫画观赏性(20分) 3. 小组参与度高(10分)

从评价标准可看出,综合性语言实践活动的评价设计关注的是学生完成挑战任务时的语言知识运用能力、语言表达能力、创新思维能力与小组合作能力。通过评价标准将这些能力转化为学生可理解,可参考的具体维度,让学生

提前对照标准来进行创作与自评，如："内容和语言"方面要求作品要包含漫画的基本要素（主题、情节、对白、旁白），运用单元目标语言知识（词汇和语法），以及语音、语篇等语言知识，"制作和展示"则强调美术、信息技术等跨学科知识与能力的融合，以及小组合作能力，指向学生综合素养的提升。

在单元综合展示课中，学生依据评价标准采取打分、投票的形式评选优秀漫画作品，具体的学习及评价活动有三个：（1）各小组对漫画内容及角色特点进行介绍，播放有声漫画；（2）其他同学做好记录并进行评分；（3）投票选出最佳有声漫画并说明理由。为了让学生深度参与评价活动，充分发挥评价的反馈功能和促学功能，教师结合评价标准设计了观众打分表（表16），要求学生在欣赏各小组漫画作品的时候，适当记录漫画主题大意和目标语言，并恰当运用形容词评价小组作品，以便学生能够有理有据地评选出优秀作品，而不只是说出一个分数。整节课上学生一直在听、看、记录和口头表达，评价时刻贯穿于活动之中，与活动融为一体，学生在学习中收获评价，也在评价中得到学习与收获。最重要的是，学生通过再次巩固和运用目标知识，提高表达技能，并深化对主题意义的探究。

表16　八年级下册 Unit 4 Cartoon and comic strips 单元综合展示活动观众打分表

Items	Story	Language	Display
Requirements	educational, interesting, creative (Main idea or key words)	clear, accurate, fluent (Examples of passive voice in the present perfect tense and with modal verbs)	beautiful, vivid, imaginative, reasonable, attractive, the technology used in it, cooperative
Score	20	30	50
Group 1			
Group 2			
...			
I think Group ____ did the best. Because ...			

（三）跨学科融合类活动的评价与实施

深度学习单元教学是主题大任务引领下的教学，主题大任务是基于生活中真实问题解决的情境性活动，而生活中的真实问题往往涉及多学科知识的综合运用。团队在研究中积累了大量跨学科知识运用的单元教学案例。关于跨学科融合类活动的评价，团队总结出两个策略。

1. 评价标准中体现跨学科知识的运用

评价标准要基于目标制订，要体现知识、技能、思维、能力等多方面因素，尤其是紧扣语言知识目标。广大一线教师基本能够把握这一点，但是在评价中关注跨学科知识的运用却被很多教师所忽视。

以九年级下册 Unit 1 Great explorations 为例，单元主要内容是中外探险故事，教师提炼本单元主题为 Follow the footsteps of the explorers，主题大任务为选择不少于三位中外伟大的探险家制作探险家画册，尝试将英语学科与历史、地理相融合，引导学生用英语去了解和表达古今中外探险家事迹，树立敢于追求理想，勇于探索的价值观。画册的制作需要学生能归纳总结人物传记的结构和语言特征，按照一定的逻辑顺序（个人信息、探险时代背景、探险路线、沿途见闻故事、探险意义和贡献等）为探险家写传记；能通过查阅资料或请教地理教师，按照准确的比例绘制探险家的探险路线图，以及当地典型的地理特征；能通过阅读历史书籍，搜集、整理和编辑探险家生平素材，选取典型图片，与文字结合，制作画册；能总结归纳，客观评价探险家，具有一定的辩证思维能力；能够用探险家类型人物传记的内容框架撰写文本，并能融合运用地理和历史知识，在画册中插入具有典型历史意义的图片、路线图，凸显画册的科学性和可读性。基于这样的目标要求，教师制订以下评价标准（表17）。

表 17　九年级下册 Unit 1 Great explorations 单元主题大任务评价标准

评价内容	具 体 要 求	分值
画册内容	1. 每本画册出现不少于三位中外探险家 2. 每位探险家包含个人信息、探险的时代背景、探险路线、沿途见闻故事、探险意义和贡献等信息	50
语言表达	1. 语法正确（使用一般过去时，人称、单复数等使用正确），单词拼写正确，语句通顺 2. 恰当运用 explorer, journey, adventure, route, open up, set sail, be born, so ... that, too ... to, be known as/for, such a(n) ... that, remember ... as a pioneer 等词汇和短语	20

评价内容	具 体 要 求	分值
跨学科知识	1. 能借鉴史料，从探险家的历史背景分析探险的原因及意义 2. 能借助资料，基本准确地绘制探险路线，标注沿途重要地点，从地理角度分析探险的意义	20
画册设计	1. 字体美观，排版整洁 2. 恰当运用图画，图文并茂	10

课程标准指出，教师应开展英语综合实践活动，提升学生运用所学语言和跨学科知识创造性解决问题的能力。教师通过评价标准，提醒学生在画册制作的过程中，不仅要重视目标语言知识，还要关注跨学科知识的准确性，如：探险的时代背景、沿途故事、意义和贡献等史料的准确性，以及绘制真实的探险线路图，引导学生切实运用跨学知识解决问题，而不只是用英语谈论跨学科话题。在单元学习过程中，学生了解了多位探险家的历史故事、其探险路线及探险的背景和原因，能够从历史和地理的角度分析探险对促进社会发展的意义，客观评价探险家对人类作出的贡献，英语知识与历史、地理跨学科知识同步提升，实现跨学科知识的"真融合"。

2. 开展信息技术辅助下的创新评价方式

课程标准指出，义务教育英语课程应重视教育信息化的发展趋势，倡导教学内容与教育技术融合，充分发挥现代信息技术对英语课程教与学的支持和服务功能，鼓励教师合理利用、创新使用数字技术，为满足学生个性化学习需要提供支撑，最大程度地开展跨学科、跨文化、跨地域、跨时空的学习和交流。

以八年级上册 Unit 4 Inventions 为例，单元围绕单元主题"Little inventions，big changes！"，以发明改变人类的生活为主线，把单元内容与学生生活实际建立联系，鼓励学生大胆发挥想象，以追求更加便捷美好的生活为出发点，创造一种能够给日常生活和学习带来便利的小发明，举办模拟产品推销会。在推销会上，学生用展示作品加口头汇报的形式推销自己的发明，并根据观众投票，评选出最具吸引力的发明和最佳推销员。

学生们设想出许多富有创意的小发明，如动力风车、美食速成器、助学机器人、防溺水手表、行走的书包、神奇的房子等，他们小组合作为自己的发明创作吸引人的广告词和图片，或拍摄视频播放，或制作幻灯片口头展示。最后，教师将各小组的创意发明推荐小视频集结上传至学校公众号，请家长和同学共同欣赏。作品被传到网络上后，掀起了一股点赞和转发的热潮，并意外产生了一种新型网络评价方式。学生真真切切地使用英语发现问题、解决问题、表达思想，产生了满满的成就感。信息技术辅助下的大众点评进一步拓展了评价主体多元性，增强了评价的真实性和实践性，也点燃了学生学英语的热情和创作的激情，引导学生树立正确的价值取向，实现从被动做作业到真正学习的转变。

四、结语

传统英语课堂上，口头简单点评、让学生随意打分等流于形式的评价方式已逐渐被持续性评价代替。指向深度学习的持续性评价的目的在于培养和发展学生的核心素养，促进学生的全面发展，落实立德树人的根本任务。基于深度学习的单元整体教学评价的设计与实施的关键在于，在单元设计中，评价要先行于活动，即在设计活动时同步考虑如何评价活动；在开展课堂实践中，评价要融入活动，即不刻意把评价安排在活动结束之后，为了评价而评价，而是在合适的时候评价，让评价时刻贯穿在活动之中，与活动融为一体，成为学习的一部分，实现评价即学习。

第六节　实施单元作业

　　作业是课堂教学的延续和补充，是用来帮助学生复习、巩固课堂所学知识，并把知识转化为技能和发展思维能力的一种手段。本节针对当前初中英语作业设计与实施中存在的一些问题，基于团队多年深度学习单元教学的研究，以提升单元作业的综合育人功能为目标，对单元作业进行了创新和优化设计，并以一个单元作业的设计与实施为例，阐述单元整体视角下初中英语创新作业的基本特征。

一、初中英语作业存在的问题

　　作业是教师每天教学活动中不可缺少的环节，但相比较教学的其他环节，教师对作业的关注和研究是不足的。"双减"政策使广大一线教师意识到低质量的作业对学生的身心可能产生负面影响，提高作业设计的质量成为当下教师们研究的主要课题之一。

　　在对区域内师生的调查中发现，当前初中英语作业存在的主要问题有：（1）作业目标窄化，一些教师认为作业的目的就是巩固课堂知识，布置了大量语言知识应用的应试练习，不利于培养学生的语言能力、思维品质及整体素养的提升；（2）作业内容碎片化，各课时作业所涉及的语言知识和技能缺乏关联性和统一性，不利于学生结构化知识的建构和综合语言运用能力的提升；（3）作业形式单一，以纸笔作业为主，不利于学生解决实际问题能力的培养；（4）作业评价缺乏，大部分作业采取教师流水线式批改的形式，不能有效发挥作业的激励反馈和促学功能。

　　课程标准提出，教师要基于单元教学目标，整体设计单元作业和课时作业，应创设真实的学习情境，建立课堂所学和学生生活的关联，设计复习巩固类、拓展延伸类和综合实践类等多种类型的作业，引导学生在完成作业的过程中，提升语言和思维能力，发挥学习潜能，促进自主学习。近年来，越来越多的研究者意识到作业对教学及学科育人的促进作用，作业研究成为基础教育界的热门话题。我区在开展单元整体教学研究近十年的过程中，在单元主题大任务的引领下，单元作业的整体性、关联性和实践性的特征得到了凸显，还涌现了许多具有跨学科融合特点的创新作业案例。

二、与作业相关的前沿理论

（一）深度学习单元整体教学

深度学习是指在教师引领下，学生围绕具有挑战性的学习主题，全身心积极参与、体验成功、获得发展的有意义的学习过程。深度学习倡导以"大任务""大主题"为引领的单元整体教学，以"深度学习实践模型"作为单元设计的指引。该模型抓住教学中最基本的四个要素：主题、目标、活动和评价。以该模型指导教师开展单元教学设计，能够提高单元教学的整体性和逻辑性，增强学生学习过程的体验性、互动性和生成性，实现目标引领下的教、学、评一体化。本研究以深度学习单元整体设计为基础，单元整体设计下的各个课时的学习目标、内容和活动具有关联性和递进性，而各课时的作业要与学习目标一致，与学习内容相关联，是课堂活动的延伸和拓展，能够保证单元整体视角下的作业的整体性、关联性和递进性。

（二）大作业观

广州大学谢翌教授等人的大作业观以探究性与创造性的学习化活动阐述作业的本质，体现学为中心的教学理念，统整课前、课中、课后作业，关注课程、教学、评价的联结，促进"学—教—评"的一致性，倡导形式多样的活动化作业，以及作业的实践性、探究性、创造性，主张合作型作业。深度学习单元整体教学以主题大任务为引领，以情境关联的、知识与技能层层递进的学习活动推进单元学习，引导学生在真实情境中运用结构化知识和综合技能解决问题。本研究在单元整体教学的基础上，加强活动化作业设计，设计具有情境性、实践性或跨学科融合性的作业，如：让学生走出课堂，在校园、家庭、社会，甚至自媒体空间中运用英语解决问题。

（三）课程视域作业观

上海市教育委员会教学研究室的王月芬老师提出的课程视域作业观将作业定位为课程的一个环节。在作业目标方面，不仅包含对课堂教学中知识和技能的巩固，而且关注教学无法达成的、但是可以通过课外作业完成的上位课程目标，即除了知识和技能外，还特别关注习惯、方法、能力，以及实践创新、综合解决问题能力、道德等目标。在作业内容方面，不仅包括学科知识和技能的巩固，也包括一些实践类、操作类、合作类等以综合解决问题能力发展为主的学习任务与活动。课程视域作业观关注作业的横向和纵向衔接，单元作业是课程视域作业观的具体操作载体，这一点与笔者前期开展的深度学习单元整体设计高度吻合。本研究在区域多年深度学习单元教学的基础上，研究单元作业在目标、内容、形式、评价等方面的创新和优化，使学生通过完成作业，不仅巩固了课堂所学知识和技能，还能提升综合运用跨学科知识解决实际问题的能力，培养学生的合作、探究和创新能力，进一步发挥单元作业的综合育人功能。

三、初中英语单元创新作业的基本特征

单元整体视角下初中英语创新作业主要有以下几个特征。

1. 作业目标具有指向性和多维性。指向性指单元整体视角下的作业目标对应课时目标，最终指向单元主题意义探究。多维性指作业除了关注知识的增长和技能的提升，更要关注文化意识、思维品质和学习能力的综合提升。

2. 作业内容具有关联性和综合性。关联性指各课时作业话题情境统一，语言知识之间关联递进。在单元整体教学中，前面课时的作业可以作为后面课时的生成性学习资源，如学生录制的视频、写作的短文、制作的海报、参与的问卷等。综合性指作业所涉及的知识的结构性和技能的综合性，学生要综合运用听、说、读、写、演等综合技能和结构化语言知识，甚至跨学科知识解决实际问题。

3. 作业形式具有实践性和开放性。实践性指从以个人完成为主的纸笔型作业到需要小组合作完成的情境性作业都需要具有实践性，如配音表演、情景交际、社会调查、人物采访、制作展示、资源查找等。开放性指作业关注培养学生的学科核心素养，学生重在体验和实践，完成时空、条件、方式、答案等开放的作业，如读后感、采访、海报、短视频制作等，学生可以自主表达个人感想、自由选择采访对象、根据自己的喜好和特长制作风格各异的作品，这样有利于培养他们思维的发散性和创新性。

4. 作业评价体现主体性和多元性。主体性指学生参与作业评价标准的制订，生生互评与教师评价相结合；多元性指评价主体和形式的多样化，除了教

师评价和生生互评之外，还可以采用在线问卷、现场投票、公众号、短视频的点赞留言等多种形式。

四、初中英语单元创新作业的设计与实施

以下以七年级下册 Unit 8 From hobby to career 为例，探讨深度学习单元整体教学理念下作业设计的步骤、实施及效果。

（一）单元作业的设计步骤

1. 分析教材和学情，提炼单元主题意义

七年级下册 Unit 8 From hobby to career 的单元话题为爱好和职业，教材内容包括：精读语篇 Patrick Moore 的爱好和事业；拓展阅读语篇生物学家 Jane Goodall 的故事；听力材料航海家的故事；语法知识 when 引导的时间状语从句和 used to do 的用法；短文写作"我的爱好与理想职业"；文化拓展介绍街头艺人的小短文。

七年级学生对于兴趣爱好及职业的话题并不陌生，且积累了一定量的话题词汇，但对职业多样性的了解和能用英语表达的职业有限，对于一些常见职业的具体工作内容和要求不甚了解，对于兴趣与职业之间的关系理解较为肤浅，对于个人未来职业的憧憬比较茫然。因此，教师需要有意识地补充介绍多样化的职业，以及如何将兴趣爱好发展成为职业的相关拓展阅读语篇，开阔学生视野，加深他们对兴趣与职业关系的理解。

主题意义是指主题呈现的核心思想或深层含义，往往与文化内涵，以及情感、态度、价值观相关。基于对教材和学情的分析，笔者提炼本单元的主题意义为：深入理解爱好发展成事业必须通过坚持不懈的努力，并基于个人兴趣特长和性格特点思考未来职业，形成初步的生涯规划意识。根据课程标准的精神，教师要建立课堂所学与学生生活的关联，创设真实情境，引导学生在真实且有意义的语言应用中解决实际问题。笔者设计单元主题大任务为 Let's take part in a job fair，学生将参加一次模拟职业招聘会，通过制作英文简历、参加招聘面试等活动体验求职者和人力资源经理的经历，在招聘活动中综合运用语言知识和语言技能，提升对自我和未来理想的认知。

2. 制订单元学习目标，构思主题探究思路

"参加模拟职业招聘会"是一个模拟真实情境的，相对复杂的，具有挑战

性的任务，要求学生能够用英语完成求职者和人力资源经理的任务，即求职者能用英语自我介绍，展示个人优势并陈述对职业的理解，人力资源经理能够描述常见职业的工作内容和对能力及品质的要求，设计面试环节的问题等，这也是本单元的终极目标。为了达成单元终极目标，笔者设计了三个阶段性目标为终极目标做铺垫（图 16）。

图 16　七年级下册 Unit 8 From hobby to career 单元目标

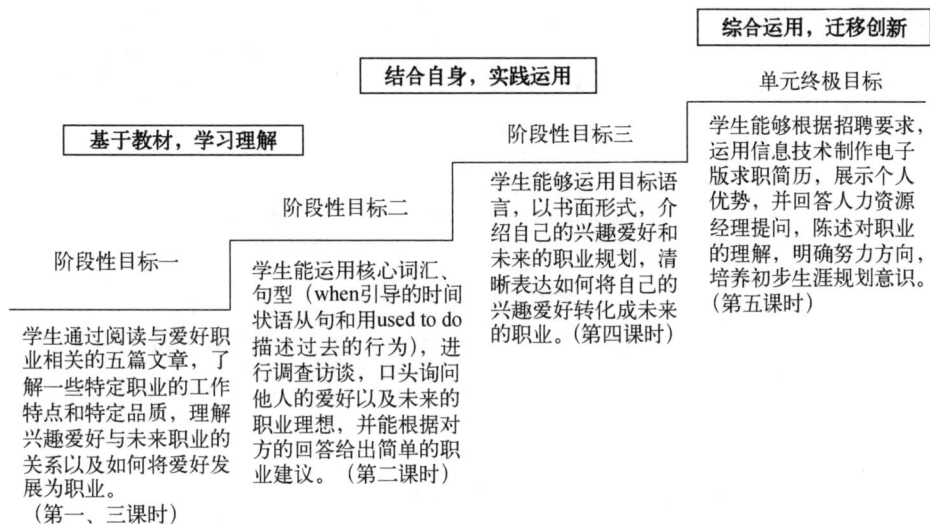

基于教材，学习理解

阶段性目标一

学生通过阅读与爱好职业相关的五篇文章，了解一些特定职业的工作特点和特定品质，理解兴趣爱好与未来职业的关系以及如何将爱好发展为职业。（第一、三课时）

结合自身，实践运用

阶段性目标二

学生能运用核心词汇、句型（when引导的时间状语从句和用 used to do 描述过去的行为），进行调查访谈，口头询问他人的爱好以及未来的职业理想，并能根据对方的回答给出简单的职业建议。（第二课时）

阶段性目标三

学生能够运用目标语言，以书面形式，介绍自己的兴趣爱好和未来的职业规划，清晰表达如何将自己的兴趣爱好转化成未来的职业。（第四课时）

综合运用，迁移创新

单元终极目标

学生能够根据招聘要求，运用信息技术制作电子版求职简历，展示个人优势，并回答人力资源经理提问，陈述对职业的理解，明确努力方向，培养初步生涯规划意识。（第五课时）

　　开展单元整体教学时，教师需重新考虑单元语篇间的意义关联，通过删减或补充语篇，调整语篇顺序或内容等方式搭建一个由单元主题统领的，各个语篇主题意义相互关联的教学单元，真正落实核心素养培养目标。根据教材与学情分析，笔者针对性地补充了五个拓展阅读语篇，分别为介绍袁隆平、足球运动员、电竞游戏测试员的记叙文，介绍"如何把兴趣变成职业"的说明文，以及多模态语篇职业测试调查问卷。关注单元各语篇之间的逻辑关系是探究单元主题意义的重要路径。笔者基于各个语篇对主题探究的作用，对课内外所有语篇进行整体规划，确定语篇的呈现顺序和学习方式，构思出一幅语言知识逐步递增，语言技能逐步融合，主题意义探究逐步深入的单元学习思路图（图 17）。

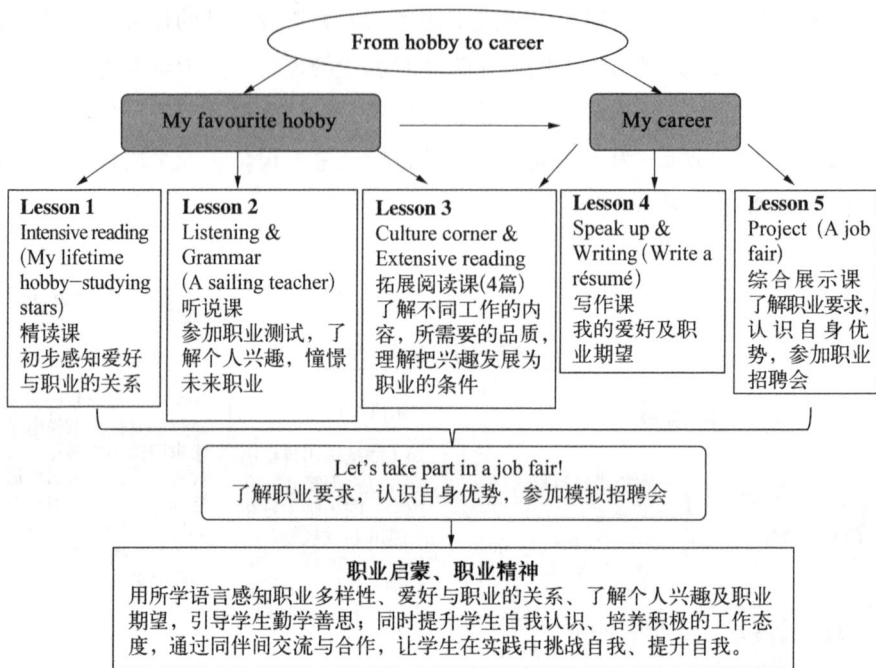

From hobby to career

My favourite hobby → **My career**

Lesson 1
Intensive reading
(My lifetime
hobby–studying
stars)
精读课
初步感知爱好
与职业的关系

Lesson 2
Listening &
Grammar
(A sailing teacher)
听说课
参加职业测试，了
解个人兴趣，憧憬
未来职业

Lesson 3
Culture corner &
Extensive reading
拓展阅读课（4篇）
了解不同工作的内
容，所需要的品质，
理解把兴趣发展为
职业的条件

Lesson 4
Speak up &
Writing（Write a
résumé）
写作课
我的爱好及职
业期望

Lesson 5
Project（A job
fair）
综合展示课
了解职业要求，
认识自身优
势，参加职业
招聘会

Let's take part in a job fair!
了解职业要求，认识自身优势，参加模拟招聘会

职业启蒙、职业精神
用所学语言感知职业多样性、爱好与职业的关系、了解个人兴趣及职业
期望，引导学生勤学善思，同时提升学生自我认识、培养积极的工作态
度，通过同伴间交流与合作，让学生在实践中挑战自我、提升自我。

图 17　七年级下册 Unit 8 From hobby to career 单元主题探究思路图示

3. 规划单元学习框架，整体设计单元作业

在确定了单元主题大任务和单元目标，厘清单元整体探究思路等宏观设计
之后，教师就可以对单元内各分课时的学习目标、学习内容、主要的学习活
动、课时作业等进行设计（表 18）。

表 18　七年级下册 Unit 8 From hobby to career 分课时设计

课　时	学习目标	学习内容	学习活动	作业设计
第一课时 Intensive reading	1. 通过阅读培养预测大意、获取细节、判断推理等能力； 2. 学习与职业相关的词汇短语和句型（when 引导的时间状语从句，used to do 等），了	精读语篇 My lifetime hobby— studying stars	**学习理解类活动：** 1. 读中活动：通过图片与标题推测文章大意；事件排序；回答问题。 2. 读后活动： （1）Interview Patrick Moore with "when" and "used to do".	运用目标语言采访三名同学的兴趣爱好及职业愿望，完成采访表格。 **创新点：**实践类作业

课 时	学习目标	学习内容	学习活动	作业设计
	解一些职业的工作内容，思考兴趣与未来职业的关系，并能结合自己的兴趣爱好，思考自己未来可能的职业。		（2）Critical thinking：What's the relationship between hobby and career? Will you make your hobby your future career? Why? （3）口头分享自己的兴趣爱好及理想职业。	
第二课时 Listening & Grammar	1. 通过听一名航海家独白，培养捕捉关键词，归纳文本主要内容的能力； 2. 运用核心词汇、句型（when引导的时间状语从句和用 used to do 描述过去的行为），进行调查访谈； 3. 辩证看待爱好与职业的关系。	教材中 Listening 和 Grammar 板块的相关练习	**学习理解类活动：** 1. 看图片猜职业及爱好。 2. 将爱好和职业匹配。 3. 听录音填空、回答问题。 **应用实践类活动：** Pair work：Talk about hobbies and careers. **迁移创新类活动：** Critical thinking：爱好一定要成为职业吗？	参加职业测试，了解自己合适的职业；根据测试结果，完成在线问卷。 **创新点：**运用职业测试软件，帮助学生认识兴趣、性格与职业的关系。
第三课时 Extensive reading	1. 自主阅读，提取语篇的主要信息，进行口头转述； 2. 了解职业的多样性及所需特定品质，理解兴趣可以转化成职业，以及需要付出热爱、努力和坚持。	1. Culture corner 语篇街头表演者 2. 课外主题拓展阅读语篇四篇：水稻之父袁隆平、足球运动员、电竞测试员的故事，"如何将爱好转化为职业"的说明文	**学习理解类活动：** 1. 分组阅读语篇，用思维导图厘清主要内容。 2. 全班共读说明文 *How to turn your hobby into a career*，了解将兴趣转化为职业的途径以及所需品质。 **迁移创新类活动：** 分享职业测试结果，并讨论下列问题： （1）What makes a good ...? （2）Do you think you are suitable for the job?	采访自己感兴趣的两个工作，完成调查报告，编辑采访视频。 **创新点：**连接生活，作业具有实践性，且融合视频制作技术。

课　时	学习目标	学习内容	学习活动	作业设计
第四课时 Speak up & Writing	1. 能够从求职者的角度推销自己，包括个人基本信息、兴趣爱好、职业规划、职业认识、努力方向等；运用话题词汇、篇章结构、时间状语从句等知识，写一篇题为"My hobby and future career"的短文； 2. 能够从人力资源经理的角度，描述某种职业的工作内容、所需能力和品质等； 3. 能够运用英语作文评价标准评价和修改作文。	1. 求职海报 2. 学生习作	**应用实践类活动：** 1. 基于内容框架，口头自我介绍，推销自己。 2. 分组讨论几个常见职业（doctor, teacher, scientist, athlete, live streamer, e-sport player）的基本情况，小组合作写一段话，介绍职业的基本情况，包括工作内容、工作时间、需要的品质、能力要求等。 **迁移创新类活动：** 根据招聘海报，完成一份求职简历并展示。	1. 招聘组：结合前期职业调查意向，挑选一种职业，制作招聘广告，从工作内容，能力与品质要求等方面介绍职业，并美化页面；准备面试问题（兴趣爱好、职业规划等）。 2. 求职组：制作电子简历，为职业招聘会做准备。 **创新点**：利用信息技术知识和网络多模态资源，培养学生综合素养。
第五课时 Project	能够基于求职者和人力资源经理两种身份参加模拟职业招聘会，加深对职业的理解，明确努力方向，培养初步生涯规划意识。	A job fair（职业招聘会）	**迁移创新类活动：** 1. 人力资源经理介绍职业特点及招聘要求。 2. 求职者播放电子简历。 3. 求职者现场回答面试问题。 4. 人力资源经理挑选求职者并陈述选中理由。	**创新点**：培养学生跨学科知识的综合运用能力，启发学生对未来职业的思考，培养初步生涯规划意识。

从上表可见，作业成为单元整体教学设计的关键要素，与目标、内容、活动、评价相辅相成。表格式的单元学习框架，清晰体现出单元各个分课时的学习目标、内容、活动，以及作业之间的整体性、关联性和递进性。各课时作业之间的关系如图 18 所示。

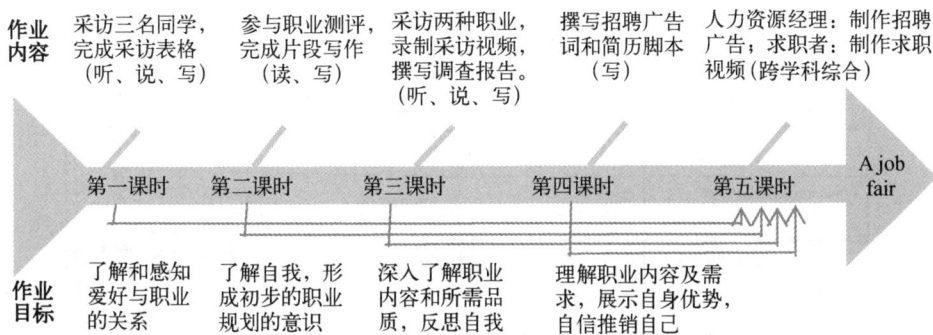

图 18　七年级下册 Unit 8 From hobby to career 单元作业设计

由上图可见，单元各分课时作业目标逐步提升，体现了对主题意义探究的逐步深入；围绕"兴趣与职业"的统一情境，各课时作业互相关联；知识和技能逐步递进，从写片段介绍同学的兴趣与职业愿望到多角度撰写个人简历。

（二）单元作业的实施及效果

下面笔者选取部分典型作业案例，结合指向深度学习的单元作业的基本特征，谈谈本单元作业的实施过程及效果。

1. 作业目标具有指向性和多维性

以第一课时精读课的作业为例（图 19），第一课时作业是采访三名同学并完成采访表格。学生在采访中运用 My hobby is doing sth. , When ... , I used to do sth. , turn ... into ... , come true 等短语和句型，指向本节课的语言知识目标。

本课时作业的语言输出为听说交际和写短文，旨在发展学生的综合语言运用能力，而非某种单一技能。在交流采访表格中的问题 4—6 时，学生会用到"I became stronger because I often dance. I need intensive training. I need a strong will. I need to be patient. I will never give up."等句子，认识到兴趣对个人成长的意义、与未来职业的关系，以及把兴趣转化为职业所需要做出的努力。这项作业培养了学生积极的情感态度与价值观，体现了作业目标的多维性。

Period 1-2 Homework

采访表格(when; used to do)

班级：七(2)班　姓名：[illegible]

Interviewee's name	S1	S2 Guo Yinghua	S3 Yao Jingran
What is your hobby?	When I was ...,	running	play football
What was your hobby?	I used to ...	running	played football
Why do you like your hobby?		It can keep healthy	It's very interesting
What can you get from your hobby?		can get some honer in race	a strong body
Can you turn your hobby into your future career?		Yes, ~~he~~ she can	Yes
What do you need to turn your hobby into your career?		1. train hard 2. be paient hard-working 3. set a goal and achieve it	work hard

Write a paragraph to introduce one of your interviewee:

Guo Yinghua's hobby is running, and it was her hobby, too. She used to run outside everyday. She likes running because she thinks ~~she~~ it can keep herself healthy. And she can get some honor in race. She decides to turn her hobby into her career. She has to train hard, be paient and hard working. And she will set a goal and achieve it in the future.

图 19　第一课时作业实践案例

2. 作业内容具有关联性和综合性

在本单元，教师多次利用学生上一节课的作业作为下一节课的课堂学习素材，体现了单元作业的关联性。例如：第二课时的作业“英文职业测试”在第三课时作为读后思考的材料，第四课时的作业“制作招聘广告”和“电子简历”作为第五课时模拟招聘会的展示材料。下面，以第二课时和第三课时作业为例，进行分析说明。

第二课时主要围绕“从兴趣爱好到终身职业”这一话题开展听说活动，学生理解了职业与兴趣爱好和性格特点的密切关联，对自己未来的职业充满憧憬。因此，教师创新性地运用信息技术辅助作业设计，用职业测试软件和在线问卷平台编制了一份英文版的职业测试，总共设置了 14 个问题，学生根据自身情况做出选择之后，软件能够自动匹配推荐适合的职业。职业测试既为单元学习创设了真实的语用情境，也为学生提供了既新鲜又有挑战的多模态阅读语篇。学生对这个测试非常感兴趣，积极参与测试并完成测试后的片段写作，分享自己的测试结果（图20）。

1. When you are going out for a whole day, you will：
A. plan what to do and when to do it.
B. just go.

2. You are：
A. easy to get to know.
B. not easy to get to know.

3. You may consider yourself to be an：
A. easy-going person.
B. organized person.

4. If you were a teacher, you would be willing to teach：
A. fact-based courses.
B. courses about theories.

5. When dealing with many things, you would like to：
A. doing things as you wish.
B. doing things as you plan.

6. You may describe yourself as：
A. merciful and generous.
B. strong-minded.

7. Doing things according to the schedule：
A. is what I like.
B. makes me feel tied up.

8. You would like to：
A. do things according to the mood of the day.
B. do as what you plan.

9. You tend to：
A. focus on emotion more than logic.
B. focus on logic more than emotion.

10. When you are with many people, you will：
A. boost your energy.
B. often drain your mind.

11. When you are faced with a task, you will：
A. plan carefully before starting.
B. find out what needs to be done while doing it.

12. In most cases, you would choose to：
A. let nature take its course.
B. do things according to the schedule.

13. You are usually：
A. easy to get acquainted with people.
B. quiet and reserved.

14. Who will be more attractive to you?
A. Quick-thinking and intelligent people.
B. Practical and knowledgeable people.

2. Write a paragraph to introduce hobbies and your future career.

I like playing basketball very much. When I was little, my father took/used to take me out to play basketball with my friends. From then on, I was in love with it, I feel excited and relaxed. Playing basketball helps me become stronger and made a lot of good friends.

The result of the test shows that I may become a basketball player. I am so happy to know that. But I will try my best. I believe I can be a basketball player like Yaoming someday in the future.

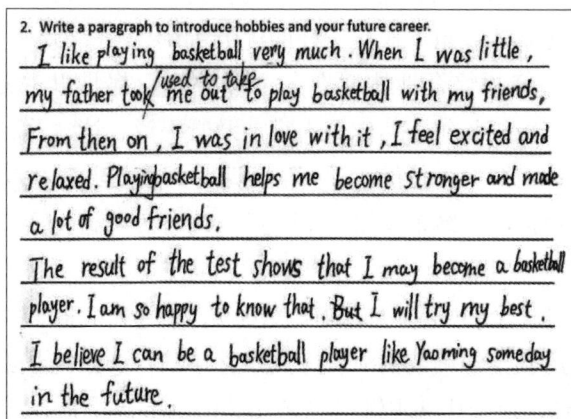

图20 职业测试后学生 A 的片段写作

101

第三课时拓展阅读课帮助学生从不同的角度去理解"如何选择和成就职业"，几个语篇分别讲述了袁隆平以家国使命选择研究水稻；某个足球运动员基于个人天赋和热爱选择足球；电竞游戏测试工作看似有趣，其实是单调枯燥的反复测试等。读完这些语篇后，学生对未来职业有了更加深入的思考和理性认识。教师展示第三课时的职业测试结果，并提出问题"What's your future job? What do you think of this job? Do you think you are suitable for the job?"，引导学生再次深入思考测试结果。以下是个别学生的回答：

学生 A：The result of my test is a basketball player, but I don't think I can be a good professional player. It needs hard practising, skills and teamwork. Although I like playing basketball in my free time, I prefer to have a different career like a policeman. Both of them need a strong body, so I will keep practising playing basketball in the future in order to build a strong body.

学生 B：The result of my test is a scientist. Although I am interested in science, I am not good at Maths, Physics and Chemistry. I know these subjects are important to science. I will study hard at them, especially Chemistry, because I want to invent some advanced weapons to help our country become stronger and more powerful in the future.

对比学生 A 在第二课时参加职业测试后的片段写作可见，经过第三课时的拓展阅读，学生对兴趣与职业之间的关系的理解更加理性和深入，能够认识到兴趣不是职业选择的唯一标准，而学生 B 能够把未来职业与国家需求联系起来。可见，学生对于未来职业规划的认知逐步提升，对单元主题意义探究逐渐深入，这正是单元整体视角下作业设计的优势所在。

本单元作业内容的综合性体现在各个课时作业都是以"语篇"为单位，而非零散的单词、短语和句子，作业内容涉及听、说、读、写、画、演等多种技能的综合运用，而非单一技能。如：第一课时为采访并写短文，第二课时为完成职业测试并根据测试结果撰写短文，第三课时为调查生活中的职业人并撰写调查报告，第四课时为制作招聘广告和求职简历等。语篇不仅是社会文化语境的产物，而且是一个由意义组成的语义单位，涵盖概念意义、人际意义和语篇意义。整体外语教学强调教学活动应基于整体输入、整体互动和整体输出的"整进整出"理念，强调让学生输出意义完整的语篇。下面以第四课时招聘组学生作业为例（图 21），进行详细分析。

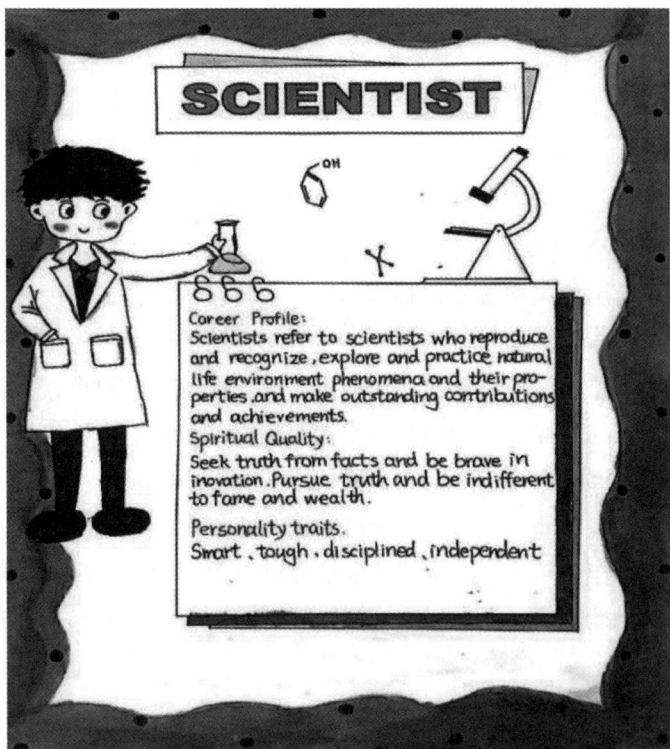

图 21　第四课时招聘组学生作业

在这则招聘广告中，广告词是一个完整的语篇，学生从工作内容，对能力和品质的要求等方面介绍了科学家这个职业的详细信息，是学生经过单元前几课时学习后自主建构知识的体现；图片及页面美化运用了美术学科知识，作业体现了跨学科知识与技能的综合运用。这份招聘广告将在下一节综合展示课中供求职者阅读，体现了作业的关联性。

3. 作业形式具有实践性和开放性

本单元作业突破了传统英语作业的纸笔抄写，多为在情境中运用英语解决问题的实践型作业，有听说交际类作业，如采访同学的兴趣爱好，采访生活中的某个职业；有作品制作类，如制作英文招聘广告和电子简历；有问卷调查类，如参加职业测试；有模拟场景类，如参加模拟职业招聘会。

本单元有多个视频制作类作业，如第三课时作业为制作采访视频，第四课时作业为制作电子简历。在采访身边的某个职业的视频中，学生们能够熟练运用视频剪辑软件，用后期的英文配音替代原始采访中的中文对话，增强视频的观赏效果；在制作电子简历时，学生能运用剪辑软件，插入字幕、图片、音乐和短视频，尽可能展示自身闪光点，不仅在新情境下迁移运用了目标语言知识，提升了听、说、读、写综合语言技能，还体现了良好的跨学科知识运用能力和创新能力。

本单元作业都没有固定模式和标准答案，如：职业测试的结果各不相同；学生基于自己的兴趣去采访身边的不同职业，有工程师、教师、律师、警察等；电子求职简历的风格各异，有的学生插入自己的才艺表演视频，有的展示自己曾经的获奖作品和证书，还有的学生分享自己的职业偶像等，充分体现了他们的个性与创意。但是，开放性作业也并非没有统一的要求，需要学生在紧扣目标语言知识的前提下大胆创新和发挥个性。如：电子简历的脚本的内容要点为 My favorite hobby, my future job 和 How to turn my hobby into my career，要求运用 My favorite hobby is ... , When ... , used to do 等目标短语；又如：职业测试后的片段写作必须从个人爱好、职业测试结果、个人未来职业意向等三个方面开展，恰当运用 when 引导的时间状语从句和 used to do 结构表达自己过去的做法等。

4. 作业评价体现主体性和多元性

单元整体视角下的作业突破了常规的单词抄写、练习题等以个体完成为主的作业形式，倾向于在真实情境中以小组形式完成的多样化的任务型作业，因而对作业的评价也不能是简单的教师批改打分，而要根据作业形式进行创新。

首先，作业评价要体现学生主体性，教师要让学生制订评价标准和参与评价活动，并且在完成作业任务之前就要让学生明确评分规则。例如：第五课时模拟招聘会上，求职者将展示电子简历并回答人力资源经理的现场提问，人力资源经理要根据求职者的表现决定是否录用。那么，如何评价求职者的表现呢？教师通过以下问题，引导学生从电子简历制作和现场面试表现两个方面制订评价标准。

（1）What should you talk about in the résumé? If you want to be a teacher, what kind of personalities or interests should you have?

（2）If you want others to know more about you, what should you include in your video?

（3）What words or phrases shall we use when we introduce ourselves?

（4）How can we leave a good impression on others in the interview?

　　教师通过问题引导学生关注电子简历的内容要点和目标语言知识的运用，特别强调性格、兴趣、特长与所应聘的职位要有契合性，这也是本单元学习主题所传递的价值导向。接着，教师通过展示一些综艺节目中选手的自我介绍视频，启发学生如何提高电子简历的感染力，并与学生一起制订现场招聘的评价维度和赋分权重（表19）。共同制订的"游戏规则"使学生印象深刻，他们更愿意依据评价标准去完成作业，从而真正落实教、学、评一体化。

表19　模拟招聘会任务评价标准

评价内容	评 价 维 度	分 值
电子简历	内容及语言：包括个人基本信息、性格、兴趣、特长、职业规划、努力方向等，运用"我的爱好与职业"等话题词汇；语音语调准确，充满活力	20
	制作技术：插入合适的视频、图片，美化视频，运用信息技术剪辑并配音，视频清晰流畅	10
现场面试	针对问题进行回答，有所拓展	10
	语法正确	5
	语音语调准确，语言流畅，声音响亮，大方自信	5

　　作业评价的多元性是指评价形式和评价主体的多样性。教师要根据学习活动的形式和规模，采取多样化的评价方式。常规的个人参加的学习活动以教师课堂观察、提问、口头评价等方式为主；以小组合作形式开展的规模较大的语言实践或作品展示活动，一般采取填表、打分、投票等形式，教师评价与生生互评相结合。在模拟招聘会活动中，人力资源经理是否录用求职者就是单元综合性作业的评价，评价活动自然镶嵌于单元综合展示活动之中。

　　课程标准提出要将"互联网＋"融入教学理念、教学方法、教学模式中，推动线上线下学习相结合，提高英语学习效率。信息技术的支持使英语的教与学突破时间、空间限制，也为英语作业评价提供了更多创新方式。教师可以鼓励学生把不涉及个人信息的视频作业发布到校园公众号或者短视频网站上，如创新小发明介绍、家乡旅行宣传片、自编自导的英语剧等，让同学、老师、家长甚至更多人用点赞、留言等方式参与评价，使评价主体更加多元，评价方式更灵活。学生对于这种新的评价方式很感兴趣，体会到运用英语解决问题和表达思想的乐趣，更多观赏者给予正面评价极大激发了他们的创新积极性，提升了他们学习英语的信心。

在指向深度学习的单元整体教学中，作业是单元教学设计的关键要素之一，与目标、内容、活动、评价相辅相成，共同促进学生对单元主题意义的探究。指向深度学习的单元作业，有助于学生建构知识和发展综合语言运用能力，促进学生运用英语和跨学科知识解决真实问题，提升创新思维能力，形成积极的情感态度和价值观，从而进一步发挥作业的综合育人功能。形式多样的单元创新作业，不仅为学生提供了跨越时间、空间学习语言和使用语言的机会，也有利于教师拓宽教学渠道，丰富教学方式方法，值得广大一线教师持续探索。

第三章

初中英语深度学习单元
整体教学课堂实施

千里之行，始于足下。课程标准倡导要培养学生综合运用英语知识及跨学科知识解决生活中的真实问题的能力，2024年出版的新教材从课程设计的角度引导教师落实这一理念，将单元综合展示课从两个单元一节增加到每个单元一节。那么，如何通过单元各分课时的有效铺垫，让学生在单元综合展示课中进行综合输出呢？

本章从单元分课时的角度出发，阐述各种常见课型的设计与实施步骤、策略及效果，阐释各分课时的目标设定、情境创设和语言知识学习如何回归到单元整体设计的网络之中。

第一节　精读课——主题情境下的
综合技能培养

精读课语篇是单元主阅读篇章，开启了单元主题情境，包含了单元重要语言知识点，大部分教师都能明确精读语篇的重要性，能够基于阅读微技能的培养和语言知识的学习目标设计学习活动，扎实上好精读课。但是在内容分析和活动设计上，一些教师缺乏从单元整体考虑。作为单元的"课眼"，精读课该如何创设主题大情境？精读课的学习活动该如何与接下来的课时进行关联？精读课的目标语言知识该如何与接下来的课时的语言知识形成螺旋递进式发展？这些是单元整体视角下的精读课应该考虑的问题。在多年深度学习单元整体教学实践的基础上，笔者总结归纳出单元整体视角下精读课的四个基本特征：关联性、整体性、综合性和思维性，并以八年级下册 Unit 5 Save the endangered animals 的精读课为例，阐释单元整体视角下精读课的设计与实施的基本步骤、策略及效果。

一、精读课的概念及教学现状

精读是美国共同核心州立标准（Common Core State Standards）的核心要求之一。精读是对文本的细节和模式进行深入思考和批判性分析的阅读方式，以达到对文本形式、艺术价值以及内在含义深入准确理解的目的，可以从各方面提高学生综合运用英语的能力。精读课是指对教材中一类课文的教学，教师依托这一类语篇指导学生进行阅读实践，逐步培养学生的阅读兴趣、阅读能力和良好的阅读习惯，并丰富学生的语言积累。沪教版教材每个单元包括精读课、听说课、语法课、写作课、拓展阅读课和单元综合展示课，精读课是单元的第一课时，具有举足轻重的地位。

课程标准要求教师在培养学生听、说、读、写基本技能的同时，侧重培养阅读能力，而精读教学是培养学生阅读微技能的主要途径，也是学生学习语言知识的主要途径。在各类版本的英语教材中，单元的第一个语篇一般都是精读教学语篇，包含单元目标语言知识，传递单元主题意义，为学生提供规范英语以及其他常见英语的范本，教材编写者往往也会提供详细的活动指导供教师开展精读教学。以沪教版初中英语教材为例，其精读教学语篇风格各异，体裁多样，每个语篇都围绕单元话题的某一方面开展，而更多与单元话题相关的内容则通过听力、口语、写作和补充阅读等板块从不同角度再现。为了引导教师更好地利用主阅读语篇设计精读活动，每个精读课还设计了读前和读后活动，读前活动有"读前准备""卡通引入""热身活动""读前预测"等，引导学生进入主题，激活背景知识、激发阅读兴趣、开展合理预测；读后活动有"词汇学习""阅读理解"等，引导学生从理解文本主旨、细节，到对文章进行深度挖掘，并在逐步加深对语篇理解的同时，运用目标词汇和句型。然而，尽管广大一线教师认识到精读课在单元教学中的重要地位，但是在教学实践中，精读课教学还存在一些问题：（1）关联性不强。部分教师缺乏对整个单元通盘考虑和整体思考的意识，导致精读课的活动与其他课时设计的活动缺乏关联，精读课的相关活动在其他课时中没有延续，相关语言知识缺少复现；（2）阅读活动碎片化。部分教师过于侧重语法与词汇的学习，忽视对语篇内容的理解和对主题意义的探究；抑或将完整的语篇分割成若干段落开展碎片化阅读活动，不利于学生对文章整体结构的把握及对语篇内涵的理解；（3）活动技能单一。部分教师为了培养学生的阅读微技能，把精读课的任务设计成应试型的阅读理解题，不利于学生综合语言运用能力的培养；（4）缺乏深度阅读。教师对阅读语篇的文本分析不到位，不能挖掘语篇的深层内涵，设计的问题多为事实性问题，停留在对文章内容的浅层理解，对高认知层次问题设计的深度不够，或者不能引导学生把语篇与现实建立关联，不能通过阅读有效培养学生的逻辑思维、批判性思维和创新思维等高阶思维能力。

二、单元整体视角下精读课的特征

单元整体教学是教师结合课程标准对英语教学的目标要求，基于对教材和学习者学习需求的分析，以主题为核心，以单元为备课的基本单位，围绕教学目标、教学内容、教学过程（活动）和教学评价四个方面，对教材教学单元进行整体预设的一个过程。单元整体教学的优点在于：单元各课时基于单元总目标整体规划，课时之间具有整体性、关联性和递进性，共同促进单元主题意义的探究。在大量的单元教学实践中，研究团队总结出单元整体视角下的精读课具有关联性、整体性、综合性和思维性这四个基本特征。

（一）关联性

在单元整体教学理念设计下，每一节课都不是独立存在的，而是单元整体设计的有机组成部分。精读课是单元的第一节课，是单元主题情境的起点，它与其他课时的关联性体现在主题情境统一，学习内容相关，语言知识滚动复现和螺旋上升。以七年级上册 Unit 7 School clubs 的精读课 The Clubs Fair 为例，图 22 是单元整体设计思路。

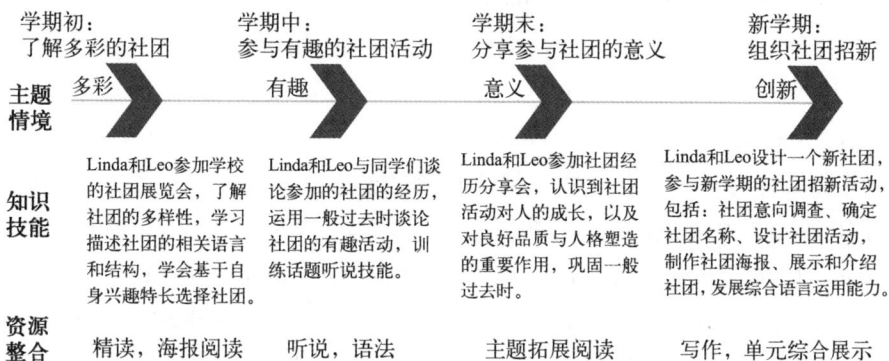

	学期初： 了解多彩的社团	学期中： 参与有趣的社团活动	学期末： 分享参与社团的意义	新学期： 组织社团招新
主题 情境	多彩	有趣	意义	创新
知识 技能	Linda和Leo参加学校的社团展览会，了解社团的多样性，学习描述社团的相关语言和结构，学会基于自身兴趣特长选择社团。	Linda和Leo与同学们谈论参加的社团的经历，运用一般过去时谈论社团的有趣活动，训练话题听说技能。	Linda和Leo参加社团经历分享会，认识到社团活动对人的成长，以及对良好品质与人格塑造的重要作用，巩固一般过去时。	Linda和Leo设计一个新社团，参与新学期的社团招新活动，包括：社团意向调查、确定社团名称、设计社团活动、制作社团海报、展示和介绍社团，发展综合语言运用能力。
资源 整合	精读，海报阅读	听说，语法	主题拓展阅读	写作，单元综合展示

图 22 七年级上册 Unit 7 School clubs 单元整体设计思路

可以看到，精读课的主题情境和学习内容与单元其他课时相关联。从单元整体设计来看，整个单元围绕着"社团"这个话题，以 Linda 和 Leo 在学校参加社团展览会的经历为主线，从了解社团多样化的活动形式，体验社团有趣的活动内容，到认识社团活动对于个人成长的意义，最终能够基于青少年的兴趣与发展需求设计创新社团，各个课时主题情境统一，学习内容相关联。第一课时精读课作为单元整体教学的"课眼"，对单元整体教学起到了主题引领的作用，接下来的各个分课时学习，延续着精读课的情境和学习内容。精读课的阅读语篇内容为，新学期初，Linda 和 Leo 参加学校社团展览会，了解学校多样化的社团活动，并选择自己喜欢的社团，开启整个单元主题大情境。接下来的各课时以时间为顺序，以 Linda 和 Leo 参加学校社团活动、分享社团经历、调查同学们对社团的意向及创建新社团为情境开展听说、阅读、写作及综合展示活动，情境统一且真实自然。

此外，精读课的语言知识在其他分课时中滚动复现和螺旋上升。第一课时的目标语言知识是从时间、地点、活动内容及感受等方面描写常见的社团，在学习完主阅读篇章之后，教师创设情境，设计了采访活动，引导学生活用语篇知识开展语言实践活动：

Three of you will be in a group. One is a reporter, the other two are Linda and Leo. Now the reporter is going to ask some questions about the Clubs Fair. Please try to imagine and answer the questions.

(1) When did you go to the Clubs Fair?

(2) Who talked to you at first?

(3) What did they say about their clubs?

(4) Did you learn about any other clubs? What was it?

(5) What activities did the _____ Club have?

(6) Was it interesting ... ? Why?

在第二课时中，学生在第一课时了解常规社团活动的基础上通过阅读 10 幅社团海报，拓展学习了更多社团名称，如 Fencing Club, Debate Club, Literature Club, Drone Club, T'ai Chi Club, Cantonese Club, Animals Saving Club 等，并在"I would like to join _____ (the name of the club) because _____ (reasons)."的语言支架的帮助下，从兴趣、社团活动的作用两个角度表达多样化的社团。在第三课时听说课中，学生能够从时间、地点、人员、活动经过、收获及感受等角度，运用一般过去时描述某一次社团活动的详细经历。第二、三课时，基于第一课时提出的社团描述的内容框架，从各个角度进行了深入探究，语言知识在复现的基础上有所拓展和提升。

在第四课时拓展阅读课中，学生阅读了三篇角度各不相同的语篇 *Lin's cooking club*, *A big comedy star*, *Happy Animals Club*, 聚焦"社团的意义"，用更加丰富的语言描述社团对于促进个人成长的作用，如"We can follow our interests to join clubs so that we can develop our interests, and maybe we can turn our interests into a career."，同时领悟到社团的意义不仅在于扬长，还能补短和服务其他人，如"We can join a club which can help us overcome our shortcomings, such as being shy or impatient. We can get a chance to make up for our shortcomings and be a better one."，又如"I'd rather join some volunteer club because helping others can make us happy."。语言内容的角度更全面，语言表达更丰富，思维更具发散性和辩证性。

在第五、六课时中，学生通过制作海报和社团招新活动的形式，使用前面几课时描述社团的语言知识，进行综合性输出，能够从名称、时间、地点、活动内容、活动亮点等方面介绍新社团，并能综合运用海报制作、绘画等技能使社团活动主题鲜明，能够吸引观众。最值得肯定的是，这些社团是学生对全体同学进行"我的理想社团"问卷调查后，自主设计的创新社团，无论是凝练社团口号，还是设计社团活动，都体现了学生的创新思维能力和在新的情境中灵活运用语言知识解决问题的能力，语言知识得以整合，单元主题意义得到升华。

（二）整体性

精读课的学习过程是学生建构结构化知识的过程，英语结构化知识是在主题语境统摄下的，整合性的，融通语言、文化和思维的知识形态。简而言之，精读课的活动设计遵循整进整出的原则，在具体的课堂实践中，精读课的整体性主要表现在：读前先了解文章背景和体裁，整体感知语篇的语言风格和特征；读中的系列阅读活动遵循从整体到细节的原则，先引导学生把握语篇大意、篇章结构、段落大意，再开展细节研读；读后的输出为小短文，整进整出。下面，以七年级上册 Unit 1 Making friends 的精读语篇 *Anna's blog* 为例，阐释精读课阅读活动的整体性。

读前，教师以自己为例，展示家庭、工作、休闲等场景的照片，从 appearance, family, hobbies, dream 这四个方面进行自我介绍，这一活动不仅拉近了师生关系，激活旧词汇和引入新的核心词汇，还能引入精读语篇话题，加强学生对自我介绍的整体认识。

读中，教师设计了一系列从整体感知语篇到细节阅读的活动。首先，教师引导学生阅读图片、大小标题，引导学生整体感知篇章体裁，快速获取语篇主题及各段大意，建构概括全文的思维导图框架。接着，教师用"问题链"引导学生关注细节，在师生问答中了解 Anna 的具体信息，教师板书关键词，补充思维导图细节（图 23）。问题链设计如下：

· About Anna：Where is Anna from? How old is she? What does she look like?

· About family：Where does she live? What does her father/mother do? How many brothers and sisters does she have?

· About school：How does she go to school? What are her favourite subjects? Why does she like her school? What is her dream?

· About hobbies：What are her hobbies?

思维导图清晰、直观地展示了 Anna 的博客的整体结构和内容，学生可以利用思维导图和关键词开展口头复述课文的活动，巩固目标语言知识。通过复述，学生归纳概括了自我介绍的内容要点（年龄、家庭、兴趣等）及词汇句型表达，为读后活动做铺垫。

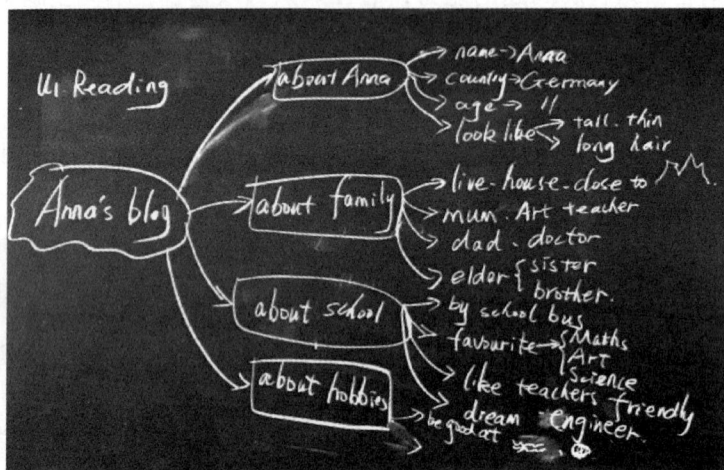

图 23　七年级上册 Unit 1 精读语篇 *Anna's blog* 思维导图

在教学中，教师既要培养学生建构思维导图的能力，又要培养其善于运用思维导图解决实际问题的能力。笔者趁热打铁，引入新的情境性语言实践活动：进入初中一周多了，为了增进同学之间的了解，请制作个人介绍思维导图，并用英文做自我介绍。这个活动设计非常契合学生的实际情况。图 24 是一位学生的思维导图。

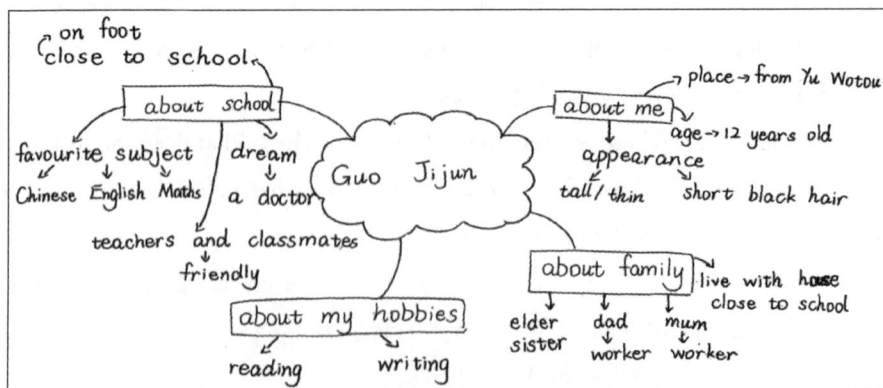

图 24　读后活动中学生绘制的自我介绍思维导图

从思维导图可以看出，学生很好地把握了自我介绍的内容要点，从基本情况、家庭生活、学校生活、兴趣爱好四个方面进行自我介绍，灵活运用 be from, live with, close to, on foot, My favourite hobby is ... 等话题短语和句型，模仿 *Anna's blog* 口头输出一个小短文，做到了整进整出。

（三）综合性

综合性是指依托精读语篇培养学生听、说、读、写、看等综合语言运用能力，而不仅仅是读的能力。精读语篇为学生提供了规范英语的范本，涵盖了单元目标词汇和语言结构形式，无论是语篇的结构还是单句表达，都是非常值得学习的。因此，除了培养学生的阅读微技能之外，教师要充分利用精读语篇，设计读说结合、读写结合的活动，引导学生以说、写的形式运用语言知识，在语言实践中自主建构结构性新知识，以便在新情境下能够灵活提取和运用。阅读教学中的听、说、读、看、写有效整合，多感官参与，多模态刺激，可以促进语言的习得；多技能综合培养的尝试，可以使各种语言能力相互补充和完善，遵循语言学习的基本规律。精读活动的综合性一般体现在读后活动中，如在精读语篇 *Anna's blog* 的读后活动中，学生基于课文思维导图进行课文复述，模仿篇章结构并运用目标语言知识向其他同学用英文做自我介绍，就是读说结合的综合性学习活动。

再列举一个精读课中读写结合的案例。在七年级上册 Unit 6 精读语篇 *Visiting Shanghai* 的读后活动中，笔者设计了仿写任务：与上海的三个代表性景点相对应，教师呈现中山纪念堂、珠江新城和宝墨园，分别代表 red tourism site, modern site 和 traditional attraction，要求学生选择一个景点，写一小段话进行介绍，并恰当运用目标词句，如 in the centre of, one of the most-visited, modern buildings, enjoy history and natural beauty, if 引导的条件状语从句，It's + *adj.* + to do 等。由于学生对这三个景点非常熟悉，在内容要点和语言方面皆可以模仿精读语篇，他们水到渠成地完成了一篇介绍广州的美文。课后，各小组将三篇小短文配上景点图片，制作成像教材主阅读语篇那样的海报。这些图文并茂的作品给了学生成就感，很大程度上激发了学生英语学习的信心。

从学生的作品可见，他们除了能够在短文中恰当运用目标词汇，还能够认识到红色旅游对青少年的教育意义，如 "It's meaningful for young people to visit the red tourism sites like Sun Yat-sen Memorial Hall because we can learn more about history and the great man—Sun Yat-sen", 以及认识到传承传统文化的重要性,如 "It is really a good place to feel the charm of Lingnan culture.", 学科育人的目标自然而然地得到了落实。

(四) 思维性

思维性指教师要在深度分析语篇的基础上,挖掘语篇的隐含信息和文化内涵,通过设计相应的活动,引导学生探究语篇内涵,并在此过程中发展学生的思维品质和文化意识,如逻辑思维能力、创新思维能力、批判性思维能力等。

课程标准首次把思维品质的培养纳入初中英语课程,提出要逐步发展逻辑思维、批判性思维和创新思维,使思维具有一定的敏捷性、灵活性、创造性、批判性和深刻性。高阶思维能力的发展程度是深度学习与浅层学习的最大区别。语篇是思维品质培养的重要载体,因其丰富的文化内涵和语言赏读价值而展现了英语课程的工具性和人文性的统一,在学生思维品质的培养上具有其他课型无可比拟的优势。教师可以在读中活动中借助语篇结构和内容的理解,培养学生概括、比较、推断等逻辑思维能力,在读后活动中开展讨论、续写、表演等活动,培养学生的逻辑思维、批判性思维和创新思维能力。

以七年级下册 Unit 3 精读语篇 *A blind man and his "eyes" in a fire* 为例,在读后活动中,教师提出如下问题供学生讨论:"Did John save Charlie or did Charlie save John? Why?" 学生们经过讨论,一致认为 John 和 Charlie 在火灾中互相帮助才得以逃生,导盲犬 Charlie 奋力护主和 John 冷静地、有条不紊地采取了应急措施,以及 John 对导盲犬的爱护缺一不可。学生在讨论中深度挖掘主人公和导盲犬在危急关头所展现的品质,明白了人与动物应该和谐相处,实现了对单元主题意义的探究。教师还引导学生联系生活实际,掌握火灾应急措施的英文表达,实现了语言知识目标、文化意识和思维品质的同步提升。

又如在八年级上册 Unit 4 精读语篇 *Great inventions* 的学习中,学生在学完语篇中三项伟大的发明 the wheel, the telephone, the light bulb 后,联系实际生活讨论当代最伟大的发明之一 "手机" 的利弊。有的学生说:"Mobile phone is one of the greatest inventions in the world. It helps people live a better life. With it, we can keep in touch with other people. We can also look for information for our studies." 有的学生说:"Mobile phones can provide us with lots of entertainment, such as listening to music, watching videos and playing games." 有的学生说:

"We can buy things on the phone and we don't need to take money any more. "但也有学生回答："Using mobile phones too much is bad for our eyes. If we spend too much time on mobile phones, we will not have enough time to study, and our parents will be very angry with us. "还有同学提到："People spend too much time on their mobile phones every day so that they have no time to do exercises or make friends. "学生们畅所欲言，罗列了许多手机的优缺点，在讨论中巩固了语篇中的核心词汇与句型，提升了综合语言运用能力，培养了发散性思维能力。

有效的读后活动应增加学生思维的深度和广度，挖掘和提炼文本所蕴含的思想、情感、哲理、文化等方面的精髓。例如：九年级上册 Unit 7 精读语篇 *Tom Sawyer paints the fence* 讲述了汤姆在担心被同伴嘲笑和完不成刷篱笆的任务的双重压力下，设计了一个小计谋，让小伙伴们对这项苦差事产生浓厚兴趣，争相用自己的宝贝来交换刷篱笆的机会，从而不露痕迹地完成了自己的任务，还得到了一堆宝贝和 Polly 阿姨的奖励。在分析完人物性格后，教师设计了一个 "Critical thinking: From the way that Tom solved the problem, what did you learn?" 的任务，学生们各抒己见：

S1：When we have some difficulties, never give up, be brave to face them.

S2：Don't complain. Try to find a way to solve the problem.

S3：If you can't do some work, you can try to get someone else to help you.

S4：Ask others to do some work not by ordering, but by using an idea.

通过对这个开放性问题的探讨，学生不仅掌握了语言知识，还获得了生活启示，提升了批判性思维能力。可见，只要教师善于深度分析文本，就一定能挖掘到能够启发学生思维的问题。

此外，除了探讨文章内容，也可以思考文章结构。例如：九年级下册 Unit 3 精读课文 *The world is in danger* 从 The greenhouse effect, Cutting down forests 和 Bad habits 三个角度阐述地球环境恶化的现象及原因，在读后活动中，教师设计了这样一个问题："Can we change the order of these three paragraphs?"，引导学生深度思考段落之间的逻辑关系，进而培养学生在写作中的逻辑性。

三、单元整体视角下精读课的设计与实施

笔者选取了八年级下册 Unit 5 Save the endangered animals 的精读语篇 *The giant panda*，阐释单元整体视角下精读课的设计与实施步骤、策略及效果。

（一）提炼单元主题意义，创设主题大任务

八年级下册 Unit 5 Save the endangered animals 的主要内容如下：主阅读篇章介绍大熊猫；听力语篇是世界自然基金会（WWF）的工作人员有关濒危或易危动物的演讲；口语活动是用 We should/must 或 We shouldn't/mustn't 表达对某事的责任；More practice 讲述了徐秀娟救丹顶鹤而牺牲的故事。本单元是 Module 3 Animals 的第一个单元，关注濒危或易危野生动物的生存状态，后一单元 Pets 主要关注家庭饲养的宠物。不管是距离学生较远的濒危或易危动物的保护，还是基于饲养宠物的观点阐述，都是为了帮助学生树立保护动物，保护自然的意识和责任感，这也是本单元的主题意义。

从学生的心理发展阶段来看，他们对处于濒危或易危状态的动物有很强的怜惜之心，但他们与濒危或易危动物的接触机会很少，很少有实际性的行动帮助过濒危或易危动物。为了让学生深刻理解保护濒危或易危动物的必要性，以及了解目前人类保护动物的具体措施，教师增加了两篇拓展阅读：小鹿救人的故事，以及动物在生物链中重要性的说明文。

基于单元主题意义及学情分析，教师设计单元主题大任务为"竞选世界自然基金会志愿者活动"，活动形式为主题演讲，学生将以本单元学习到的对濒危或易危动物介绍的表达为基础，通过查阅资料，了解某种动物的现状、濒危或易危原因，提出具体的保护措施，呼吁大家从小事做起为保护濒危或易危动物贡献力量，形成保护濒危或易危动物的社会责任感。

（二）制订单元学习目标，规划单元整体探究思路

基于单元主题意义及主题大任务，笔者制订如下单元目标：

1. 通过阅读有关大熊猫的说明文，掌握介绍濒危或易危动物的文章结构及相关话题词汇、句型，了解濒危或易危动物的现状。

2. 通过阅读人与动物关系的系列拓展阅读语篇，了解动物的重要性，以及保护濒危或易危动物的必要性，并运用目标语言 should, must, It's ... to do 谈论如何保护濒危或易危动物。

3. 在竞选世界自然基金会志愿者的情境中，小组合作制作濒危或易危动物档案，并从濒危或易危动物基本情况、生存现状、面临危险的原因、拯救措施等角度发表演讲，呼吁保护濒危或易危动物。

教师从主题意义探究和语言知识学习两个角度理顺单元整体探究思路，依

托单元各个课时的学习内容，将单元目标有机分解到各个课时，整体规划课时安排和各课时学习内容（图25）。

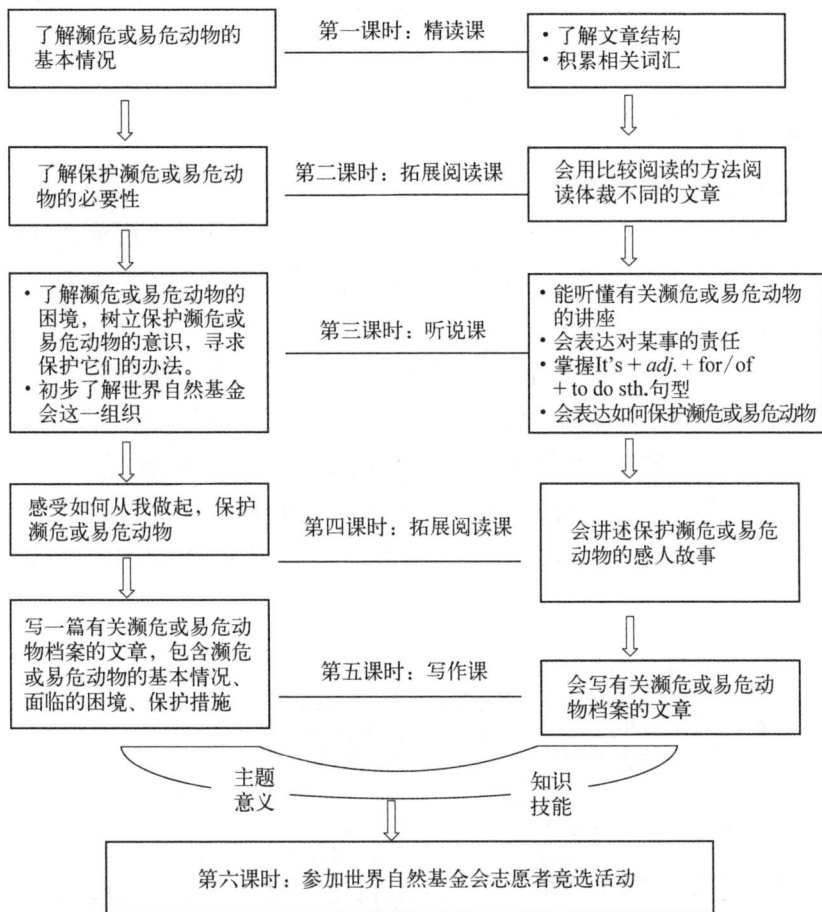

图25　八年级下册 Unit 5 Save the endangered animals 单元整体探究思路图

（三）基于精读课目标，设计多样化学习活动

本单元的精读语篇是一篇介绍大熊猫的科普说明文，介绍了大熊猫的分布、数量、外形特征、栖息地、饮食习性及未来前景等信息。基于单元整体规划，教师开展了如下活动。

1. 读前活动：引入话题

教师让学生通过观看大熊猫的英文视频和回答有关大熊猫的知识问答"What do you know about pandas?"，引导他们谈论大熊猫的外形特征、生活习性等信息；接着，教师通过展示关于大熊猫的图片，解决几个影响学生阅读理解的新单词，如 patches，central，menu，cruel 等。

大熊猫是学生熟悉且喜欢的动物。教师通过小测试，引入话题，激活学生背景知识和激发学生学习兴趣，然后扫除几个影响学生自主阅读的新单词。学生将通过后续阅读验证小测试答案，而生词学习为后续阅读活动做铺垫，体现了精读课的关联性。

2. 读中活动：理解语篇

基于语篇内容的理解，教师设计了三项活动，引导学生由整体到细节，由浅入深地理解语篇内涵。首先，教师要求学生浏览全文，关注语篇插图、小标题，并通过几个问题引导学生获取语篇大意和梳理语篇结构，使学生明确本文通过 Home，Food，Behaviour，Life 和 The future 五个方面介绍大熊猫。

接着，教师要求学生仔细阅读语篇，完成表格，引导学生获取关于熊猫的分布、数量、外形特征、栖息地、饮食习性及未来前景等细节信息。

充分理解语篇内容之后，教师使用思维导图的形式，引导学生归纳动物介绍类说明文的结构和内容要点，并梳理该类说明文常用词汇及句型（图 26）。

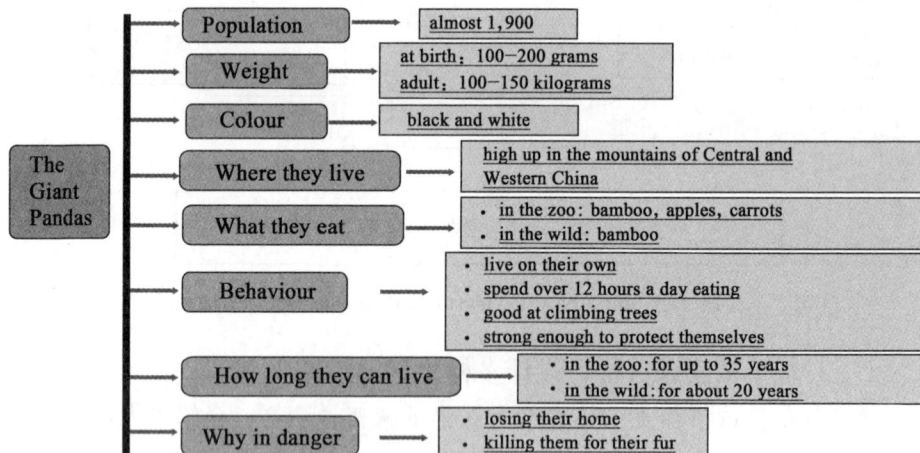

图 26　精读课语篇思维导图

研究语篇的文本结构和文本特征，有助于学生更好地理解语篇的主题意义以及作者如何通过特定的问题形式呈现主题意义。在此环节中，学生通过 reading for structure/details/languages，以听、说、读、写的形式，建构了概括语篇大意的思维导图，总结归纳了说明文的特点，并在活动中反复运用目标语言。动物介绍类语篇思维导图及目标语言知识为后续的写作课搭建了支架，也是单元整体输出的必要铺垫，体现了精读课的关联性和整体性。

3. 读后活动：活用语篇

教师在读后设计了两项活动，一项是基于语篇知识巩固运用的应用实践类活动，另一项是充分发挥学生创新思维的迁移创新类活动。

活动一：小组活动，模拟参观香江野生动物园，扮演参观者和饲养员开展对话，询问有关大熊猫的基本情况，同时探讨大熊猫面临危险的原因。

Visitor：What colour is a giant panda?

Zookeeper：It is black and white.

Visitor：How heavy is a panda at birth?

Zookeeper：It is about 100—200 grams.

Visitor：How long can a panda live?

Zookeeper：Giant pandas can live for close to 20 years in the wild. However, they face great dangers today. They are losing their homes because there are fewer bamboos.

Visitor：Any other reason?

Zookeeper：Some people are killing them for their fur.

Visitor：Oh, it's so cruel. What about the weather?

Zookeeper：Yes, it is one of the reasons. The changeable climate does harm to pandas, too.

Visitor：In order to protect pandas, we need to protect the environment.

Zookeeper：What a smart student you are!

小组对话不仅使学生在新情境下巩固运用了语篇语言知识，还可以引导学生思考大熊猫面临危险的原因，从上面学生的对话可见，学生在列举课文中的两个原因之外，还能推断更多的原因，体现了学生思维的发散性。

活动二：教师创设新闻发布会情境：假设你是世界自然基金会的新闻发言人，为了保护珍稀物种大熊猫，向媒体举行一次新闻发布会演讲，发言内容包含三个方面：（1）大熊猫的基本信息，（2）大熊猫所面临的困境，（3）呼吁人们用自己的方式保护大熊猫。教师通过下列评价标准（表20），引导学生对各小组的演讲进行小组互评。

表20　新闻发布会演讲评价标准

评价内容	具 体 要 求
演讲内容	列举基本信息：分布、数量、外形特征、栖息地、习性、现状等
	分析困境及原因
	提出合理的保护措施
语音语调	发音准确，语言流畅，声音洪亮，有感情
小组合作	多人参与，合理分工，共同完成

本活动综合运用本节课前面所习得的知识，学生不仅要从熊猫的分布、数量、外形特征、栖息地、习性、现状等方面表达熊猫的习性，还要将读后活动所列举的熊猫面临危险的原因融入演讲中，更要针对性地提出保护大熊猫的举措，如"First, we ought to set up some nature reserves so that pandas can live freely. Second, we should make laws to protect pandas. In addition, we must do something to make our world cleaner. Fresh air, clean water and green grass are all important for pandas."，从而实现从"跟着说"到"自己说"的质的飞跃。学生综合语言运用能力及小组合作能力得到了提升，分析大熊猫所面临的困境并提出解决办法培养了学生逻辑思维和创新思维等高阶思维能力，同时还激发了学生"保护野生动物，保护自然环境"的文化意识，实现了对主题意义的深入探究。

4. 课后作业，增强精读课的延续性

课后，教师布置了一项开放性作业：要求学生小组合作，上网查找更多濒危或易危动物的信息，选择其中一种，利用"思维导图+关键词"的形式介绍该濒危或易危动物的基本信息。课后作业既巩固了动物介绍类语篇的内容要点（分布、数量、外形特征、栖息地、习性、现状等），也拓展了濒危或易危动物的种类，如金丝猴、白鳍豚、藏羚羊、丹顶鹤等，这些动物将成为单元综合展示活动"竞选世界自然基金志愿者主题演讲"中的动物原型。在单元综合展示课中，学生将选择一种濒危或易危动物，制作动物档案，详细介绍该动物的现状、面临危险的原因、提出保护举措并发出保护濒危或易危动物的号召，体现了精读课在单元整体学习中的延续性和关联性。

四、结语

单元整体教学的设计及实施，是学生英语学科核心素养培育目标能切实落地课堂，深度学习得以推进的必要途径，也是提升英语教师课程设计能力的重要依托。精读课是单元目标语言知识的重要载体，是学生提高综合语言运用能力的重要课型。在单元整体教学中，教师不仅要以英语学习活动观为指引设计精读活动，还要关注活动是否具有关联性、整体性、综合性和思维性等特点，才能更好地实现精读课连接各分课时的纽带作用。

第二节 听说课——单元主题
情境下的互动交流

当前的教材主要以语言技能区分课型，每个单元有阅读、听力、语法、口语、写作、综合展示等课型，而在实际教学中，教师需要依据课程标准，不拘泥于课型，以语篇为依托，创设情境，设计技能融合型活动发展学生的综合语言运用能力。在听说教学方面，一般可以将听力和口语学习材料整合成为以听说活动为主的听说课，并在单元各课时有机渗透听说技能。研究团队基于实践成果，提出了单元整体视角下听说教学的四个基本策略：听说目标有机分解、听说情境真实关联、听说活动融合渗透和听说内容聚焦语言知识。本节以单元整体教学案例为例，分析单元听说课的设计与实施，以及听说技能在单元其他课时中的融合培养。

一、听说教学存在的问题

英语听说能力是语言交流的基础，能够帮助学生有效地表达自己的想法和意见，提高理解能力，提升学习效率，增强学习兴趣，促进文化交流。英语听说能力是学习英语的重要组成部分。然而，由于种种原因，教师对听说教学重视不足。笔者在区域调研中发现，当前听说教学主要存在以下几个问题：（1）听说教学融合度不高。教师在开展教学时过于程序化，听说活动集中在听说课中，学生参与听说活动的机会偏少；（2）听说活动重形式而轻内涵。很多课堂上的听说活动没有明确的语言知识目标，表面热热闹闹，实际上学生只是在重复运用旧知识，没有实践运用新知识；（3）重应试技能而轻听说能力的培养。部分教师过于注重应试型的听说技能点拨课，而忽视在课堂上创设情境，培养学生在真实情境下的沟通交流能力。

在单元整体教学课堂实践中，研究团队有意识地引导教师们开展单元整体视角下的听说教学，即听说技能的培养不仅仅局限在听说课中，而是有机渗透到单元各个分课时，学生在统一的主题情境下开展持续性听说活动，在丰富多样的互动交流中培养听说能力，巩固运用核心知识，逐步加深对单元主题意义的理解。

二、单元整体视角下听说教学的策略

1. 听说目标有机分解

在传统课堂中，教师关注教多于关注学；课堂教学模式化、表层化、程式化；内容教学呈碎片化状态，缺乏整合，难以形成能力；忽视对主题情境的创设和对主题意义的深层探究，导致思维培养缺失；其单元输出任务一般为一篇话题相关的作文。而在指向深度学习的单元整体教学中，学生学完一个单元以后能综合运用单元所学的知识、方法、策略去解决一个较为复杂的，体现综合素养的大任务，这个大任务就集中体现在单元综合展示课中，如展示并介绍英文海报，参与模拟情境性交际活动，英语剧表演，主题辩论会等。这个大任务需要学生综合运用听、说、读、写、看等语言技能，它也就是单元终极目标，具有综合性，不可能在一节课上完成，因此，需要教师将单元终极目标所包含的听、说、读、写各项能力目标有机分解到各个分课时中。各个分课时目标相互关联、层层递进、螺旋上升，最终指向单元综合目标。

学生在综合展示活动中口头表达和情境性交际活动中所运用的语言知识，不是零碎的单词和句子，而是内容丰富的篇章，这需要他们在单元学习过程中逐步积累。因此，教师要依据各个分课时的学习内容，灵活设计听说活动，使学生基于话题口头表达的观点内容越来越丰富，表达准确性逐步提升，最终能够口头输出完整的篇章。

2. 听说情境真实关联

情境教学法指教师根据学生的年龄特点以及心理特征，按照反映论的认知规律，结合教学内容，充分利用形象，创设出具体生动的场景，使抽象的语言形式变为具体生动的可视语言，让学生更多地接触英语，感受英语，说英语，用英语的思维方式主导行为。情境理论认为学习最有效的方式是将知识和技能置于具体的情境中进行学习，通过真实的情境模拟或应用，学生可以更好地理解和运用所学的知识，增强学习的实用性和意义。而关联性的情境能够加强新旧知识的联系，有利于调动学生的记忆，使语言知识在情境中滚动复现和运用，知识的学习和技能的培养呈螺旋上升。教师应结合各级别学生的认知特点和思维方式，以真实问题为导向，以真实情境为载体，以课程内容为依托，激发学生的学习兴趣，让学生在多样化的任务情境中建构学习的意义。

单元整体教学最大的特点整个单元学习围绕着主题大任务进行，各个分课时的情境统一，语篇内容关联。因此，教师在设计各个分课时听说活动的时候，应尽可能创设统一的情境。例如七年级上册 Unit 7 School clubs 整个单元围绕着"Linda 和 Leo 参加学校社团展览会"这一大情境开展各项学习活动，笔者在各个课时都设计了情境关联的听说活动（图 27）：第一课时精读课的学习内容是 Linda 和 Leo 参加学校社团展览会，听说活动是角色扮演，Linda 和 Leo 向记者谈论参观学校社团展览会的经历；第二课时社团海报阅读课的听说活动是为数学优秀但性格害羞的 Bobby 提供参加社团的建议；第三课时听说课的活动是口头分享小组内参加社团活动情况的调查结果；第四课时拓展阅读课的听说活动是结合自己所参加的社团及未来的职业理想，谈谈社团活动对自己成长的意义；第五课时写作课的任务是小组合作完成一份新社团招新海报，听说活动是学生在制作海报前，围绕 "What kind of club do I want to create?" "What activities will my club have?" "What can students learn from my club?" 这三个问题，小组讨论并确定新社团的名称、活动及优势等等；在第六课时综合展示课上，各小组将展示社团招新海报，口头介绍新社团，吸引观众投票。

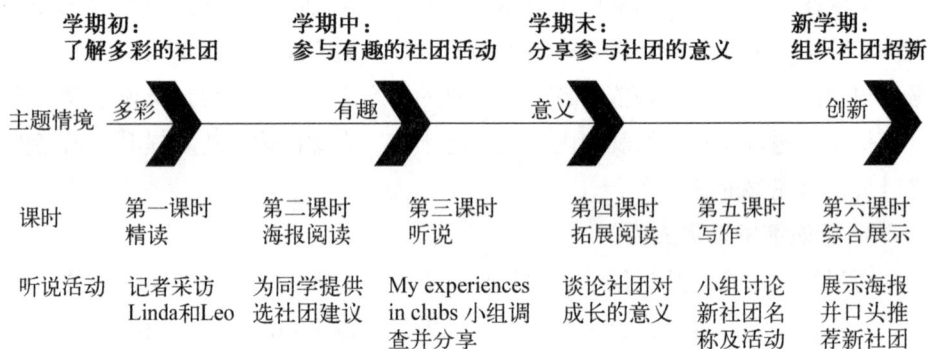

图 27　七年级上册 Unit 7 School clubs 单元听说活动设计

　　在单元整体设计思路下，各分课时主题情境是统一递进的，学习内容是关联的，只要教师依托各个课时的学习内容和材料灵活创设情境和设计听说活动，就能保证学生在单元每个课时中，都能在真实情境中，围绕关联性的话题有语言实践的机会，就能使学生在情境性的语言实践活动中反复运用目标语言知识，进而内化知识。

3. 听说活动融合渗透

　　传统的教学方式倾向于强调对单一特定技能的培养，比如语言学习以不同的课型，侧重于听、说、读、写等各自独立的技能训练。而随着社会的发展和变化，人们在现实生活和工作中更多地需要综合运用多种技能来解决问题和应对挑战，从单一技能培养走向综合性技能培养是教育教学领域的一个重要发展趋势。在语言学习领域，从单一技能培养走向综合性技能培养意味着不仅要注重学生在听、说、读、写等各方面的技能提高，更重要的是要培养他们在真实情境中综合运用这些技能的能力。

淡化单一技能训练的课型特征，突出综合技能培养，符合当前教育教学的发展趋势和人才培养需求。指向深度学习的单元教学，倡导教师基于各分课时学习材料的特点，设计听读结合、读说结合、说写结合等技能融合性活动，引导学生在单元话题情境下综合运用语言，而不是学完一个单元就只能以作文进行单一技能的输出。因此，除了听说课之外，教师可以依托其他课型的语篇学习，灵活设计听说活动，例如：阅读可以设计角色扮演、复述、表演、对话、讨论、辩论等活动，语法课可以设计调查问卷、情境对话等活动；写作课可以在写前基于作文框架进行口头作文等。听说活动的融合渗透，使学生在每一节课都有机会参与听说实践活动，这些活动使学生不断丰富话题观点，训练听说技能，最终能在单元综合展示活动中口头表达，以篇章为单位的结构化语言知识，以及在情境模拟活动中自信流利地进行听说交际。

4. 听说内容聚焦语言知识

有时，英语课堂上表面热闹，实际却缺少有内涵的听说活动，教师着重关注"学生说了没有"，而不强调"说了什么"，他们对学生听说的内容缺乏指引，导致学生所说的内容与教学目标关联性不大；又或者学生习惯性使用旧的语言知识，不使用本节课所学的新知识，导致他们在听说活动中没有巩固和整合新知识，不利于语言能力的提升。

基于主题意义探究的英语教学要尽量围绕主题和语境设计教学目标，要以主题内容为主线，以语言为暗线设计教学活动和教学环节。学生在理解语篇内容、探究语篇主题意义的过程中体验语言的使用，感知语言的结构，尝试运用所学语言。在指向深度学习的单元整体教学中，教师设计的任何学习活动都要紧扣语言知识这条线。无论是分课时中形式相对单一的听说活动还是单元展示课中技能融合型的活动，教师都要明确引导学生在听说活动中运用指定的目标语言知识。

例如，在七年级下册 Unit 8 From hobby to career 的听说课中，在迁移创新类活动环节，学生结合提前查找的资料谈论快递员、网络主播两个职业的兴起，教师引导学生用 when 引导的时间状语从句和 used to do 来谈论新职业兴起；又如在八年级上册 Unit 5 Educational exchanges 综合展示活动"出国游学申请答辩会"中，专家要询问申请者对所申请国家的文化习俗的了解，教师要求学生用现在完成时进行问答，专家用"Have you ever ... ?"提问，申请者用"I have ..."等表达自己对文化习俗的了解和已经做过的事情。

教师也可以通过评价引导学生在听说活动中紧扣语言知识目标，例如：八年级下册 Unit 4 Cartoons and comic strips 的单元综合展示活动是"一场有声漫画展"，学生需要小组合作，充分发挥想象力和创造力，将信息技术、美术等跨学科知识整合到英语学习中，构思故事情节、绘制漫画、设计编写说明文字和对白，添加音效并配音，创作一则有声漫画参加班级有声漫画展；在观看各小组的有声漫画后，根据评价标准进行"最佳漫画"投票，学会评价和表达自己的观点。在明确这个单元主题大任务之前，教师引导学生制订了评价标准，在标准中对听说活动展示的内容要点和所用的目标语言知识都有规定，如在语篇内容方面要求有声漫画中包含 warnings, speech bubbles, thought bubbles, captions, sound words 这些要点，在语言知识方面要求学生恰当使用被动语态的现在完成时和含有情态动词的被动语态，而这两个语法知识点是八年级下册第三、四单元的重点语言知识目标。在评价中体现语言知识目标，能够引导学生有意识地运用，发挥以评促学的作用。

三、单元整体视角下听说教学实践

以下以七年级上册 Unit 4 Seasons 为例，阐述单元整体视角下听说教学实践。

（一）单元整体设计概述

1. 基于教材与学情，提炼单元学习主题

本单元主要内容包括：读——关于四季的精读短文一篇，关于中国气候的泛读短文一篇；听——听关于堪培拉四季气候的短文完成表格；语法——描写气候的形容词使用，以及句型 It is + *adj.* + to do；说——谈论我最喜欢的季节；写——以"My favourite season"为题写短文。广州是一个移民城市，经调查本班学生来自我国 8 个不同省份的 20 多个不同城市。基于此，教师设计单

元主题大任务为 Welcome to my home town，学生通过与父母长辈交流或者上网搜索，了解祖籍家乡的四季并用英语多角度介绍祖籍家乡的四季，有利于学生增进了解，增加见识，激发他们热爱家乡的感情。

2. 整合教学内容，建构单元整体教学思路

学生在为家乡四季美景代言的活动中，除了介绍气候、景观、人们的活动之外，还要介绍著名景点以及与季节相关的典型节日习俗以展示家乡特色。教材的阅读篇章没有涉及太多文化习俗方面的内容，不能为学生最后的综合性输出活动提供足够支撑，因此，教师增补了介绍哈尔滨、广州、英国、泰国四个地方季节的四个语篇作为拓展阅读，这四个地方的季节各有特色，具有丰富的与季节相关的文化习俗，有利于激发学生阅读兴趣、拓宽学生文化视野，引导学生在介绍家乡的四季时有意识地去挖掘家乡与季节相关的典型节日或文化习俗，也能为接下来的写作和综合展示活动提供丰富的话题词汇、句型和语篇结构支撑。

教师基于单元主题大任务对单元教学内容进行梳理，整体规划课时、课型及各课时学习内容，确定单元整体教学思路（图 28）。

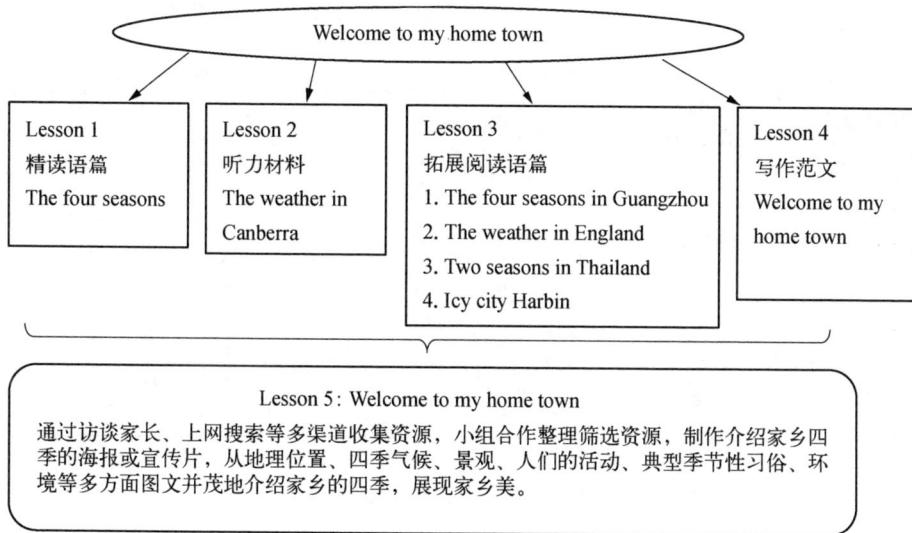

图 28 七年级上册 Unit 4 Seasons 单元整体教学思路

（二）单元整体视角下听说活动的设计与实施

在单元综合展示活动中，学生要从地理位置、四季气候、景观、人们的活动、典型季节性习俗、环境等多角度介绍家乡，口头输出一个内容丰富，篇幅较长的文本，这是单元总目标。教师将这个目标有机分解到各个分课时，依托各分课时的学习材料，灵活设计听说活动，为学生搭支架、做铺垫，逐步引导学生从能描述一般性季节特征、气候、活动到能从位置、气候、活动、节日、习俗多角度介绍家乡，表达自己对家乡四季的喜爱；各课时听所活动围绕主题，主题意义逐步深入，从一般性的四季气候与活动，到自己喜欢的季节与活动，再到与季节相关的文化习俗；输出的语篇内容逐步丰富，篇章逐步增长，最终达成单元总目标。表 21 展示了单元听说活动的整体设计思路。

表 21　七年级上册 Unit 4 Seasons 单元听说活动整体设计思路

课　时	学习内容	听说活动	目　标
第一课时：精读课	The four seasons	复述课文	能描述四季气候及活动
第二课时：听说课	The weather in Canberra	1. 听取信息 2. 小组调查：What's your favourite season?	能描述最喜欢的季节及原因（气候、活动）
第三课时：拓展阅读课	Seasons in Guangzhou, Harbin, England, Thailand	Read the reports and discuss	理解各地与季节相关的节日和习俗及其意义
第四课时：写作课	学生习作	讨论：Share some interesting culture and customs in your home town	能描述家乡与季节相关的节日和习俗
第五课时：综合展示课	学生制作的短视频或海报	图文并茂，多角度介绍家乡	能从位置、气候、活动、节日、习俗等多角度介绍家乡

以下详细分析各分课时中听说活动的教学设计。

1. 精读课中的听说活动——Retell the text

在学生阅读 *The four seasons* 语篇的过程中，教师在师生问答的同时板书关键词，形成语篇主要内容的思维导图（图 29），思维导图不仅能够突出季节描述类语篇的内容要素（气候、景观和人物活动），还呈现了各要素描述常用的词汇与句型，如 warm，blow，grow，take a trip，go on a picnic 等词汇，以及 It is + *adj.* + to do 的结构等。教师充分利用这个思维导图设计了读后活动——根据思维导图复述课文。复述作为一种阅读教学后的延伸活动，不仅可以帮助学生理解课文，巩固课文中的基础语言知识，学习文本结构，还可以锻炼学生的口语表达能力。思维导图将文本内容抽象的文字转化为直观形象的"图形"，可以清晰地展现文本的语言知识和篇章结构，实现知识的可视化。这一活动将主阅读篇章的内容进行内化、加工，形成学生的输出，既能使学生巩固运用课文语言知识，为单元综合展示活动——制作海报或宣传片积累了词汇和句型素材，又能够有效提升学生根据图示和关键词自主组织语言的能力，以读促说，体现了单元视角下听说活动的融合性。在听说能力培养方面，与广州市中考听说题型的"信息转述"类似，是一种值得推广的读后活动。

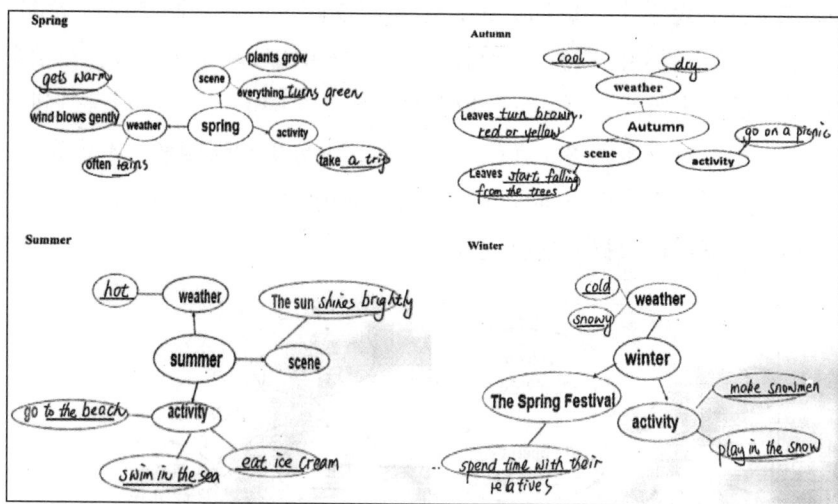

图 29　*The four seasons* 语篇思维导图

2. 听说课中的听说活动——What's your favourite season？

在听说课中，教师首先沿用了教材本身听录音填空的听力活动，学生听 *The weather in Canberra* 的录音，记录描述不同季节的关键词。接着，教师整合运用 More practice 中关于中国气候的短文 *The weather in China*，要求学生填写相关表格信息，引导他们比较中国和澳大利亚气候的不同，了解国外及中国城市的四季特点与四季活动，进而过渡到描述家乡的四季。

最后的听说活动是小组调查"What's your favourite season？"，学生在小组内分享各自的家乡在哪里，以及自己最喜欢的季节及原因。正如上文的学情分析中所提到的，如果班级学生都是广州本地学生，这个活动的趣味性及意义都不大。而"我最喜欢的季节"活动充分利用了学生来自五湖四海的学情，学生之间存在信息差，情境真实，才使调查活动有新鲜感。他们从"活动"和"气候"两个角度表达自己最喜欢的季节，如"My home town is in Changchun. My favourite season is winter because I can go skiing and make snowmen in winter." 虽然只有短短几句话，但是不同省份的不同气候与活动足以激发学生的兴趣，他们感叹中国的地大物博，也对其他学生的家乡充满好奇，想要了解更多和进一步探索。

3. 拓展阅读课中的听说活动——Read the reports and discuss

由于拓展阅读的四个语篇结构相似，难度不大，因此教师采用了 jigsaw reading 的方式，将学生分成四大组，分别阅读四个语篇，制作思维导图（图30），然后展示思维导图口头进行阅读汇报。分组阅读使学生之间存在信息沟，其他同学听看各小组阅读分享，提取信息完成学案中笔记任务，并根据听到的内容提问，由汇报小组回答，在生生互动问答中分析判断四篇文本内容。这个活动不仅训练了学生借助思维导图和关键词自我组织语言的能力，还训练了学生听取信息做笔记以及提问的听说能力。

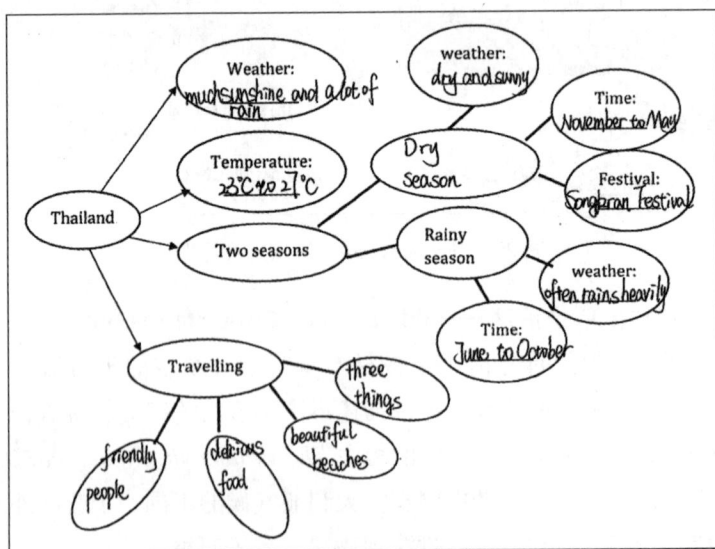

图 30　学生在拓展阅读课上制作的思维导图

分组阅读之后，教师让学生整体通读四个语篇，提出问题"Can you find
something in common in the reports?"，引导学生对比四个语篇，归纳总结四个
语篇的共性。学生们发现四个语篇除了介绍了各地的地理位置、四季气候、人
们的活动之外，都有用一个段落描写与季节相关的节日或习俗，如广州的春节
花市、哈尔滨的冰雪节、泰国的泼水节，以及英国人因为天气多变喜欢带雨伞
和喜欢用天气搭讪。接着，教师提出开放性讨论问题"Why does the writer
describe the festivals and culture in these places? What role does this paragraph
play?"。这是一个基于写作方法探究的问题，能引导学生深入理解在介绍某地
季节的语篇中，描写典型季节性活动的作用，为接下来的写作课做铺垫。

最后，教师适时地布置课后调查作业，要求学生通过询问长辈或者上网搜
索，了解自己家乡四季有哪些典型文化习俗或节日活动，以及这些活动的缘由
及内涵。

**4. 写作课的听说活动——Share some interesting culture and customs in
your home town**

篇章中的学科知识大多处于无序、不完整的状态，教师需要帮助学生对其
进行结构化处理，建构与主题情境相对应的知识体系，"意义表达"就是把零
散知识结构化，回答"如何做"的问题。本节课的任务是运用话题词汇和篇章
结构等知识，写一篇短文，介绍自己家乡的四季，这就是意义表达。通过前面
的学习，学生已经清晰了解了季节描述类语篇的五个内容要素：地理位置、气
候、景观、活动和典型节日或习俗，以及一些常用的词汇句型。写作前，教师
先让学生口头分享上一节课的调查作业，着重引导学生思考如何写好"典型
节日或习俗"这个内容要素，以下列举三名学生的分享。

Student 1：I come from Harbin. It's in the northeast of China. We have Ice and
Snow Festival in January. There are many activities, such as ice sculpture show,
skiing and winter swimming. Children often play with ice lanterns and fireworks. My
favourite activity is making snowmen in winter.

Student 2：I'm from Hangzhou. It's in Zhejiang Province. One of the customs in
my home town is the Dragon Boat Festival in the summer. People take part in dragon
boat races, eat sticky rice dumplings and drink wine to drive away bad luck. It's a
fun and festive event.

Student 3：I'm from Guilin, a beautiful city in Guangxi. One of the customs in my home town is the Spring Outing Festival in March. It's time for people to go on outings, have picnics and enjoy the blooming flowers.

本节写作课是实现单元主题任务最重要的课型，学生的作文将是综合展示活动作品海报或者短视频的脚本。义务教育英语课程体现工具性和人文性的统一，课程标准要求教师将社会主义先进文化、革命文化、中华优秀传统文化等有机融入课程，增强课程思想性，帮助学生树立国际视野，涵养家国情怀，坚定文化自信。在介绍家乡的作文中融入与季节相关的典型节日或习俗有助于落实学科人文教育，这也是写作的重难点。教师在倾听学生"家乡典型节日或习俗"分享的过程中，引导学生注重挖掘节日蕴含的情感意义和文化意义，学会用英语讲好家乡故事，如"People celebrate Ice and Snow Festival to show their love for the snow.""The Dragon Boat Festival is held to remember the poet Qu Yuan.""People go out in March to show their love for spring."等，进一步引导学生深入理解单元主题意义。

5. 综合展示课中的听说活动——Welcome to my home town

在单元综合展示活动中，学生展示小组合作制作的海报或短视频，图文并茂地介绍自己家乡的四季风光和特色活动，在口头展示中灵活运用目标语言知识，抒发对家乡的热爱。其他同学倾听、观赏各小组的作品，按照评价表（表22）的标准从内容、制作、展示者的语言、语音语调、小组合作等多个角度进行评价。值得关注的是，教师利用评价标准引导学生运用目标语言知识描写人们的活动以及用形容词描述心情，如 get + *adj*., blow, take a trip, turn + *adj*., last for, from ... to ..., spend ... in, It is + *adj*. + to do 等。

表22 单元综合展示活动评价标准

评价内容	具 体 要 求
内容和语言	1. 内容丰富（地理位置、气候、景物和人们的活动四个方面，结合家乡习俗或典型节日，环境变化和个人情感）（20分） 2. 语言准确，用词用句丰富，使用目标语言 get warm, blow, take a trip, turn green, from ... to ..., the weather is ..., spend ... in, It is + *adj*. + to do, 以及描述天气和心情的形容词（20分）
制作与展示	1. 宣传作品选材合适，布局合理，图文并茂，形式多样，有创意（20分） 2. 小组配合好，参与度高（10分）

综合展示课上，展示的是学生听、说、读、写、看综合语言运用能力，以及信息技术、美术等跨学科知识运用能力和创新思维能力，听说能力的培养融合在综合展示活动之中。从听说能力培养的角度看，本节课学生能够综合前几节课的片段性听说内容，在新情境下口头输出一个结构完整、内容丰富、观点新颖的语篇，从多角度展示家乡之美；也能够结合评价标准，欣赏和评价各组同学的作品，达到对知识的迁移和创新运用。

四、结语

听说能力是学生用英语进行沟通交际的外显能力，随着技术的发展，听说能力评价的方式不断改进，听说在英语学科综合评价中的比重逐渐增大，传统的"哑巴英语"一去不复返，听说能力也直接影响学生学习的积极性。教师要重视对学生听说能力的培养，要认识到听说能力的培养不仅仅是在听说课中，而是在单元的每一节课中，只要用好学习材料，善于创设情境，每一节课都是学生提升听说能力的好机会。

在深度学习单元整体教学中，教师要以主题为引领规划单元各个课时的学习内容，保证课时之间的关联性和递进性；遵循技能融合的原则设计各个课时的学习活动，如读说结合、听说结合、说写结合，保证学生在每一节课都有开展语言实践的机会，在大量的、反复运用目标语言知识进行语言实践的活动中，逐步成为想说、敢说、能说英语的学习者。

第三节 语法课——两种模式的
单元语法教学探索

对于单元语法知识的教学，研究团队在探索过程中是走过弯路的。在深度学习单元教学研究初期，项目组可供学习的初中英语单元整体教学案例中没有语法课，语法学习渗透在单元各种课型中，研究团队的案例基本上都是模仿这种做法，对此一线教师存在困惑。后来，在深度学习项目专家、北京市海淀区英语教研员孙铁玲老师的指导下，团队普遍达成共识：深度学习单元整体教学并非排斥语法教学，而是提倡在语境活动中发现、体验和运用语法，倡导将语法的学习自然融入词汇、听说、阅读、写作等不同课型中。一个单元的语法需不需要单列出来授课，可以视语法对于学生的难易程度具体对待，由此开展两种模式的单元语法教学实践探索。

一、语法教学存在的问题

语言学家克拉申认为，学习是有意识地掌握外语的语法规则过程。在英语教学中，由于学生缺乏从小耳濡目染的语境，仍然需要借助语法规则来帮助他们进行外语学习。语法知识是建构语言知识的基础，在语言运用中，语法参与传递语篇的基本意义。学生对语法知识的理解正确与否直接影响他们的听力和阅读能力，语法知识使用的正确与否决定了学生的语言表达能力。因此语法教学一直是英语教学中一个重要内容。掌握一定的语法知识有利于学生较好地发展语言能力、文化意识、思维品质和学习能力。如何认识语法知识在学科核心素养中的地位与功能，如何设计符合核心素养发展的语法教学活动，是英语教育界面临的重要课题。

广大一线英语教师虽然重视语法教学，但是目前初中英语语法教学效果并不尽如人意。教师反映语法课难上，很难调动学生的学习积极性；学生反映语法课难学，课堂枯燥无味。在大量的课堂观察中，笔者认为造成语法课效率低的原因可以概括为三点：（1）强调语法形式，缺乏情境运用。语法课以刷题操练为主，脱离了语法情境，不能帮助学生将语法的形式和意义建立联系；

（2）课堂以演绎式、灌输式传授为主，学生缺乏对语法规律的自主探究；（3）语法教学碎片化，与实际运用脱节，教师仅在语法课中教授语法，不能依托单元其他课型引导感知和运用语法，缺乏对语法知识的学用结合和复现巩固。

高中课标倡导以语言运用为导向的"形式—意义—使用"三维动态语法观，并提出要围绕主题引领的学习活动进行单元整体设计。英语学科单元整体教学是基于主题意义探究的教学，优点在于单元各课时基于单元总目标整体规划，课时之间具有整体性、关联性和递进性，共同促进单元主题意义的探究。在多年的单元整体教学实践研究中，研究团队遵循单元整体设计的理念，通过单元整体设计引导学生学习语言知识和培养语言技能，包括语法知识的学习，总结归纳出单元教学视角下的初中英语语法教学的基本特征，探索出单元整体视角下的两种不同的语法教学模式。

二、单元整体视角下语法教学的基本特征

1. 融合性

语法教学不仅仅体现在语法课中。教师需要把语法知识的感知、学习和运用有机规划到单元单课时中，有意识地把语法知识教学融合进单元每一个课时中，依托各个课时的学习材料所创设的情境，自然融入词汇、听说、阅读及写作等不同课型中。而教材基于主题意义探究，统筹安排语篇内容和语言知识（包括语法知识）的编写原则，使教师在单元不同课型中都能发现语法的"影子"，因而在不同的课型中创设情境，开展语法知识的教学不是难事。不过，教师要分清主次，即把握好每一节课的学习目标，掌握好语法学习在各个课型中融合学习的"度"。

2. 递进性

与传统的利用单课时集中学习语法知识的模式相比，单元整体视角下语法知识的学习与运用从单元精读课到最后的综合展示课，是呈螺旋上升和循序渐进的，这是基于单元整体视角下语法学习的优势所在。学生在精读课中初步感知语法的使用场景和基本形式，在听说课创设的情境中尝试口头模仿运用，在语法课中学习语法结构和规律，在写作课中进行书面实践运用，在综合展示课中综合输出，实现对语法知识的创新与迁移。整个单元学习过程中，学生在多个课时中反复学习与巩固运用语法知识，对语法的理解和运用能力得到动态的、螺旋式的上升，最终能在真实复杂的情境中运用语法，而不是只掌握一些

零碎的规则。

3. 实践性

情境是核心素养的栖息地，也是问题解决的生发点。情境对有效的语法教学具有重要的意义，教师教授语法时应包括语言形式、意义及与之相关联的社会因素和语篇语境等，为学生提供含有大量目标语言结构的真实语言素材，引导学生关注语言的形式以及所使用的交际语境，理解其意义和功能。因此，语法教学要从情境中来，到情境中去。不论是语法学习的感知阶段，还是运用阶段，语法的学习都离不开情境。教师要在单元教学中，依托各个课时的语篇内容，结合学生的生活与学习实际，灵活创设情境，引导学生在关联的、递进的、多样性的语言实践活动中，感知体验语法的运用情境，探索语法的运用规律，最终习得并能够在新情境下得体地运用语法知识。

单元整体视角下的语法教学要以单元主题为主线，以情境为载体，以活动为依托，遵循以上三个特征。在单元教学实践中，团队研究出两种不同的语法教学模式——语法单独成课和语法不单独成课。一个单元的语法需不需要单独列出来授课，需要视语法对于学生的难易程度以及语法点在其他课型中融入的难易度来具体对待。下面呈现两个案例，分别从语法单独成课和语法教学融入其他课型两个角度，谈谈深度学习单元视角下语法教学的策略和方法。

三、语法教学单独成课案例

以下以八年级上册 Unit 4 Inventions 的语法课为例，阐述单元整体视角下语法单独成课的设计与实施。

（一）语法单独成课的原因

语法是否单独成课，依据语法对于学生的重要性和难易度。本单元的话题是 Inventions，单元语法是形容词和副词比较级、最高级的用法，包括 good，bad 和 far 等不规则形容词比较级和最高级的用法，以及比较句型（not）as ... as 的用法。该目标语法属于初中阶段重要的语法内容，在小学阶段学生已经了解基本概念和最基础的一些用法，但相关语法规则比较多，学生常常容易在语法的结构上犯错误。在语法的迁移运用方面，大多数学生还不能主动地在合适的情境中使用。该语法在学生的口头和书面表达中使用频率较高，学生需要理解使用场景，熟练掌握句型结构和单词形式的变化，在合适的情境下得体而准确地使用该语法，达到"形式—意义—使用"的统一。

（二）单元整体视角下语法课的设计与实施

1. 依据语法的使用情境，整合教学内容

本单元主要内容包括：阅读——介绍三项伟大发明的科普说明文和发明圆珠笔的故事；听力——四则"有趣发明"的广告；口语——谈论一项日常发明；语法——学习形容词 good, bad 和 far 的比较级和最高级，以及同级比较结构（not）as ... as；写作——介绍自己的新发明。整个单元围绕着发明这个话题展开，但教材语法课的学习材料情境较零散，与单元主题情境关联性不强，Grammar 板块素材 A1 以表格形式呈现了班级里几位同学的学科成绩报告，要求学生用比较级、最高级进行比较；素材 A2 呈现了一张地图，要求学生就距离远近进行同伴问答；素材 B1、B2 分别在比较微波炉价格和家庭垃圾量的情境中操练（not）as ... as 和（not）as many/much ... as 句型。

语篇为语言学习提供内容载体和使用情境，并以其特有的内在逻辑、文体特征和语言形式，组织和呈现信息，服务于主题意义的表达。教师应精选或改编涵盖目标语法的有意义的主题文本，引导学生在理解文本的同时感知目标语法，同时，帮助学生在情境活动中理解和运用目标语法。为了使语法课融入到单元整体教学主题情境中，教师以最具实用价值的发明之一"手机"为话题，创设了"手机的发展史"这一话题情境，用一则手机演变的英文广告视频引入（视频文本见附录），展示了从老款手机到新款智能手机，不同时代手机的发展变化，为学生提供了一个熟悉又新奇的真实情境，引导学生从体积、重量、功能等多方面比较多款手机，运用比较级、最高级和（not）as ... as 进行听、说、读、写活动，在真实的情境下运用形容词与副词的比较级与最高级，同时，引导他们辩证看待手机等时下热门发明的"负面影响"，在实践运用语法知识的同时，深入探究单元主题意义，在情境交流中促进思维品质与学习能力的同步发展。

2. 基于主题意义的探究，创设统一语境

课程标准指出，教师要重视在语境中呈现新的语法知识，指导学生在语境中观察和归纳所学语法的使用场合、表达形式、基本意义、使用规则和语用功能。教师要根据学生的实际需求，选择和设计既有层次又强调整合的不同类型的练习和活动，巩固所学语法知识，引导学生在语境中学会运用语法知识准确

地理解他人和得体地表达自己。深度学习单元教学是基于主题意义探究的教学，基于深度学习的语法教学应该以主题语境为统领，以主题语篇为依托，引导学生在情境活动中感知、理解和运用目标语法。

本单元属于"人与社会"范畴下的"科学与技术"主题群，涉及"人类发明与创新""对世界、国家、人民和社会进步有突出贡献的人物"等子主题内容。单元学习材料围绕中外有用的"发明"开展，让学生感受到发明魅力的同时，也激发了学生的自主创新意识。对八年级学生而言，他们极具好奇心，接受新鲜事物的能力较强，对于"用创造发明解决生活中的难题"这一话题颇具兴趣，能够理解"发明源自生活，发明是为了使生活更美好"的理念。基于教材和学情分析，教师设置本单元的主题大任务为一场创新发明大赛，即学生小组合作构想一项小发明，并借助模型、海报、视频等方式用英语介绍自己的发明设想，引导学生把单元学习内容与学习生活需求相结合，积极利用创新设想解决学习和生活中的问题，树立"用科技解决人类难题"的伟大志向。在主题大任务的引领下，教师依据各课时的学习内容，梳理出"了解不同的发明→认识发明的意义→认识伟大发明家→我的发明创想"这一主题探究线，将语法课"手机的演变史"融入到子主题"了解不同的发明"中，引导学生从"历史上的重大发明""不断演变的发明""生活中的有趣发明"三个角度学会从发明的背景、功能、意义等角度介绍发明，并恰当运用形容词或副词的比较级和最高级描写发明的功能和作用，使学生在情境统一的学习活动中逐步深入地学习语言知识（包括语法），探究主题意义。

3. 基于三维语法学习观，开展语法学习活动

高中课标倡导以语言运用为导向的"形式—意义—使用"三维动态语法观，提倡在语境中呈现新的语法知识，在语境中指导学生观察所学语法项目的使用场合、表达形式、基本意义及语用功能，并通过课内外和信息化环境下的练习和活动，帮助学生巩固所学语法知识，在语境中帮助学生学会运用语法知识理解和表达意义，引导学生不断加强准确、恰当、得体地使用语言的意识。在本节单独成课的语法课中，教师基于三维动态语法观设计了一系列符合学生认知规律，形式多样、层层递进的语法学习活动，引导学生在多种情境下正确运用语法结构表达意义，实现从知识到能力和素养的转化。

［活动一］在多模态语篇中感知语法形式

与纯文字模态的语篇相比，多模态语篇在创设主题语境、传递文化内涵、

激发学生兴趣等方面更加生动有效。多模态语篇可以分为文字、音频、视频等模态，语篇类型包括歌曲、图片、视频等。教师自主制作了手机发展史广告视频（视频文本见附录）引入话题，广告中包含大量形容词、副词的比较级和最高级，为学生提供了一个新鲜有趣又贴近生活的真实情境。

在观看视频前，教师提出问题"What changes have taken place in mobile phones?"，视频结束后，学生就手机的外观和用途运用比较级进行回答。

Its size is getting smaller.

Its screen is becoming larger/bigger.

Its weight is becoming lighter.

It has more useful functions than before, and makes our lives easier.

利用手机广告视频引入话题，既能激发学生的学习兴趣，又巧妙地利用多模态语篇形式呈现了阅读文本，使学生在语篇情境中感知语法的意义和关注语法的形式，体现了语法学习的实践性。教师在与学生的对话中，自然地呈现目标语法，进而引导学生观察语言现象，总结语法规律，对学生已知的形容词比较级和最高级语法知识进行了复习，为接下来学习本节课重点形容词 good，bad 和 far 的不规则比较级和最高级变化，以及同级比较结构（not）as ... as 打下基础。

［活动二］在语言实践活动中理解语法意义

为了使学生有效地巩固目标语法知识，促使语言知识向能力转化，教师应基于主题语境设计有意义的训练活动。以广告视频的文本作为阅读材料，教师设计了三轮层层递进的竞赛活动，引导学生从体积、重量、功能等多方面对不同时代的手机进行比较，运用比较级、最高级和（not）as ... as 结构开展听说交流。

在第一轮竞赛活动中，教师指导学生阅读广告视频文本前三段，对比 Phone A（the first mobile phone）和 Phone B（the first camera phone）的相关信息，鼓励学生运用形容词的比较级和最高级对手机的大小、体积、重量、厚度多方面特征进行比较。在句型 Phone A is _____ among all the phones. 和 Phone A is much _____ than Phone B. 两个句型的引导下，学生能够说出 the longest, the widest, the thickest, the heaviest, longer, wider, thicker, heavier 等目标词汇。

在第二轮竞赛活动中，教师带领学生观察恐龙、大象和小鸡等动物的图片，学习运用新句型（not）as ... as 造句，如 "Some dinosaurs were as small as chickens. / Others were as big as ten elephants. / An elephant was not so big as a dinosaur." 等，在理解形容词原级的意义和形式后，学生很快总结归纳出 （not）as ... as 的语法规则。随后，教师要求学生阅读第四、五段，模仿此句型对第一台苹果手机 Phone C 和第一台 4G 智能手机 Phone D 进行比较，如：Phone C is not as long/wide/heavy as Phone D. However, it is as thick as Phone D.

在第三轮竞赛活动中，学生继续阅读 "手机的发展史" 最后一段，这段介绍了一款具有划时代意义的最新款手机 Phone E。教师设计了半开放性的填空练习，引导学生运用目标语法 good, bad, far 这三个形容词比较级和最高级将不同时代的手机进行比较。

（1）Phone C was good, but Phone D was even _____ . It is no doubt that Phone E is_____ . （good）

（2）The battery life of Phone C is _____ than Phone E. But the battery life of Phone A is _____ among them. （bad）

（3）Mobile phones have helped humans achieve _____ distance communication, and Phone E has gone even _____ by breaking the constraints of time and space, enabling communication through satellites over _____ distances. （far）

语法的学习不能脱离语境和语篇。学生在 "不断演变的发明" 这个主题语境下，通过视、听、读 "手机的变迁史" 这个语篇，完成一系列关联的、递进的语法竞赛活动，探究、感悟、运用和内化语法知识。

［活动三］在新情境下迁移运用语法

目标语法使用的教学环节是学生在新情境下运用目标语法项目，恰当、准确、得体地表达意义，将能力提升为素养的过程。在综合语言输出环节中，教师可以选择学生感兴趣的话题，设置与学生实际生活相结合的综合语言输出任务，指导学生采用合作、探究的方式，在新情境下运用目标语法项目，准确地表达意义，表达个人观点和情感态度，实现能力到素养的转化。

在本课的综合运用阶段，教师创设了 "为老师选手机" 的新情境，要求学生从三部最新款的手机中为喜欢户外活动和拍照的老师选购一款手机并说明理由。活动能切实引导学生在真实有趣的活动情境中运用比较级和最高级解决具体问题。教师到位的示范引导，使学生们乐于参与，主动探究，观点新颖，体现了思维的多样性和创新性。以下摘录部分学生观点："Phone C is the best because you can fold it when you do outdoor activities, and it is convenient for you to carry around. ""Phone A is the best because it has got the largest screen. It can provide you with a better view than the others. ""I think you should choose Phone B because you will like the lightest one when you enjoy outdoor activities. "

最后，教师让学生基于手机发展史广告视频的最后一段开展讨论。学生通过思考和讨论发言，学会辩证看待科技发明的利和弊，发展了批判性思维能力，渗透了学科育人。

需注意的是，在语法单独成课的单元整体教学中，也并不是语法学习仅在语法课上就可以完成，教师仍需要借助其他课型的学习材料和情境，在口头、书面活动中有机渗透语法知识的学习。例如，在本单元第三课时听说课中，学生听"四则有趣发明"的广告，捕捉和记录材料、特色、外形、用途等关键信息，听后用口头形式来描述和比较四种发明，在口头语言实践活动中运用了形容词的不规则比较级和最高级以及比较句型（not）as ... as。在第五课时写作课"介绍我的小发明"和第六课时综合展示课"创新发明大赛"中，学生借助模型、海报、视频等方式介绍自己的发明，教师都将"恰当运用形容词比较级和最高级"列入评价标准中，引导学生在多样化的语言实践活动中反复运用目标语言知识，从模仿性的巩固运用到在新情境下的迁移创新。

四、语法教学融入型案例

以下以八年级上册 Unit 5 Educational exchanges 的语法知识点——现在完成时的教学为例，阐述在没有单独的语法课的情况下，如何依托单元各个课型有机融合语法教学。

（一）语法教学与其他课型融合的原因

本单元对应八年级上册 Module 3 Culture and history 中 culture 部分，本模块通过教育交换生的视角和中外古代故事反映中西文化的差异，本单元的话题是"教育交流"，语法目标是能够正确使用现在完成时来描述已经做过的和还没做过的事情。教材语篇内容围绕"教育交流"话题，以 Sarah 和 Eric 的游学经历展开，包括精读语篇 *An exchange visit is educational and interesting*，听力语篇 *Going on an educational exchange*，口语对话 "What have you done in

Beijing?", 语法课以 Sarah 和 Eric 的游学活动操练语法，以 Eric 的家书为情境运用语法，情境与主题高度一致，拓展阅读海报 *Take part in our educational exchange*，写作材料 My experiences of educational exchanges 和补充学习材料出国游学申请表，各个课时语篇都包含了丰富的现在完成时。

本单元语法学习目标是掌握现在完成时的最基本用法，即掌握动词的语法结构 have/has done，以及在含有 already，yet，ever，never 等标志词的语境中运用现在完成时。对于学生来说，这个结构不难掌握。教学的关键在于使学生能够深入理解现在完成时的使用语境，并在新的语境下运用现在完成时表达意义，实现语法知识的内化。教材语法课的两段学习材料与主题情境高度一致，完全可以融合进精读课和听说课中。教师基于对各课时主题及语篇内容的梳理，找出语篇之间的关联，提炼出语言和意义的主线，尝试将语法学习自然融入词汇、听说、阅读、写作等不同课型中。

（二）融入型语法教学的设计策略

1. 提炼单元主题

课程标准指出，学生对主题意义的探究应是学生学习语言的最重要内容，直接影响学生理解语篇的难度、思维发展的水平和语言学习的成效。在主题的引领下，教师和学生更关注的是内容和意义，更重视语言的实践运用，而不是语言知识的学习。学生在主题意义的探究中，感知和发现，总结和运用，他们的语言知识、语言技能、学习策略甚至是文化意识、价值取向等都能得到综合发展。

经调查，教师发现班上仅有个别学生有出国旅游的经验，没有学生有出国参与教育交流或文化体验的经历，但青少年对外面的世界充满好奇和探索心理，对中西文化的差异很感兴趣，对于出国参加教育交流活动充满向往。基于单元内容及学情分析，教师把教育交流中的文化冲击作为重点，引导学生通过在教育交流项目中的见闻，学习东西方国家的文化差异及应对方法，培养跨文化沟通能力。由于学生缺乏真实参与教育交流的实践经验，教师将主题大任务设置为 Let's apply for an educational exchange（参加一场模拟出国游学答辩会），这一主题把单元学习内容与学生实际状况相结合，引导学生通过学习，了解参加教育交流项目的活动内容、目的意义和可能遇到的文化差异及应对策略，产生对教育交流项目的兴趣，培养跨文化意识，并具备填写教育交流项目申请表，在出国游学答辩会中用英语进行自我介绍和答辩的能力，主题活动具有挑战性和新鲜感，弥补学生实践经验缺乏的不足，能够激发学生深度参与，指向学生未来发展需求。

2. 整合单元内容

教材语篇有丰富的关于国外学生体验中国文化的内容，如筷子、太极、书法等，却没有中国学生体验国外文化差异的内容。基于主题大任务的需求，教师增补了两个拓展阅读篇章，分别是中国学生在澳大利亚和印度游学的见闻经历，补充关于东西方文化冲击的内容，并以这两个游学篇章为蓝本，仿照教材More practice 的教育交流项目海报进行改编，制作澳大利亚与印度教育交流项目海报，在单元综合展示课中作为出国游学答辩会的引入。教师把教材内容重新整合划分为阅读、听说、写作和综合展示课，语法依托情境载体融入其他课型中，不单独成课（表23）。

表23　八年级上册 Unit 5 Educational exchanges 单元教学内容的整合

整　合　前		整　合　后
Reading	英国学生在中国游学的语篇	精读课（第一课时）
Listening	中国学生去英国游学前准备的听力语篇	听说课（第二课时）统一语境，整合听说材料
Speaking	中国学生在英国游学的对话	
Grammar	现在完成时	语法不单独成课，融合在精读、拓展阅读、听说、写作之中
		拓展阅读课（第三课时）增加主题拓展阅读两篇，分别介绍澳大利亚与印度游学经历，引导学生了解更多东西方文化冲击的知识
Writing	中国学生在英国游学的报告	写作课（第四课时）改编课本写作任务为半开放写作，增加对英国的文化差异的描写
More practice & Study skills	出国游学的项目海报；填写申请表	单元综合展示（第五课时）改编游学广告两篇，将 Study skills 和 Culture corner 融合进单元综合展示活动中
Culture corner	文化冲击现象及应对	

3. 制订单元整体规划

确定单元主题和单元学习内容后，教师以单元综合性大任务为驱动，利用逆向设计法，为学生完成综合性大任务搭建支架，整体规划各个分课时的目标、内容和活动，并在单元整体规划中融入语法教学，遵循语法知识学习的基本规律，依据各课时的学习材料，设计学习活动，渗透语法知识的学习，把目标语法知识的学习有机融入到阅读、听说、写作和综合实践等不同课型中（表24）。

表24　八年级上册 Unit 5 Educational exchanges 单元整体规划下的语法学习设计

课　时	主题情境	学习内容	语法学习目标	语法学习活动
第一课时 Intensive reading （精读课）	Eric 和 Sarah 在中国的游学经历	课本主阅读语篇：An exchange visit is educational and interesting!	在主阅读语篇中初步感知现在完成时的构成及使用语境	1. Miss Wilson's report 2. An interview with Eric and Sarah
第二课时 Listening & Speaking （听说课）	中国学生准备赴英国学习	课本听力材料：Going on an educational exchange	在语境中感悟和运用现在完成时	1. 角色扮演对话 2. Do a report: My trip in London
第三课时 Extensive reading （拓展阅读课）	中国学生海外游学日记	拓展阅读两篇：Tim 和 Mandy 的澳大利亚和印度的游学日记	在语篇情境下运用现在完成时表达个人经历	利用思维导图口头汇报澳大利亚或印度的游学经历
第四课时 Writing（写作课）	我的游学报告	课本改编后的写作任务：Alice 在英国游学的报告	从 views，activities，culture shock 等方面完成 Report of my educational exchange	运用现在完成时完成写作任务
第五课时 Project （综合展示课）	模拟出国游学答辩会	1. 自主创编欧亚教育交流机构的两个项目广告 2. 出国游学项目申请表	使用现在完成时对教育交流期间的经历和相关文化体验进行提问或者回答	填写出国游学申请表，参加模拟答辩会

由上表可见，在精读课和听说课中，学生依托语篇情境开展读、听、说活动，感知现在完成时的使用情境，并基于语篇内容做报告、采访，操练现在完成时；在拓展阅读课、写作课中，学生能够从教材到自身，从口头到书面，运

用现在完成时表达个人经历；在综合实践课中，学生能够在真实情境下，灵活恰当地运用现在完成时解决问题，就个人的游学经历和文化体验进行提问和答辩，达到知识的迁移创新。学生在递进性、融合性的语法学习活动中反复体验、感悟、运用和内化目标语法，体现了单元整体视角下语言知识学习的整体关联和螺旋上升。

（三）融入型语法活动的实施及效果

课程标准的语法知识三级目标要求学生"在口语和书面语篇中理解、体会所学语法的形式和表意功能"。上述单元整体规划下的语法学习活动的设计，正是基于课程标准对语法教学的要求，引导学生在"用英语做事情"的任务型活动中，由易到难，层层递进地学习语法知识，使学生在大量语言实践活动中，逐渐内化语法规则为语言运用的习惯，形成用语法知识表达意义的能力。下面具体谈谈部分课型中语法活动的实施及效果。

［活动一］利用精读语篇感知语境

在教材主阅读语篇 An exchange visit is educational and interesting! 的教学过程中，教师带领学生分析辨别语篇的体裁（记叙文），并围绕记叙文文体的六要素"5W+1H"，对课文内容进行提问（读中问题链）。

（1）Who are on this educational exchange?

（2）When does this exchange visit happen?

（3）Where do the British students study now?

（4）What have the students done during their visit?

（5）How do Eric and Sarah feel about the visit?

（6）Why is it called an exchange visit?

其间教师结合问题 4 引导学生在回答中渗透现在完成时语法，带领学生感知现在完成时强调的是"到目前为止已经做了的事情"，并引导他们关注现在完成时中动词的基本变化。

读后活动 Miss Wilson's report 和 An interview with Eric and Sarah 引导学生用多样化的形式复述课文，在巩固课文内容的同时，学生模仿使用了现在完成时，如在教育交流活动报告中，学生以 Miss Wilson 口吻用现在完成时做报告："Our students enjoyed their studies at the school. They have learnt a lot about Chinese culture and history. They have learnt to use chopsticks. They have also learnt a bit of t'ai chi. Besides, the Chinese teachers have introduced them to Chinese painting as well." 在访谈活动中，学生扮演 Eric 和 Sarah，描述自己的教育交流经历："I have experienced a lot and have already learnt a lot from this educational exchange. I'm glad to be a guest in my host family. I have learnt to use chopsticks. I have also toured around Beijing and visited places of interest with my host family. It has been a fantastic experience."

［活动二］在听说课中操练语法

教师整合教材 Speak up 与听力部分为听说课。学生听中国学生赴英国文化交流前师生活动准备的对话，运用听前预测、捕捉关键信息、速记等听力技巧，完成听力学习理解型任务。随后，教师创设情境：假如你是 Alice，和同学说一说你在伦敦的经历，谈一谈你对英国文化的感受与体验，并设想接下来的活动内容。教师给出以下句型作为提示："I have stayed in London for a week. I have experienced some funny things. I have ... I think ... Next week, I am going to ...", 引导学生在情境中运用现在完成时口头描述某一项所经历的具体活动。

虽然这些活动并不是学生的亲身经历，但现在完成时的结构并不复杂，再加上给定了一系列游学活动相关动词短语，学生能够在句型指引下输出一段完整的，包含现在完成时的小语篇，说明学生已经能够理解现在完成时的意义。以下节选某学生的口头汇报。

Hello, everyone. I've had a good time there. I've met my host family. They are very friendly to me. I've seen Big Ben with them. I've had classes at Woodpark School too. I've learnt a lot about British culture and history. I've taken the London Underground.

However, I haven't visited Tower Bridge. I haven't seen the London Eye, either. I've planned to visit these two famous places of interest this Sunday. I haven't gone shopping yet. However, I've decided to go shopping this afternoon. I want to buy some presents for my family and friends at home.

Thanks for your listening.

［活动三］在写作中运用语法

教材的写作任务是让学生按照给定的动词短语，运用现在完成时写一篇教育交流活动报告，教材编者给学生提供了一些可供选用的游学活动，但由于大部分初中生缺乏出国进行教育交流的实践经历，学生写出来的报告的内容较为单调。

　　在单元主题意义的引领下，教师将单元写作任务改编为从 views，activities，culture shock 等方面，运用现在完成时，完成一篇游学经历的报告（图31）。相比原写作任务，教师增加了 views 和 culture shock，引导学生关注教育交流中的文化体验。关于这两个增加的内容维度，在上一节拓展阅读课的澳大利亚和印度游学日记语篇中已为学生铺垫，学生欣赏了许多英国著名景点图片，通过课外学习，了解了一些常见西方文化习俗，如：英国人非常守时；拜访需提前预约好时间；英国的下午茶文化；炸鱼薯条、肉馅派等饮食文化；握手、问候语、礼貌用语交际礼仪等。

Writing Task：

假设你是Mandy的同学Eric，现在你将曾经去过英国交流学习的经历和她分享，请根据以下"思维导图"的提示，利用"现在完成时"句式完成你的报告。

Views	Big Ben，The London Tower，The British Museum
Activities	1. have a picnic with the host family 2. play football with British friends
Culture shock	1. British food 2. Greeting 3. ...
How to deal with the culture shock?	1. ... 2. ... 3. ...

图31　八年级上册 Unit 5 Educational exchanges 改编后的写作任务

　　在这样的写作任务下，学生的作文内容更加丰富和多样性，避免了整篇报告是现在完成时，以及作文内容千篇一律的现象，而是基于情境的需要恰当运用现在完成时。"How to deal with the culture shock？"这个部分属于开放性内容，学生们基于 culture shock 部分的内容，提出了多样化的应对方法，如：入乡随俗，主动学习和适应新文化有助于减少不适感和困惑；有针对性地提前了解英国文化，与当地人交流，保持开放心态，尝试当地的饮食和活动，以及探索英国文化的奇妙之处等，有助于更好地融入新环境。在写作课中，学生不仅能够基于情境灵活运用多种时态表达意义，如：运用现在完成时准确表达已经做过的事情，用一般现在时描述景观，用一般过去时或一般将来时表达对于文化差异采取的或者即将采取的应对方法，还体现了学生对他国文化的理解与包容意识，促进了学生对于主题意义的理解，为单元综合展示课做铺垫。

[活动四] 在综合展示课中创新运用语法

单元综合展示课为模拟出国游学答辩会，本节课有很多亮点，首先是教师模仿教材 More practice 的游学海报制作了两则"欧亚教育交流机构游学广告"用于综合展示课的引入。海报的内容分别是澳大利亚和印度游学项目介绍，复现了第四课时拓展阅读两则游学日记的部分内容，滚动复现了知识，体现了单元课时之间的学习材料的关联，这两则生动活泼的多模态阅读材料为模拟出国游学答辩会创设了更真实的情境。其次是教师将教材 Study skills 部分的英文申请表整合到本节课，作为出国游学答辩的环节之一，即学生先阅读两则广告，再选择一个国家作为游学目标，填写申请表并参加面试答辩。

在模拟答辩会上，学生扮演项目专家组和申请人开展答辩活动，申请人的语言实践活动有：（1）提交申请表，口头进行自我介绍和陈述申请理由；（2）回答专家组关于申请国家的文化冲击及应对的问题；（3）回答专家组关于中国文化推荐的问题。在专家问答环节，专家组预备了如下问题：

（1）Have you done any research about the culture in Australia/India? What do you know about it?

（2）To get over culture shock, what have you done?

（3）If an Australian/Indian student comes to your school for educational exchanges, what kind of Chinese cultural activities will you show to your exchange partner?

以下节选一段现场模拟答辩的对话：

Expert: Have you done any research about the culture in India? What do you know about it?

S: Yes. I am excited to go to India. Because I think India is quite a different country from China and I have never been to India before. It is a mysterious country to me. I have searched for some information on the Internet and also read some books to learn more about the culture. Now I know India is one of the four ancient civilizations in the world. I saw many pictures on the Internet and found their ways of living is quite different from ours.

Expert: Which is the most surprising fact that you have learnt about?

S: I have learnt that Indians have meals with their fingers directly. That's the most surprising fact for me. And the way they dress is quite different.

Expert：If an Indian student comes to your school for educational exchanges, what kind of Chinese cultural activities will you show to your exchange partner?

S：I will show them around Nansha Wetland Park and Yongqing Fang for them to experience the Chinese culture. Besides, I will introduce them to the Chinese traditional art of paper cutting and calligraphy. They will be amazed.

在语言学习过程中，教师需要创设好语言使用的情境，明确交流情境中的人物关系，由此才能确保交流者所选择的语法形式和具体词汇是正确并得体的。在面试答辩中，学生分别扮演面试专家和申请者，不仅要运用目标语法现在完成时，还要综合运用其他时态，如一般现在时、一般过去时、一般将来时等，体现了语法学习的实践性与融合性。课程标准指出，义务教育英语课程体现工具性和人文性的统一。学习和运用英语有助于学生了解不同文化，比较文化异同，汲取文化精华，逐步形成跨文化沟通与交流的意识和能力，学会客观、理性看待世界，树立国际视野，涵养家国情怀，坚定文化自信，形成正确的世界观、人生观和价值观。教师不仅在活动中引导学生学习、理解和应对他国文化差异，还巧妙地将中国文化的弘扬和传承渗透其中。在问题3中，扮演申请人角色的学生列举了很多有趣的，适合青少年学习体验的中华传统活动，如：请外国交流学生体验汉服文化，学习中国书法，体验中国民间工艺如剪纸、中国结、泥塑、风筝制作；带外国学生参观南沙湿地公园、广州塔、永庆坊等文化景点。综合展示课为学生综合语言运用创设了真实语用环境，提供了丰富的内容和语言支撑，引领学生对目标语法进行迁移创新应用，提升了学生的语言运用能力，培养了学生的创新思维能力，体现了学生良好的文化素养，使单元主题意义的探究进一步升华。

五、结语

语法学习是单元整体教学不可或缺的一部分，不论是语法单独成课还是融合在其他课型中，基于深度学习的单元整体视角下的语法教学都应以单元主题为主线，以主题大任务来驱动，以关联统一的情境为载体，将语法知识的学习有机安排在单元各分课时中。语法学习不能成为抽象枯燥的规则讲解和机械性的语法操练，教师要依托单元各个分课时的语篇情境，灵活设计具有融合性、递进性和实践性的语言学习活动，渗透语法学习，创设贴近学生生活的，有意义的语用情境，激发学生深度参与，在解决实际问题中学会使用目标语法，表达自己的观点，实现语言交际，促进学生学科核心素养的提升。当语法学习渗透到听、说、读、写等课型中时，教师在目标设定、评价制订时一定要明确它的存在，这样才能做到在内容选择和活动设计时关注和强化语法现象。

附录：手机发展史广告视频文本

The development of mobile phones

Mobile phones have come a long way in the past 30 years. They have changed a lot in shapes and functions, and today they are more than just a communication tool. Let's take a look at the development of phones.

The first mobile phone was invented by Martin Cooper in 1973. It was called the Motorola DynaTAC 8000X and weighed about 1.1 kg. It was 13 inches in length, 1.75 inches in width, and 3.5 inches in depth. Its battery only last for about 30 minutes and it took 10 hours to recharge. This phone allowed people to make calls on the go, without being tied to a landline. It opened a new era of telecommunication.

In 2001, the Sharp J-SH04 was released. It was the first camera phone. Users could take pictures and view them on the phone. It measured about 5 inches in length, 1.2 inches in width, and 0.5 inches in depth. This made it easy to carry and handle. It also supported 2G GSM technology. People can use it to make calls, send text messages, and access basic internet services.

In 2007, Apple introduced the first iPhone, iPhone 2G. It had a 3.5-inch touchscreen display. It was 4.5 inches in height, 2.4 inches in width, and 0.5 inches in depth. It weighed around 135 g. It ran on Apple's iOS operating system and had built-in applications like a web browser, email, music player, and camera. It became popular because it allowed people to do a lot of things with only a small mobile phone.

In 2010, the HTC EVO was released. It was one of the first 4G smartphones and had a large touchscreen display. The phone was about 4.8 inches in length, 2.6 inches in width, and 0.5 inches in depth. It weighed around 170 g. It ran on the Android operating system and had a powerful processor for multitasking. It had a high-quality camera, HD video recording, and supported faster internet speeds.

The Huawei Mate 60 is a flagship smartphone with impressive features and powerful functions. What people like most is its long-lasting battery, and fast charging. Its 5G network allows people to surf the internet more quickly. But the most unique feature of the Mate 60 is its ability to make satellite calls. It has a separate chip for satellite communication so that people can make calls in remote areas like deserts and mountains.

Mobile phones have come a long way since their invention. Today's mobile phones are so powerful that they can substitute a lot of things, such as letters, paper books, MP3 players and wallets. Is that really good?

第四节　拓展阅读课——有机嵌入单元整体教学的拓展阅读

在课程标准提出的六要素的英语课程内容中，语篇承载了表达主题的语言和文化知识的作用。本研究提出"基于五要素的初中英语单元整体教学模型"，在"深度学习教学实践模型"的基础上增加了"内容"要素，鼓励教师基于学生探究主题意的需要，对单元内容进行必要的整合，倡导教师开展基于主题意义探究的拓展阅读课，促进学生对主题意义的深入探究。这个内容其实就是指语篇，然而，拓展阅读语篇如何选择？拓展阅读课如何教授？一线教师存在诸多困惑。本节论述基于深度学习单元教学开展主题拓展阅读的内涵和价值，并结合具体案例阐述拓展阅读的选材策略，以及拓展阅读教学活动设计与实施的过程与策略。

一、拓展阅读教学存在的问题

高中课标提出六要素整合的英语课程内容，强调语篇是语言学习的主要载体，语言学习者主要是在真实且相对完整的语篇中接触、理解、学习和使用语言，因此语言学习不应当以孤立的单词或句子为单位，而应以语篇为单位。

基于课标要求和英语学科评价导向，许多一线教师尝试自主挑选课外语篇作为拓展阅读材料，以补充教材阅读语篇的不足。然而，当前英语拓展阅读教学中普遍存在一些问题：（1）语篇选择缺乏针对性，部分教师把话题契合作为唯一标准；（2）拓展阅读课与教材学习缺乏关联，导致拓展阅读孤立脱节，效果不佳；（3）目标定位偏差。许多教师以精读课的目标定位拓展阅读，过于关注语言知识的学习和阅读技能的培养；（4）阅读活动碎片化。教师设计大量的表层信息查找活动，导致学生缺乏对语篇内容的深度思考和知识的自主建构，难以实现对语篇知识的迁移运用。笔者在深度学习单元教学实践中发现，依托单元整体教学开展主题拓展阅读可以改变以上问题，并通过大量的课例实践厘清深度学习单元整体视角下拓展阅读教学的内涵与实施策略。

二、单元整体视角下主题拓展阅读教学的内涵

深度学习是指在教师引领下，学生围绕具有挑战性的学习主题，全身心积极参与、体验成功、获得发展的有意义的学习过程。深度学习的六个基本特征是联想与结构、活动与体验、本质与变式、迁移与应用、价值与评价、内化与交流。

深度学习倡导以"深度学习教学实践模型"为指引开展单元设计与教学实践，引导教师依据课程标准和教材内容提炼指向发展学生核心素养的单元主题，围绕主题的探究重构单元学习目标、整合教学内容、优化活动设计和开展持续性学习评价，各要素环环相扣，使学科素养具体化、可培养、可干预、可评价，从而优化教学设计，提高课堂效率，促进学生的深度学习。

高中课标提出，教师要采用丰富多样的教学方式和手段，进一步突出以主题为引领，以语篇为依托，以活动为途径的整合性教学方式。结合深度学习的特点和课程标准的要求，研究团队建构了"基于五要素的初中英语单元整体教学模型"，除了主题、目标、活动和评价外，还要关注内容，也就是教师要基于单元主题探究的需要对教材的语篇内容进行恰当的增、删、补、改，以促进学生深入探究单元主题意义和更好地达成单元目标。

深度学习单元整体视角下的主题拓展阅读教学是指基于单元主题探究的需要，选择丰富多样的语篇，采取多样化的阅读方式，开展综合性阅读活动，引导学生汲取语篇内容、拓展语言知识、提升综合技能和培养思维能力，促进学生对单元主题意义的探究和单元整体目标的达成，从而实现深度学习，落实学科核心素养的培养。

基于深度学习单元教学开展主题拓展阅读的主要意义在于能够改变拓展阅读与教材教学脱节的现状，使之成为单元整体教学的有机组成部分。拓展阅读不再是孤立的，随意增加的一个单课时，而是根据其对单元主题意义探究所起的作用，有目的地嵌入在单元整体教学中，从主题情境创设，到语言知识学习、语言技能提升、思维能力发展与情感态度升华都与前后课时保持整体性、关联性和递进性。对于教师而言，能引导他们基于单元整体教学的思路规划拓展阅读的语篇选择、课时安排、目标确定和相应的活动设计，从而提高单元整体教学效率。对于学生来说，能够引导他们整合课内外语篇知识，建构新的知识结构，并在单元综合性活动中迁移运用，从而加深对单元主题意义的理解，并在此过程中拓展语言知识、发展语言技能、提升思维品质，逐渐实现从知识

到能力，从能力到素养的发展。

三、单元整体视角下拓展阅读教学实践

以下以七年级下册 Unit 4 Save the trees 主题拓展阅读的教学设计与课堂实施为例，阐述单元整体视角下拓展阅读教学的实施过程与策略。

1. 提炼单元主题，选择针对性的拓展语篇

标题是对语篇内容的概括和凝练，而主题要为语言学习提供意义语境，并有机渗透情感、态度和价值观。因此，教师要深入研读单元内容，挖掘语篇内涵及所承载的教育价值，指向学生学科核心素养的培养提炼单元主题。

七年级下册 Unit 4 单元标题为 Save the trees，单元内容包括三个阅读语篇和一个听力语篇（表25）。随着经济发展，人与自然和谐共存的重要性越来越凸显，初一学生对"人与自然"的关系以及个体在自然中扮演的角色有一定的认识。基于教材内容和核心素养的要求，教师确定单元主题为"保护树木，保护地球"，引导学生以主人翁的态度积极了解树木减少的现状及原因，联系生活实际，多角度提出保护树木的举措，并通过制作英文公益宣传片，向社会传递"保护树木就是保护地球"的理念。

表25 七年级下册 Unit 4 Save the trees 教材语篇统计

篇　　章	内　　容	形　　式
Trees in our daily life	树木的作用	Interview
Pine trees	松树的特征、作用	Radio programme
Tree Planting Day	植树工人如何植树	Writing
The Amazon rainforest	亚马孙雨林及森林砍伐	Reading
Chinese tea	中国茶的历史	Reading

单元语篇主要关于树木的作用和亚马孙雨林现状，与学生生活联系不够紧密，涉及树木保护措施的内容较少。为了使学生在制作"树木保护公益宣传片"时有更开阔的思路和丰富的内容观点，教师选取了五个语篇作为拓展阅读材料：*Forests in danger of loss*（以下称为"语篇1"），*Can we save Earth?*

（以下称为"语篇2"），*Grow a green world*（以下称为"语篇3"），*Growing trees online*（以下称为"语篇4"），*Stop chopping trees*（以下称为"语篇5"），其中，语篇1、2的体裁为说明文，内容分别为世界森林减少的现状和原因，以及中国植树造林五项工程；另外三篇为新闻报道，语篇3关于各地植树节活动，语篇4关于在线捐款，网络植树，语篇5关于生产一次性筷子对森林的破坏。语篇体裁多样，难度适中，虽有些生词，但是不影响学生理解和提取信息。为均衡语篇长度和适应学生语言基础，教师对部分语篇做了适当改编：将语篇1的生词 restore 为 save；语篇3篇幅偏长，教师删除了植树节来历、树木的作用等内容，凸显多样化的植树活动这一主题；语篇4篇幅偏短，教师补充了捐款的操作方式，帮助学生了解如何通过绿色低碳的生活方式获取积分植树。语篇选择遵循以下原则。

（1）针对主题意义的深入

拓展阅读并非只为了增加学生的阅读量或提高语言输入，而是借此引导学生对单元主题内容进行进一步学习和思考，以实现对单元主题意义的深度探究。拓展阅读语篇要有文化内涵和育人价值，能激发学生积极的情感态度，从而深化学生对主题意义的理解。拓展语篇1、2能让学生了解世界森林砍伐的现状及中国植树造林成果，形成保护树木的意识，产生民族自豪感和社会责任感；语篇3、4、5列举人们借助科技保护树木的多样举措，有利于激发学生思考更多创新性的保护树木方法。

（2）针对主题内容的拓展

课程标准倡导教师要从深度和广度两个方面拓展主题语境的内容，在内容广度方面，拓展语篇不能只是教材的重复，而应该是对教材阅读内容的拓展和延伸，引导学生从不同层次、不同侧面了解主题内容，开阔视野、启发思维，以便在输出活动中有更丰富的内容和创新观点。制作"树木保护公益宣传片"涉及树木的重要性、减少的现状原因、保护措施等多方面内容，教师基于课本语篇内容的不足进行针对性补充，语篇1补充了世界森林面积减少的现状及原因，语篇2—5补充了国家层面和个人层面保护森林树木的多样性举措。

（3）针对语言知识的学习

在主题和内容契合的基础上，教师还应关注语篇所包含的语言知识，尽可能选择语言知识与教材有一定重合与复现的材料，引导学生在阅读中滚动巩固知识，习得更多表达主题意义所需要的词汇、语法、语篇知识，使语言学习与意义探究融为一体。在语篇知识方面，语篇 1、2 是学习说明文结构和写作方法的好范本，如：语篇 1 的第 1、2 段都是用段落主题句总起段落；语篇 2 是典型的总分结构，以第一段段末句 "Take a look at China's efforts." 总起下面的五个并列段落，五个段落都是按照年份、地域、成效展开说明，结构整齐，此外，两个语篇多次运用列数字和举例子的说明方法。在语言知识方面，拓展语篇包含了丰富的话题常用词汇短语，如 in danger of loss, play an important role, tree-planting program, be covered with, take action, live a greener life, low-carbon activities 等，学生可以在树木保护公益宣传片中使用。

2. 分析语篇内涵，规划整体性教学思路

深度学习提倡教师在对教材等教学资源进行深入解读的基础上，结合学生主体需求，搭建起一个由单元主题统领、内容相互关联、逻辑清晰完整的教学单元，将凌乱的知识点串成线，连成片、织成网，纳入系统的知识结构。语篇是促进单元主题意义探究的主要载体，教师在备课时要认真研读语篇，了解作者的编写意图，思考语篇的主题意义，探究语篇主题与育人教育的结合点。单元主题确定之后，教师要从文体、内容、语言、内涵等角度深入研读课内外语篇，明晰每一个语篇所承载的育人价值和对主题意义探究的作用，基于主题意义探究的逻辑顺序合理安排语篇组合形式和学习的顺序，梳理出一条相互关联、层层递进的单元主题探究的路线。

通过对课内外语篇主题的挖掘和意义关联的梳理，教师规划出本单元整体设计思路（图 32），在单元主题统领下，设计了三个互相关联、层层递进的子主题：认识树木的作用→了解树木现状及原因，思考保护措施→发出倡议号召。

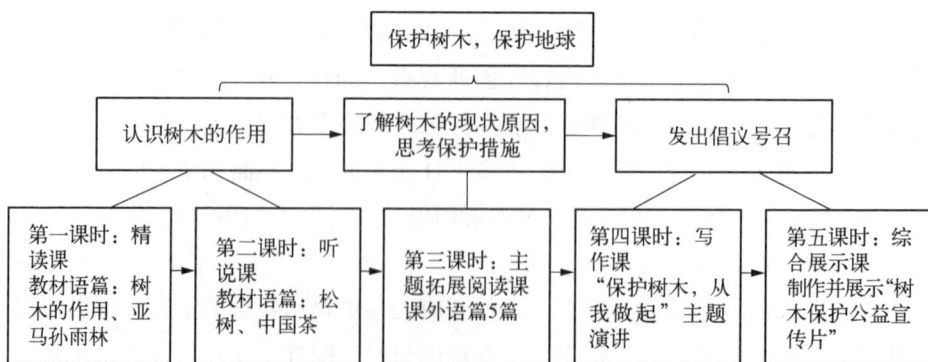

图 32　七年级下册 Unit 4 Save the trees 单元整体教学思路

从以上设计思路可以看出，课内外语篇有机安排在相应的子主题中，使学生在持续深入地探究主题意义的过程中整合建构新的知识网络，最终能够在制作与展示"树木保护公益宣传片"的综合展示活动中进行迁移运用。如：学生通过学习 *Trees in our daily lives*，*The Amazon rainforest*，*Pine trees*，*Chinese tea* 四个语篇认识到树木的重要作用，语篇 *Chinese tea* 篇幅短、内容简单，教师将其与听力语篇 *Pine trees* 一起整合在听说课中，训练学生听取信息的能力，以及运用目标语言口头介绍身边常见树木的能力。在第三课时主题拓展阅读课中，学生通过学习五个课外语篇，了解森林现状，并思考保护措施。

3. 基于单元目标，制订指向性阅读目标

单元目标是综合性的，指向学科素养，是指在完成单元学习之后，学生获得的学科核心素养的学习结果，包括能灵活运用相应的知识、技能、策略，掌握能反映学科本质及思想的方法，具备解决问题的综合能力。课时目标是知识建构过程中的能力表现，课时目标应指向单元目标的达成，从而帮助学生逐步将单课时形成的能力转化为素养。

制作"树木保护公益宣传片"是本单元的综合性输出任务，是体现学生核心素养四个方面融合发展的落脚点，也是单元目标。通过本单元的学习，学生能够撰写宣传片脚本，从树木的重要性、现状、原因、保护措施等多方面介绍树木和阐明观点；能够运用跨学科知识为宣传片配视频或图片，并用英语配音，合成为具有观赏性和感染力的宣传片。拓展阅读的目标应该为单元目标服务，基于此，教师制订目标如下：

通过本单元的学习，学生能够：

（1）掌握一定的阅读技能和说明方法，如：通过标题判断文章主要内容，提取文章关键信息，通过主题句判断段落大意，快速锁定查读范围，使用数据、例子支撑观点；

（2）了解更多森林的现状和保护树木的举措，学习更多有关保护树木表达的词句，如 in danger，hectare，deforest，made policies to save forests，live a green life，low-carbon，recycle 等；

（3）学会运用思维导图梳理语篇结构和关键信息，能运用思维导图进行口头表达；

（4）形成"保护树木，保护地球"的意识，强化社会责任感。

以上目标的设置既充分利用阅读语篇的特征，引导学生学习说明文的特点并提升阅读微技能，又聚焦与"保护树木"主题相关的内容观点的汲取，从语篇结构、内容观点、话题词汇、语言技能、情感态度等方面为制作宣传片做铺垫。

4. 采取多样化阅读方式，开展综合性阅读活动

初中英语主题阅读方式应是多维立体的，即精读与泛读相结合，教师指导阅读与学生独立阅读相结合，课本内容与课外资源相结合，信息化技术下阅读与传统课堂教学阅读相结合。主题拓展阅读是多语篇阅读，不可能像精读课那样在教师的带领下开展精细化阅读，而应该是聚焦篇章内容汲取和意义探究的精读与泛读结合的阅读。另外，教师还要思考多个语篇的呈现方式，如果让学生一篇篇依次阅读，节奏呆板，容易让学生产生厌倦情绪。教师应深入研读每一个语篇，梳理语篇内容之间的逻辑关系，结合语篇的语言学习重点，综合考虑阅读方式和阅读活动设计。

从内容来看，五个语篇可以分为两组，语篇 1 是世界树木的现状，语篇 2—5 是人类保护树木的举措，其中，语篇 2 是国家层面植树造林的举措，语篇 3、4、5 是个人层面保护树木的做法。从知识来看，语篇 1、2 可为学生提供说明文结构和说明方法等语篇知识，语篇 3、4、5 主要引导学生汲取保护树木举措的内容观点。因此，教师采取老师导读、师生共读与学生分组自主阅读相结合的方式开展阅读，具体为教师引导学生阅读语篇 1、2，汲取语篇内容的同时学习语篇知识；学生分组自主阅读语篇 3、4、5，然后基于信息沟进行口头交流，在听说互动中了解多种保护树木的措施。

确定语篇的阅读方式之后，本节课的阅读活动也基本清晰。教师以浙江省英语教研员葛炳芳老师提出的综合阅读教学观为指引设计活动。综合阅读教学观指学生通过对文本的精读或泛读，获取话题信息、体验文本内涵、获取语言技能、丰富语言知识、提升文化意识、体验文本价值、应用学习策略、提高思维能力，它强调阅读是一个综合而有侧重的过程。拓展阅读课的活动不能拘泥于阅读，要基于主题意义探究的需要，结合阅读语篇的特点，设计以解决问题为目的，集语篇内容理解、语言知识学习、语言技能发展、思维能力培养于一体的综合性活动，使学生在参与活动的过程中实现深度学习，发展学科核心素养，提高阅读效果。本节课以小组主题汇报为任务驱动，教学活动侧重提升阅读技能、落实技能融合、引导知识建构和培养思维品质，体现了综合阅读教学观。

（1）提升阅读技能

教师利用语篇 1、2 的文本特征，设计"问题链"，引导学生在语篇情境中实践运用阅读策略，理解说明方法。针对语篇 1 的问题链如下：

Q1：Can you predict what the article is about according to the title?

Q2：Where can you find the article?

Q3：Can you predict the main idea of each paragraph by reading the first sentence in each paragraph?

Q4：How bad is the situation? And how does the writer support the facts?

针对语篇 2 的问题链如下：

Q5：How successful is forestation in China?

Q6：What kind of words does the writer use in the following five paragraphs?

问题 1—3 引导学生通过阅读标题、主题句快速获取文章大意和推断文章出处。问题 4—6 引导学生在语篇情境中理解列数据和举例子这两种常见说明方法的作用。

（2）落实技能融合

在语言运用的过程中，各种语言技能往往不是单独使用的，理解性技能与表达性技能可能同时使用。本节课设计了三项技能融合活动，引导学生在读说结合的活动中感知和运用语言知识，提升他们的综合语言运用能力。

［活动一］读后复述

学生阅读完语篇 2 后，教师要求学生圈出五个并列段落中的关键信息 year，area，data，并尝试根据这些关键信息口头复述"中国植树造林五项工程"，引导学生快速把握文章核心内容，训练了学生的口头表达能力，也为最后的小组主题汇报做铺垫。

［活动二］读后分享

学生分组阅读语篇 3、4、5 之后，基于信息沟，口头分享阅读语篇所提及的保护树木的举措。为降低难度，教师提供如下语言支架："From this article, I learn that we can _____ to save trees. I think _____."。学生需要提取信息，用概括性语言分享语篇提及的保护树木的举措，并发表看法，在共同建构"We can do many different things in our daily lives to save trees."这一主题意义的同时，促进读、听、说技能融合发展。

［活动三］小组汇报 How to save tress?

小组汇报是本节课的综合性输出活动，学生绘制汇报内容的思维导图，分工口头汇报，进行组间互评，在活动中巩固运用了阅读语篇中的内容观点和词汇句型，融合了听、说、读、写等多种技能，培养了综合语言运用能力，体现了积极的情感态度和正确的价值观。

（3）引导知识建构

深度学习的基本特征之一"联想与结构"强调教师要整合意义联结的学习内容，重视学生经验与课堂知识之间的联系，引导学生将孤立的知识要素联结起来，将知识以结构化和整合的方式储存在记忆中。

在汇报活动前，教师先让学生思考汇报的内容要点，利用思维导图（图33）有机整合课内外六个语篇，引导学生从重要性、现状、举措三个方面开展主题汇报。

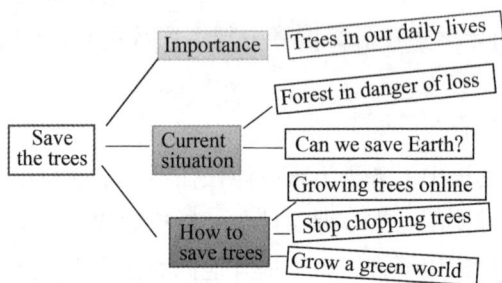

图33　"保护树木，从我做起"主题演讲思维导图

在教师的引导下，学生对多个语篇信息进行筛选与整合，提取关键词绘制思维导图（图34），并在思维导图的帮助下完成一份内容丰富、条理清晰的口头汇报，提升知识建构能力和口头表达能力，加深对主题意义的探究。

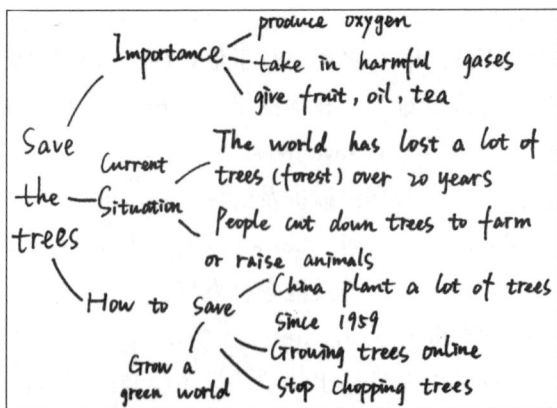

图34　学生制作的演讲思维导图

深度学习的特征之一"内化与交流"强调学生通过互动交流等输出活动，将外在知识转化为个人能理解并能表达出来的知识，用于解决真实情境中的新问题。小组汇报活动也体现了这一特征。

（4）培养思维能力

拓展性阅读的目的不只是语言知识学习或单纯的阅读能力的提高，而是依托语篇学习，深化单元主题意义，发展学生的思维。本课时思维能力的培养主要体现在活动2、3中。

学生在读后分享中，需要发表对语篇提及的保护树木举措的看法。例如：语篇5提到人们应该自己携带筷子用餐以减少一次性筷子的使用量，某学生对此发表看法："Someone called on people to carry their own chopsticks around. But I think it's quite difficult for people to take their own chopsticks everywhere, so I think we should try to use other things to make chopsticks instead of trees, such as grass, metal."，体现了学生的批判性思维和创新思维等高阶思维能力。在小组汇报中，除了引用阅读语篇中的方法措施之外，学生还提出了许多创新举措，如无纸化办公，用3D打印家具代替传统木制家具等，体现了学生的科学素养和创新能力。

四、结语

阅读是提高英语教学效率的重要抓手，是提高学生英语学科核心素养的重要途径，如何给学生提供丰富的语篇开展拓展阅读是广大英语教师一直在探索的主题。单元整体视角下基于深度学习单元教学开展拓展阅读，能够改变当前初中英语拓展阅读教学中存在的一些问题，引导教师从单元整体教学的角度整合课内外阅读资源，设计综合性阅读活动，促进单元整体教学目标的达成，提高单元教学效率；使学生通过开展内容丰富、形式多样的拓展阅读，丰富对主题内容的表达，深化对主题意义的理解，实现知识、能力和思维的同步发展，以及情感态度和价值观的提升，最终实现深度学习和学科核心素养的提升。

第五节　写作课——单元整体视角下的"微写作"

在传统教学中，一个单元一般安排一节写作课，话题作文就是单元输出成果。而在深度学习单元教学中，单元输出成果为单元综合展示活动（Project），即学生在情境性大任务中综合运用单元所学语言知识和技能解决一个问题。在综合展示活动中，学生输出语言的"脚本"就是一个篇章，"脚本"的形式是多样的，可以是视频台词、英语剧本、演讲稿、辩论词、调查报告、海报等。与传统课堂的话题作文相比，"脚本"的内容更丰富，角度更全面，主题意义更深刻。那么，如何引导学生完成综合展示活动的"脚本"呢？技能融合型课堂打破了传统课堂课型的壁垒，将听、说、读、写等技能的培养有机渗透在单元教学的每一节课中，综合运用。教师基于活动情境，结合学习内容，灵活设计形式多样的微写作任务，使学生语言输出的内容逐步丰富、结构逐步完整、观点逐步深刻，最终能够在单元综合展示活动中输出高质量的语篇。

一、写作教学存在的问题

在英语几大语言技能"听、说、读、写、看"中，"写"占据重要地位，它是学生习得语言后进行运用输出的主要表现形式之一。课程标准中初中阶段对于学生"写"的能力要求为：根据写作要求，收集、准备素材，独立起草、修改和完成语篇；为所给图表或自己创作的图片写出简单的说明；围绕相关主题，用所学语言，以书面语篇的形式描述和介绍身边的人和事物，表达情感、态度和观点；在书面表达中使用常见的连接词表示顺序和逻辑关系，连接信息，做到意义连贯；在书面表达中进行适当的自我修正。课程标准对"写"的目标的描述，不仅对初中生写作的体裁和语言运用提出了要求，也对学生自主审题、起稿、修订提出了要求。

根据笔者所在区的学生在学业水平测试中的表现来看，写作得分率在各个模块中偏低，除了审题不足之外，学生在写作中的主要问题有三个：（1）缺少内容和思想，有的作文貌似运用了非常丰富的句式结构，但仅仅是一些写作模板的生搬硬套，缺乏自己的观点与思考，缺乏主题意义的真情表达，无法打动读者；（2）语法准确性和词汇拼写的准确性有待提高，或者无法使用正确的英语句式和语序来表达意义；（3）段落之间的衔接不流畅，各段落缺乏清晰的主题，流畅性不佳。

学生的学业表现反映了写作课堂教学的不足，笔者在大量的区域课堂实践调研中发现，南沙区初中英语写作教学主要存在以下问题。

1. 写作指导碎片化。教师往往将写作任务分解成若干个小的、孤立的部分，例如单独练习句子结构、词汇运用或段落建构等。这种碎片化的教学方式虽然有助于学生对某个具体技能进行有针对性的训练，却忽略了写作的整体性和连贯性。学生难以将各个部分有机地结合起来，形成一篇结构完整、内容连贯的文章。

2. 反馈评价不足。很多教师在写前给学生的引导和铺垫做得很充分，写后却以一个分数终结，导致写作教学头重脚轻，缺乏必要的讲评；或者教师很辛苦地花了几天时间逐字逐句批改几十篇习作，但学生收到反馈时热度已减，收效甚微。评价片面化也是写作教学中需要关注的一个问题。许多教师在评价学生的作文时，往往只关注语法、词汇等语言形式的正确性，而忽略了文章的内容、结构和逻辑等方面，这种片面的评价方式可能导致学生过于注重语言形式，而忽略了写作的真正目的和意义。

3. 训练偏机械性。许多教师往往采用一些固定的模板或句式来训练学生的写作，要求学生按照固定的格式和套路来完成作文。学生在这种偏机械性的训练下虽然能完成写作任务，但是文章中很少有自己的独特思考和见解，作文往往显得千篇一律，缺乏创新和感染力，不利于培养学生的个性表达和创新思维。

二、单元整体视角下微写作的内涵与价值

课程标准倡导单元整体教学，强调知识的结构化和技能的融合性。情境性的活动有利于学生建构结构性知识，技能融合型课堂打破了传统课堂课型的壁垒，听、说、读、写技能的综合培养渗透在单元教学的每一节课中。

在英语写作中，微写作是指在初中阶段，为了培养学生的英语写作兴趣，加强师生之间的写作交流，提高学生英语书面表达能力而进行的一项微型英语写作训练，它的体裁不拘一格，题材丰富多彩。将微写作引入英语书面表达教

学,把微写作作为写作训练的一种形式,用一句话或三言两语,谈谈自己的感受,说说心情,发表议论,表达思想,不需要长篇大论,在课堂上可以随时进行,规模小,时间短,针对性强,操作简便,有助于培养学生的英语写作兴趣,加强师生之间的写作交流,提高学生英语书面表达能力。单元整体视角下的微写作是一种旨在通过有针对性的训练,提升学生写作技能和综合素质的,基于单元整体设计的写作活动。它突破了单课时设计的局限,从宏观的角度将单元写作任务有机分解到各个课时。在这种模式下,教师基于单元各课时的情境和学习内容,灵活设计形式多样的微写作任务,引导学生开展技能融合的任务,如以读促写、以说促写;学生通过多样化的写作训练,对教材的话题、功能、情境、交际等要素给予足够的关注和实践运用。学生的语言输出内容逐步丰富、结构逐步完整、观点逐步深刻,最终能够在单元综合展示活动中输出高质量的语篇。单元整体视角下微写作的应用价值主要体现在以下几个方面。

第一,有助于学生语言知识的习得。在单元整体视角下,微写作作为一种有效的语言实践活动,能够帮助学生更好地习得语言知识。通过微写作,学生可以将在单元学习中掌握的新词汇、语法结构和句型等应用到实际写作中,从而巩固和拓展语言知识。这种应用性的学习方式有助于提高学生的语言运用能力和表达能力,使他们在写作中更加自如地运用所学知识。

第二,有助于单元主题意义的理解。微写作与单元主题紧密结合,通过针对性的写作任务,引导学生深入思考并探索单元主题的意义。通过写作任务,学生能够更深入地理解单元内容,把握主题要点,并学会用语言表达自己的思考和见解。这不仅有助于提升学生的阅读理解能力,还能培养他们的批判性思维和创新能力。

第三,有助于学生写作习惯的养成。单元整体视角下的微写作强调写作训练的持续性和系统性。通过反复循环的微写作练习,学生可以逐渐养成良好的写作习惯,如勤动笔、常反思、会自主修改等。这些习惯的形成对学生的写作能力和综合素质的提升具有长远的影响。同时,微写作还可以帮助学生培养写作兴趣,激发写作热情,使他们在写作中不断成长和进步。

三、单元整体视角下微写作教学特征

单元整体视角下的微写作以逆向设计法为指引,对单元写作教学进行整体规划和设计。前文提到，单元整体教学的最终产出成果 Project，就是学生综合运用语言技能解决一个具有挑战性的情境性大任务。Project 的形式多样，有社团招募、产品推荐、现场答辩、志愿者竞选、海报制作、短视频制作等，无论是什么样的主题大任务，都有一个紧扣语言知识目标的、篇章形式的"脚本"，这个"脚本"就是单元写作任务。教师在单元整体设计时，应从单元整体的角度设计这个最终产出的"脚本"，依托每个课时的语篇内容设计微写作任务，确保各课时微写作任务的关联性和递进性，从而引导学生层层递进地完成单元综合性大任务中内容丰富、观点新颖的篇章。

单元整体视角下的微写作教学具有知识递进性、技能融合性、形式多样性和任务微小性的特征，这些特征共同构成了微写作教学的独特优势，有助于提升学生的写作技能和综合素质。

（一）知识递进性

单元各课时的微写作活动的设计围绕单元主题，紧扣单课时目标知识，层层递进、逐步深入。每个微写作任务都基于学生已掌握的知识和技能（包括上一节课习得的知识技能），融入本节课的新知识，使学生所写内容逐步增多，观点逐步深刻，帮助学生建构系统的知识体系。例如：在七年级上册 Unit 7 School clubs 单元中，精读课的微写作任务是写采访报告，巩固阅读课内容和语言知识；海报环游阅读课的微写作任务是从社团介绍和个人感受两个角度写小语段，表达自主想参加的社团；拓展阅读后，学生能够从社团名称、活动及收获和意义三个角度介绍在校参加社团的经历及收获，这个微写作活动增加了学生对于参加社团意义的思考，引导学生认识到社团对于人的未来发展和品格塑造具有积极的意义；写作课的任务不仅仅是写作，而是图文并茂地用海报的形式展示小组创建的新社团，学生需要从名称、时间、内容、活动、意义等多角度创设一个受学生欢迎的新社团。最终学生能够在社团招新模拟实践活动中，展示社团海报，并综合运用单元语言知识介绍自己所创设的社团，吸引同学参与。学生在参与招新的活动中，不仅实践运用了话题相关的语言知识，提升了语言技能，还培养了创新思维能力和合作学习能力。这个活动能够引导学生发现自己的兴趣特长，积极参与适合的社团活动，通过参与社团活动发展特长、开阔眼界、塑造克服困难、坚持不懈、帮助他人、关爱社会等良好品质。

（二）技能融合性

写作技能的培养不应与其他课时割裂，而是要渗透在听说、阅读、语法等课型中，初中英语写作教学应贯穿于听、说、读、写中。单元整体视角下的微写作要求灵活设计以读促写、以说促写的活动，引导学生利用多样化的形式实践运用语言知识，在巩固目标语言知识的同时，渗透写作技能的培养，提升学生综合语言运用能力。例如，在阅读课的读后活动中，教师可以设置片段写作任务，如改写、续写、写读后感等，学生在这样的微写作中巩固运用了语篇中的语言知识，促进了对语篇的进一步理解；又如：在七年级上册 Unit 4 Seasons 的第三课时听说课上，学生开展了小组调查类口语交际活动 Talk about your favourite season，从气候、景观与人们的活动三个方面调查三名同学最喜欢的季节，因为时间限制仅部分同学在课堂汇报了调查结果，教师要求学生课后以书面形式完成一份调查报告，训练学生在书面表达中恰当运用形容词描写气候、景观，以及用 It is + *adj.* + to do 的结构描写活动，为单元主题大任务 Welcome to my home town 的海报制作或视频脚本的写作做铺垫。

（三）形式多样性

单元整体视下的写作任务形式灵活多样，教师可以根据单元主题探究的进程、单课时具体情况和学生的兴趣，设计多样化的写作任务，如片段写作、日记、信件、续写、制作海报、写调查报告、写剧本等，体裁包括记叙文、说明文、议论文等多种文体。形式变了，但核心任务都是运用所学的目标语言知识和写作技能完成写作任务，这种多样性不仅增加了写作的趣味性，也为学生提供了更多的表达方式和创新空间。例如七年级上册 Unit 7 School clubs 第四课时写作课的任务是制作一张社团海报，学生要抓住社团名称、时间、地点、指导老师、活动等要素，加上有创意的图文设计，展示自己创设的新社团（图 35）；又如在八年级下册 Unit 6 Pets 单元教学中，听说课、语法课和拓展阅读课的微写作任务分别是介绍某种动物的 appearance，fun facts，ways of keeping，三节课的微写作作品最终形成一本本宠物手册（图36），并在单元综合展示活动"社区宠物饲养问题模拟听证会"中再次被利用。多样化的写作任务情境性更强，也更能激发学生创造力、想象力和学习兴趣。

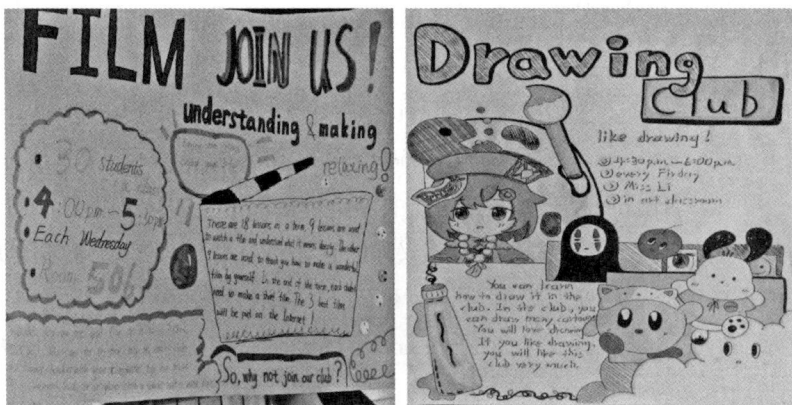

图 35　七年级上册 Unit 7 School clubs 微写作作品

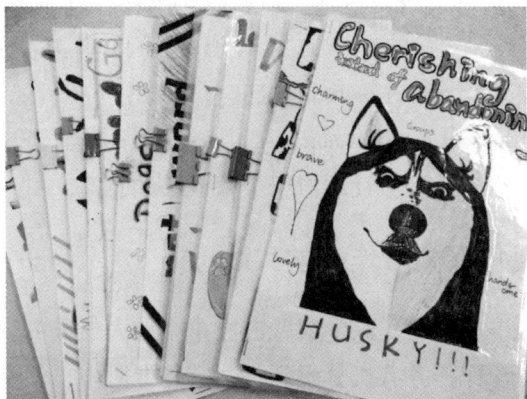

图 36　八年级下册 Unit 6 Pets 微写作作品

（四）任务微小性

微写作的最大特点之一就是任务的微小性，在内容和结构上都不是一篇完整的作文，而是教师依托单课时目标语言的运用而创设情境开展的片段写作，每个微写作任务都相对独立且短小精悍，通常聚焦于一个具体的点或方面进行深入挖掘和表达，如一段读后感，一段人物内心独白，一个场景描写，一段人物性格分析，一段小组调查报告等，依托教学情境、顺应学生学习的节奏，自然而然地开展。也就是说，当学生进入到教学情境中了，有了想写的兴趣和表达的欲望，教师就顺势而为地引导学生写小片段。因此，写作的目的性不强，要求不高，学生感受到的训练压力较少，不会对微写作存在抗拒心理。微写作篇幅短小的优点能让学生长期保持写作动力，无论运用于学生交流或是教师批注，都不会耗费师生太多的时间，具有较强的教学实用性和可操作性。

例如，在七年级上册 Unit 7 School clubs 单元第二课时，课堂上学生完成小组采访活动后，教师要求学生按照以下句型提示写一段话："I would like to join _____ because we can _____. I expect to（learn∕get）_____ from the club."这项微写作任务仅三、四句话，引导学生运用恰当的句型从"社团活动""参与社团意义"两个角度描述自己感兴趣的社团，这些语言是单元综合展示活动脚本的重要组成部分，为"新学期社团招新"脚本写作做了必要的铺垫。

又如，在七年级下册 Unit 8 From hobby to career 第二课时社团海报阅读课的读后活动中，教师设计了一个开放性问题：擅长数学但不善言辞的李伟同学应该选择数学社团还是辩论社团呢？课堂上学生以小组形式就社团应该"扬长"还是"避短"的问题展开讨论，课后教师要求学生就这个问题写一小段话，阐明自己的观点。有的同学这样写道："I think Li Wei should join the Debate Club because he can get more chances to practise debating. If he improves his ability of speaking, he can get more success."这个微写作任务能够培养学生的批判性思维，引导学生深入思考社团对于个人成长的意义。

四、单元整体视角下微写作教学实践

单元整体视角下的微写作教学实践应注重主题大任务的设置，以综合展示活动为出发点，将写作任务有机分解到每一个分课时中，使学生在关联递进的微写作活动中，反复实践运用语言知识，发展综合语言运用能力，深入探究主题意义。下面以八年级上册 Unit 4 Inventions 为例，谈谈单元整体视角下微写作教学的步骤、策略与实施效果。

（一）创设主题大任务

要落实立德树人的根本任务，实现学科育人，就必须在课程内容上改变脱离语境的知识学习，将知识学习与技能发展融入主题、语境、语篇和语用之中。本单元属于"人与社会"范畴下的"科学与技术"主题群，涉及"人类发明与创新""对世界、国家、人民和社会进步有突出贡献的人物"等子主题内容。课本主要内容包括：读——介绍三项伟大发明的科普说明文和发明圆珠笔的故事；听——四则"有趣发明"的广告；语法——学习形容词 good, bad 和 far 的比较级和最高级，以及同级比较结构（not）as ... as；说——谈论一项日常发明；写——介绍自己的新发明。这些题材各异的语篇，让学生感受到发明魅力的同时，也激发了学生的自主创新意识。

八年级学生极具好奇心，接受新鲜事物的能力较强，对"用创造发明解决生活中的难题"颇具兴趣。学生经过上个单元的学习，对"电脑"这一发明的"尺寸"和"作用"等话题要素有了初步的了解，但仍需通过语篇学习加强"外形""材料""特色""影响"等发明子话题信息的学习。

基于以上教材与学情分析，教师把单元学习内容与学生的生活情境相结合，引导学生积极利用创新设想解决学习、生活中的问题，设计单元主题大任务为：一场创新发明大赛，学生小组合作构思一项小发明，借助模型、海报、视频等方式介绍自己的发明设想，也能在观摩其他小组发明设想的同时，对发明进行"问询"与"评估"，合理质疑，并给予改进建议，从而领悟发明源自于生活，发明是为了使生活更美好，学习发明家坚持不懈的精神意志，并积极探索自主创新的小发明，在解决学生个人生活难题的同时，树立"用科技解决人类难题"的伟大志向。

为了帮助学生完成主题大任务，教师对单元学习内容进行了必要的整合。主要有：（1）改编语法课，原语法课语篇与该单元情境关联性不强，本设计补充了"手机的变迁"多模态语篇（视频+文本），使学生在了解手机这一重要发明的"外形""材料""特色""用途"的同时，实践运用形容词比较级和最高级，并能辩证看待时下热门发明的"负面影响"，培养学生的批判性思维；（2）补充了两篇结构相似的"青少年发明家故事"，作为拓展阅读，使学生关注"发明动机"，为单元综合展示课的"发明介绍"与"观众问询"活动提供了丰富的内容和语言支撑，内容整合情况详见表26。

表26　八年级上册 Unit 4 Inventions 内容整合对比

整　合　前	整　合　后
Intensive reading：Great inventions	Intensive reading：Great inventions
Grammar：school report；map；different kinds of microwave ovens；rubbish that four families throw away in a year ［comparative and superlative of *good*，*bad* and *far*；the structure of（not）as … as］	Grammar： The development of smartphones

续 表

整 合 前	整 合 后
Listening：Four funny inventions	Listening & Speaking： Four funny inventions & Useful everyday inventions
Speaking：Useful everyday inventions	
More practice：A pen giant	Extensive reading： · A pen giant · Boy inventor wins big · A robot to find plastics in the ocean
Writing： My invention（Introducing the invention's looks, specialties, and way of working）	Writing My invention（Including more information of the invention's materials, uses, the problems it solves …）
Project：Finding out about Chinese inventions	Project：A creative invention competition

（二）规划单元整体设计

确定主题大任务之后，教师用逆向设计法，把主题大任务在语言知识、技能等方面的要求，结合单课时学习内容进行有机分解，基于本章节需要，对单元整体规划表进行适当调整，着重凸显各个分课时微写作活动设计（表27）。

表27　八年级上册 Unit 4 Inventions 单元整体设计

课 时	学习目标	学习内容	学习活动	微写作任务
第一课时 Intensive reading Great inventions in history 历史上的重大发明	1. 运用略读、预测、细节寻读等策略理解主阅读篇章，了解发明的"用途"； 2. 利用"The inventor""Life before the invention"和"Life after the invention"的结构进行课文复述；迁移运用，介绍一项"中国古代四大发明"。	课本主阅读语篇 Great inventions	**学习理解类活动：** 基于问题链、阅读表格的文本阅读。 **应用实践类活动：** 在"学校科技节"上分享对人类历史有着重大影响的三个发明（结合文本框架结构进行课文复述）。 **迁移创新类活动：** Talk about four great inventions in Chinese history.	仿写： 仿照课文结构，书面介绍一项中国古代四大发明。 （课后展出、分享阅读）

课　时	学习目标	学习内容	学习活动	微写作任务
第二课时 Grammar The development of smartphones 不断演变的发明	1. 阅读"手机的变迁",感知语法,并结合"材料""特色""外形""用途"等发明子话题信息运用目标语法; 2. 在讨论和辩论中建立批判性思维,辩证地看待手机等发明对人类生活带来的影响。	多模态语篇"手机的变迁"	**应用实践类活动:** 阅读语篇"手机的变迁",并运用形容词的比较级、最高级或原级,从"外形""特色""用途"等角度描述手机的演变。 **迁移创新类活动:** 为老师挑选一款新手机,说明选购理由。	写信: 给老师写一封信,说明选手机的原因。 (运用形容词比较级、最高级)
第三课时 Listening & Speaking Funny and useful inventions 生活中的有趣发明	1. 听四则"有趣发明"的广告,培养预测,记录关键信息的能力; 2. 根据发明的子话题信息,谈论生活中的有趣小发明。	1. 课本第54页听力活动 2. 购物网站上的一些新奇发明介绍(表格) 3. 课本第59页口语活动	**学习理解类活动:** 听录音,完成听前预测、听中捕捉关键信息等任务。 **迁移创新类活动:** 编制对话:结合发明的子话题信息,如"材料""特色""外形""用途""受众""使用频率"等,讨论"我和家人最喜爱的发明"。	录制短视频: 介绍"我喜欢的居家发明"。 (发布至班级公众号或分享至微信群)
第四课时 Extensive reading Amazing inventors 了不起的发明家	1. 阅读三篇文章,总结归纳篇章在内容、结构等方面的特点; 2. 提取篇章内容要点,自主组织语言口头复述短文; 3. 学习发明家们通过科技发明解决生活难题的精神意志,激发自主创新发明的热情,树立"用科技解决人类难题"的伟大志向。	课内外主题阅读: 1. A pen giant 2. 海洋塑料终结者——杜安娜 3. 青少年发明家解决爷爷的爬楼问题	**学习理解类活动:** 1. 教师导读课内语篇1,提炼阅读框架(包含新的子话题信息"发明运行机制""发明影响"等); 2. 学生自主阅读语篇2、3,完成表格并复述。 **应用实践类活动:** 小组合作,根据阅读表格,口头汇报并评价三位发明家的发明经历及其发明。	资源搜集: 选择一个"生活中的难题",分组讨论,在网上进行搜索,记录发明创意。

课　时	学习目标	学习内容	学习活动	微写作任务
			迁移创新类活动： 完成在线问卷调查——了解困扰你的生活难题。	
第五课时 Writing My invention 我的发明设想	1. 运用话题词汇，篇章结构，形容词的比较级、最高级、原级等语法知识，撰写一份发明设想，聚焦发明外观、所用材料、运行机制、发明特色与用途等； 2. 运用作文评价标准评价和修改作文。	课本改编后的写作任务	**学习理解类活动：** 小组合作完成发明设想"蛛网图"，口头分享发明设想。 **应用实践类活动：** 1. 展示"蛛网图"，口头分享本组发明创意； 2. 结合"蛛网图"，完成写作任务。 **迁移创新类活动：** 分享习作，评价、修改习作。	写作文： 1. 修改完善作文 My invention； 2. 小组合作，制作发明介绍的演示模型或视频。
第六课时 Project A creative invention competition 创新发明大赛	1. 在创新发明大赛中，结合实物模型或演示视频，对小组的创新发明作口头陈述； 2. 在观看其他组发明展示时，开展问询、评估，提出改良建议。	1. 介绍发明的实物模型或演示视频等； 2. "问询表"与"评估表"	**应用实践类活动：** 1. 结合本单元的知识框架，完善"问询表"； 2. 共同制订大赛评价标准，完善"评估表"。 **迁移创新类活动：** 按以下环节举行创新发明大赛：陈述展示—观众提问—评价打分—公布大赛冠军。	撰写"参赛记录"： 选择一种发明进行点评，并提出修改建议。

由上表可见，每节课都有相应的微写作任务，每个微写作任务对应课时目标，基于课时学习内容，与课时其他活动融合推进，且为单元综合展示活动"脚本"做铺垫。例如：在第二课时语法课中，学生学习完形容词、副词的比较级、最高级的规则后，教师创设了为老师挑选一款新手机的任务，要求学生基于老师的需求，比较三款手机的外形和功能，为老师选择手机，课堂上，学生小组讨论并分享了讨论结果，在口头分享中自然而然地运用大量形容词、副词比较级和最高级。课后，学生通过写一封信的微写作任务，把课堂讨论分享内容用书面的形式表达出来，巩固形容词、副词比较级和最高级的用法，以便

能在单元综合展示活动中灵活运用语法知识表达本组创新发明的优势。

（三）开展单元微写作实践

1. 阅读课微写作任务——仿写古代四大发明

浙江省义乌市第六中学的张智丰老师指出，当同一语言结构反复输出，学习者使用该语言结构的流利度和自动化程度就会提高，输出不是结果而是动态学习过程，能够有效促进学习者内在因素与外在因素的互动，进而使学习者中介语系统获得重组与拓展。基于此，教师利用思维导图帮助学生搭建写作输出脚手架，为学生梳理文章信息，展示介绍发明的主要信息，包括发明者、发明时间、发明前后对比等（图 37）。学生围绕"我国古代四大发明中之一"进行课堂微写作，仿照课文提及的发明的必要性和重要性完成论述（图 38）。

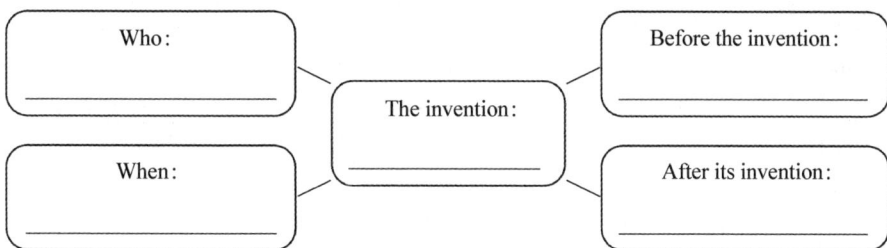

图 37　微写作前的思维导图

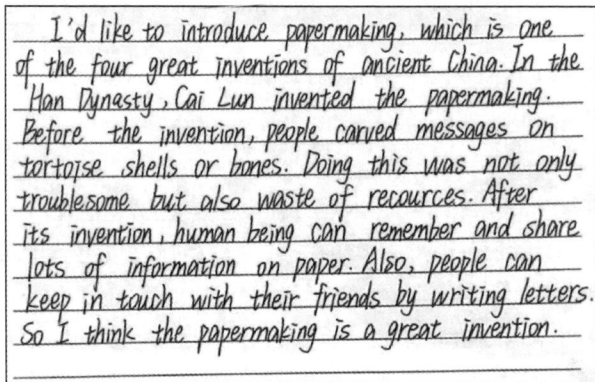

图 38　学生微写作作品

从学生产出可知，他们能吸收内化课文的结构，在自己的微写作中清晰提供发明者、发明时间、发明前和发明后的相关信息，文章结构清晰；也能灵活使

175

用课文的语言知识，如 keep in touch with，by doing something 等进行仿写。经过梳理课文，学生能理解发明前和发明后的不同，即通过该项发明对人类生活带来的变化，深度挖掘它对人类生活和社会进步带来的积极意义。可见，微写作任务有助于引导学生迁移运用阅读语篇中的语言知识，提升写作技巧，深入探究主题意义。

2. 语法课微写作任务——为老师推荐手机

语法课的主要目标为掌握语法的结构和意义，并在合适的情境中恰当运用。为了贴合本单元的发明主题，教师设立了了解手机发展史和给老师写一封信，为他推荐适合他的手机的情境，以此融入本单元语法结构（not）as ... as 和 good，bad，far 的比较级和最高级。微写作参考信息和学生微写作作品见表 28 和图 39。

表 28　为老师推荐手机的微写作参考信息

Phones	Phone A	Phone B	Phone C
Length	16. 1 cm	14. 6 cm	16. 5 cm/8. 5 cm
Weight	1 kg	354 g	760 g
Screen	6. 8 inches	6. 1 inches	6. 7/3. 4 inches
Memory	512 GB	512 GB	512 GB
Camera	50 megapixel	48 megapixel	26 megapixel
Battery	5 000 mAh, fast charging	3 274 mAh, fast charging	4 400 mAh, fast charging
Connection	5G, satellite calls	5G	5G
Price	4 498 RMB	5 799 RMB	3 999 RMB

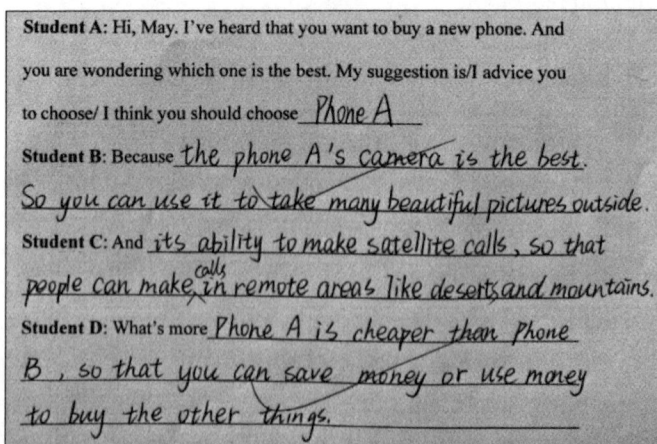

Student A: Hi, May. I've heard that you want to buy a new phone. And you are wondering which one is the best. My suggestion is/I advice you to choose/ I think you should choose _Phone A_

Student B: Because _the phone A's camera is the best. So you can use it to take many beautiful pictures outside._

Student C: And _its ability to make satellite calls, so that people can make calls in remote areas like deserts and mountains._

Student D: What's more _Phone A is cheaper than Phone B, so that you can save money or use money to buy the other things._

图 39　为老师推荐手机微写作作品

手机是学生日常用品之一，他们基本都有对比选择手机的经历，因此课堂情境设置能有效激发学生的学习积极性，降低他们对语法学习的畏难情绪，增加语法课的趣味性。从学生的微写作产出可见，他们能在新情境下恰当运用比较级、最高级，并结合选择的理由表达意义，出色完成书信写作任务，如"You can use it to take many beautiful pictures outside. ""People can make calls in remote areas like deserts and mountains. "

3. 听说课微写作任务——录制短视频介绍我最喜欢的居家发明

在听说课中，通过听四则"有趣发明"的广告，学生练习听说微技能，包括听前预测，听中捕捉和记录关键信息。听力任务完成之后，教师再次利用听力文本，分析了广告从"材料""特色""外形"和"用途"四个维度介绍发明（图40），随后要求学生录制一段短视频，模仿听力文本结构，介绍生活中实用或有趣的发明，发布至班级公众号或分享至微信群。

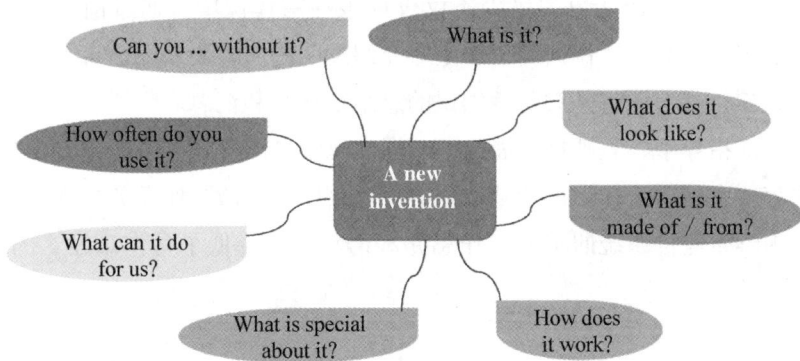

图 40 听力材料语篇思维导图

学生在前面的阅读课中已学习了从发明者、发明时间、发明前后对比等角度介绍发明，在听说课上，学生学习到还可以从"材料""特色""外形"和"用途"等角度进一步介绍发明。录制短视频的任务既有趣又具有挑战性，为了让学生更加流畅地口头表达，增强自信心，教师还提供了如下脚手架：

My favourite invention in my family is _____. It is _____ (*adj.*). It looks like _____. It is made of _____. It uses _____ power to work. I can _____ （用途）. I use it to _____. It can help us _____.

由于生活中有趣或有用的发明非常多，活动脚手架搭建注重梳理结构，产出提示引导到位，因此学生基本都能挑选到自己想表达的发明，如 computer, rice cooker, electric clock 等，内容观点和语言表达比阅读课微写作更加丰富和有深度，如 "Computers can help us spend less time and do more things." "The most useful function of the rice cooker is the timing function so that you needn't keep an eye on it while cooking."。多样性的微写作任务提高了学生的口头表达能力，引导学生在生活情境中巩固和内化语法知识。

4. 写作课的任务——介绍本组的创新发明

根据教材"介绍一项发明"的写作要求，结合单元主题大任务的设定，以及学生在前期对"学习生活中难题的调查"，写作课的任务设定为以小组为单位撰写一份发明设想，聚焦发明外观、所用材料、运行机制、发明特色与用途等，要求学生恰当运用形容词的比较级、最高级、原级等相关语法。本节课很显然已经不是一个微写作任务了，而是一篇完整的作文。

在传统单元教学中，学生写作能力的培养主要聚焦在写作课中，而单元整体视角下对学生写作能力的培养不仅仅局限在写作课中。通过前面阅读、听说、语法等课程的微写作训练，学生对介绍发明的内容要素和语言知识已经有了不少积累，本节课将是对前期知识的总结、巩固和汇总。

在写前指导中，教师再次展示上节课的思维导图（图41），带着学生对篇章的内容要素和语言知识进行结构化的梳理，体现了微写作任务之间的关联递进性，为学生建构系统的单元写作思路和语料库，降低了写作难度。图42展示了学生的作品。

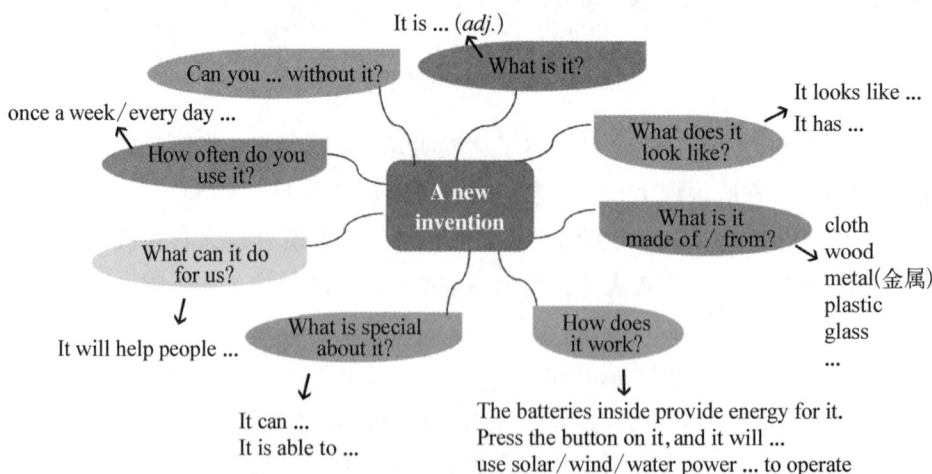

图41 写作思维导图

My new invention

In our daily life, there are some problems that are really annoying. For example, the traffic jams on our ways to school may lead to the delay. The drowing person may not rescue himself or herself because he or she cannot swim. To solve these problems, our group designed a new invention.

It is the Multifunction Pen. It's black with three buttons on it. It's made of plastic and metal. It has three uses. Basically, it's a pen with a lot of special ink, which allows us keep writing for a long time without refilling. You don't need to worry about the weight. It's as light as your Ballpoint Pen. And it can also prevent drowning. When you accidentally fall into the river, you just need to take out the pen from your pocket, press the red button on it, and than then an air bag will pop out. So you can float on the water and save yourself. What What's more, the Multifunction Pen can help us when we are stuck in traffic. Press the green button, and you will fly freely and quickly to the place that you want to go. It makes our lives safer, more convenient and better. I am sure you will love our Multifunction Pen!

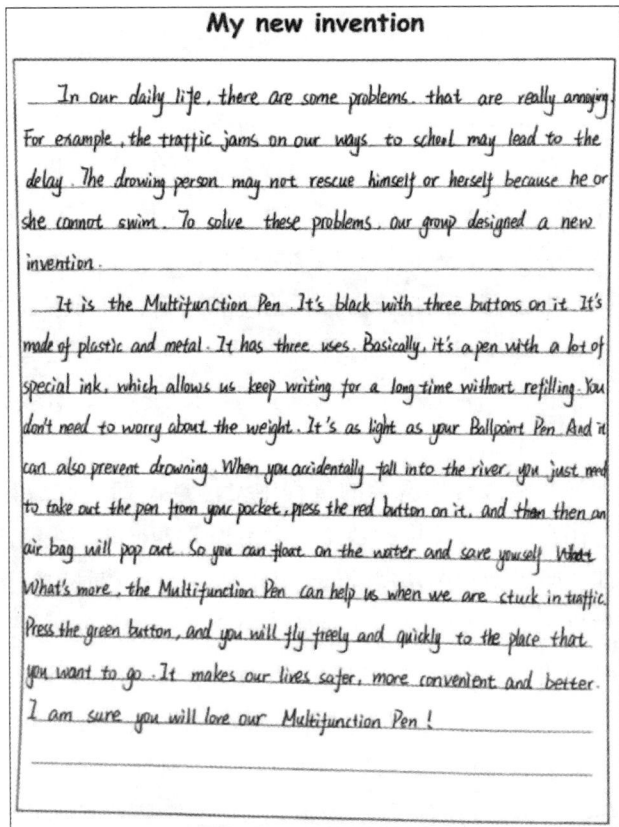

图42　学生写作课作品

从课堂产出的例子来看，学生能灵活运用写作思维导图来安排篇章段落信息，内容要点完整；也能灵活运用相关短语和句型表达意义，如 press the button, it makes our life safer, better and more convenient 等；还能恰当运用目标语法知识，如 as light as your ballpoint pen 等，单元前面的系列微写作对单元写作课的产出产生了积极的影响。从写作的内容来看，学生描写了一款可避免堵车和防溺水的功能强大的钢笔，学生为什么能想出那么有创意的发明呢？通过上面的单元整体设计规划可知，在第四课时拓展阅读课，教师设计了一个在线问卷调查，用于了解困扰学生学习和生活的难题，鼓励学生通过分组讨论、上网搜索等途径构想解决这些难题的发明。由此可见，写作话题的创新源自于为学生创设了基于学生兴趣与情感共鸣的真实情境，而内容的丰富与语言的准确源自写作前期的微写作铺垫。

五、结语

要提高学生的英语学习兴趣，就要打破传统的死记硬背的教学模式，因材施教、创新教学，利用现代化科技等各种行之有效的教学方法，培养学生学习英语的热情，使教学方式更加丰富。单元整体教学是基于主题意义探究的教学，具有整体性、关联性、递进性和融合性等特征，单元知识的学习和各项技能的培养都是基于主题探究的逻辑，依托情境和语篇有机分解到单元各个分课时，微写作是单元整体视角下的写作技能提升的一种尝试。微写作能够加强单元课时之间的关联递进，促进学生对单元主题意义的探究，有效提升学生的写作能力和综合语言运用能力。

教师在设计与实施微写作教学的过程中要尽量做到"收放自如"，"收"是指要把握微写作在每一节课中的地位，微写作并不是课堂主旋律，除了写作课外，在阅读课、听说课、语法课等课型中，课堂目标还是以阅读、听说、语法为主，微写作只是促进课时目标达成的手段之一，与其他技能培养活动相融合，促进学生综合语言运用能力的提升，有时候受时间限制可能以作业的形式让学生课后完成。"放"是指教师在设计微写作任务时要具有灵活性，微写作不一定是传统意义上的写短文，可以是制作海报、视频、画册；可以是表演课本剧、英语采访；可以是写演讲稿、辩论词等，任何以篇章形式输出，能为最终单元综合展示的脚本服务的活动都是微写作。

第六节 综合展示课——在解决真实问题中发展综合素养

在现行初中英语教材中，每两个单元后设置一节课单元综合展示课（Project），在新版教材中 Project 改为每个单元一节，新版教材把 Project 定位为评价检验单元学习效果，教材设计的改变说明了 Project 的重要性和必要性。自 2014 年开展深度学习单元教学实践以来，研究团队一直坚持每个单元都设计一节单元综合展示课，单元综合展示课的设置高度契合基于核心素养培育的新课程教学理念，与深度学习的"挑战性主题任务"和"活动推进"的理念高度吻合，在引导教师从单课时走向单元整体教学中起到了重要的桥梁作用。本节从三个方面阐述深度学习单元教学视角下单元综合展示课的设计与实施思路。

一、单元综合展示课的内涵与价值

现行初中英语教材在编排上以话题为主线，以"模块—单元"为构架，每个模块由两个话题接近的单元组成，每个模块的最后一个板块是 Project，它通过布置一项与模块主题有关联的课题，要求学生分工合作，通过讨论、调查、采访以及从书籍、报刊、网络等渠道获得信息资源等方式完成课题并进行展示，旨在引导学生进行探究性学习，培养他们的探究能力和综合语言运用能力。根据教材使用建议，Project 属于选学内容。在实际教学中，很多教师没有开展 Project 教学，主要原因是耗时太多和活动实施困难，也有教师认为 Project 对考试的作用不大。

高中课标提出，英语学科评价要全面考查英语学科核心素养，学业水平考试和高考命题要着重考查学生在具体社会情境中运用英语理解和表达意义的能力，特别是听、说、读、看、写的能力。高中课标指明了英语学科的评价理念与命题方向，然而学生处于中文交际环境中，主要在课堂中运用英语交流和解决问题。因此，教师在教学中要尽可能地把课本与生活建立连接，创设真实语用环境，培养学生在情境中运用英语语言知识与技能发现问题和解决问题的能力，可见，单元综合展示课的课程设置理念高度契合基于核心素养培育的新课程教学理念。在开展英语深度学习单元整体教学研究中，团队深刻地认识到单元综合展示课与深度学习"挑战性主题任务"和"活动推进"的理念高度吻合，是引领教师从单课时教学走向单元整体教学的有效突破口。

二、单元综合展示课与深度学习的关联

深度学习将教学改进的目标指向发展学生的核心素养，指向增进学生的深度理解、实践应用和创造性解决问题的能力的提升。项目专家团队倡导以"大任务""大主题"为引领的单元整体教学，并提供"深度学习教学实践模型"作为广大教师进行单元设计的指引，引导教师抓住教学中最基本的四个要素（主题、目标、活动和评价）开展单元教学设计，以提高单元教学的整体性和逻辑性，增强学生学习过程的体验性、互动性和生成性，从而实现目标引领下的教、学、评一体化。

如何把深度学习实践模型运用到英语学科中呢？笔者从单元综合展示课入手，带领区域教师尝试每个单元末设计一节单元综合展示课，引导学生综合运用单元所学知识技能解决一个真实问题，并逐步厘清单元整体视角下的单元综合展示课的教学思路。

（一）以单元综合展示课为单元学习的终点，构想单元主题大任务

语言学习的意义在于运用，高中课标提出在综合性的语言实践活动中，教师要关注学生生活经验和认知水平，选择有意义的，贴近学生生活经验的主题，使学生在参与语言实践活动的过程中，发展语言技能，提高分析问题和解决问题的能力。单元整体教学要以整合性输出任务作为学生实现核心素养四个方面融合发展的落脚点。深度学习单元整体教学设计的第一步就是基于单元学习内容和学情分析构想主题大任务，即从语用角度思考学生学习完本单元后能综合运用单元所学知识技能解决什么实际问题，也就是深度学习概念里提到的"挑战性主题大任务"，这个主题大任务的具体落实就在单元综合展示课中。单元主题大任务应该具有以下特点。

1. 情境真实性。教师要把单元学习内容与学生生活建立密切的联系，创设一个有意义的，贴近学生生活经验的情境，让学生在情境中综合运用单元所学的知识技能解决生活中的实际问题。如：制作和展示英语海报，当英语导游，当英语电台主播，参加英语答辩等。

2. 知识结构化。单元整体学习是整进整出的学习，单元学习最终要以整

合性输出任务作为学生实现核心素养四个方面融合发展的落脚点，因此，主题任务要引导学生把单元所学的语言知识整合起来运用，以语篇的形式输出，而不仅仅是记住一堆零散的词语、句型和语法知识。

3. 技能融合性。生活情境是复杂的，基于情境性问题解决的主题大任务需要学生综合运用听、说、读、写、看、演等多种技能，甚至跨学科知识技能，如：七年级上册 U4 Seasons 的主题大任务是"制作和展示介绍家乡四季的海报或宣传片"，除了需要学生综合运用与四季相关的语言知识和听、说、读、写等语言技能外，还需要运用摄影、绘画、网络资源搜索及海报或宣传片制作相关的美术和信息技术相关学科的能力。

4. 语言、文化、思维一体化。主题大任务的构想来源于单元话题却高于话题，教师要将育人目标有机融入主题大任务中，使学生在学习知识和提升技能的同时，发展思维能力，提升文化品格，形成正确的价值观，体现学科育人价值，如：九年级上册 Unit 4 Problems and advice 单元学习的主题大任务是"给学校电台做一期关于青少年成长问题的专题节目"，学生在分析青少年成长问题和提供解决建议的过程中，发展批判性思维能力，学会正视青春期成长烦恼，并积极分析原因并寻求解决方法，健康成长。

新版教材在每个单元最后都安排了 Project 板块，其特征与上述四个特征高度吻合，教师基本上不用费心思再去构想单元综合性活动。但是，没有一套教材是适合所有学生的，教师可以基于实际学情对教材提供的 Project 进行改编、调整或者创新设计。

（二）以单元综合展示课为单元设计的起点，搭建学习支架

深度学习单元整体教学遵循逆向设计法理论，在确定了主题大任务之后，教师要基于单元学习结果反推教学过程的设计，即思考如何搭建学习支架帮助学生完成主题大任务。教师需要思考以下几个问题：学生在单元综合展示课中要综合运用哪些语言知识和哪些语言技能？需要设计什么学习活动帮助学生获得这些知识和技能？各项学习活动中需要运用哪些资源？这些活动之间的逻辑顺序如何？教师搭建学习支架的过程，也就是设置单元整体教学目标的过程。

以九年级上册 Unit 4 Problems and advice 单元整体教学目标设置为例（图43），为完成单元综合性实践活动"为学校电台录制一期关于青少年成长问题的专题节目"，学生需要具备的知识技能包括：掌握阅读英文求助信的能力，

以及口头和书面回复求助信的能力；积累一定量关于青少年成长话题的观点、词汇及提供建议的句型；掌握求助信、建议信的语篇结构等，这些就是单元终极目标。从单元整体教学目标可见，阶段性目标一至三为单元终极目标做了不同层面的铺垫和支撑，阶段性目标语言知识逐步增加，语言技能逐步融合，每个阶段性目标下的资源的选择和活动的设计都是为完成主题大任务服务，确保单元教学的整体性、关联性和递进性。

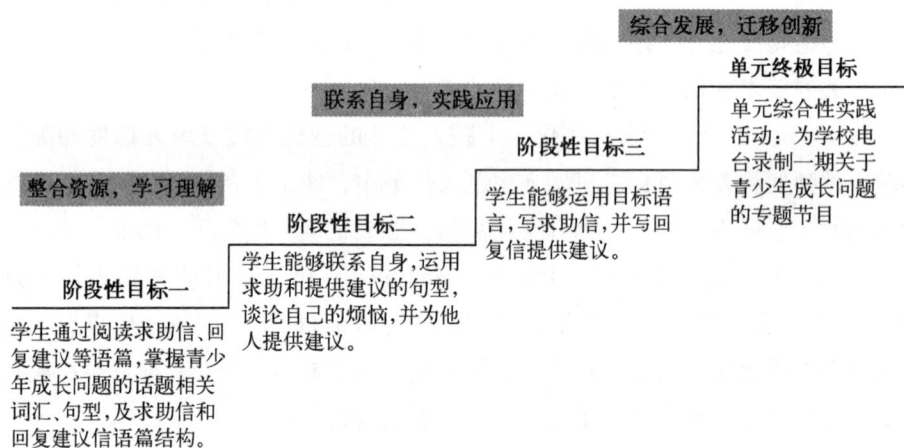

综合发展，迁移创新

单元终极目标

单元综合性实践活动：为学校电台录制一期关于青少年成长问题的专题节目

联系自身，实践应用

阶段性目标三

学生能够运用目标语言，写求助信，并写回复信提供建议。

整合资源，学习理解

阶段性目标二

学生能够联系自身，运用求助和提供建议的句型，谈论自己的烦恼，并为他人提供建议。

阶段性目标一

学生通过阅读求助信、回复建议等语篇，掌握青少年成长问题的话题相关词汇、句型，及求助信和回复建议信语篇结构。

图 43　九年级上册 Unit 4 Problems and advice 单元教学目标

（三）让单元综合展示课成为单元学习的兴奋点，为学生提供展示的平台

高中课标提出要将活动作为课堂教学的基本组织形式和培养学生英语学科核心素养的有效路径，倡导教师要围绕主题语境，基于语篇，通过学习理解、应用实践、迁移创新等层次递进的语言、思维、文化相融的活动，引导学生加深对主题意义的理解。"活动与体验"也是深度学习的基本特征之一，深度学习单元教学倡导活动推进的课堂教学。高中课标提出了指向学科核心素养的英语学习活动观，明确活动是英语学习的基本形式。作为单元最后的综合展示课，Project 的活动设计要紧密联系学生的实际经验，基于学生的学习兴趣，能够激发学生综合运用英语和其他跨学科技能去完成一个个挑战性的任务，使课堂成为学生展示自我的舞台，成为单元学习的兴奋点。

1. 单元综合展示活动具有综合性。单元综合展示课是一个相对复杂的基

于真实问题解决的主题大任务，学生在解决问题中需要综合运用单元所学的词汇、句型、语篇结构、语法等知识和跨学科知识，以及听、说、读、写、看、演、评等多种技能。这个大任务不仅能够整合起单元目标知识和技能，还要能培养学生跨学科知识运用和小组合作能力，提升学生的创新思维能力，体现学生健康积极的价值观。

2. 单元综合展示活动注重学生思维能力的培养。语言是促进人的心智发展的重要工具。单元综合展示课是学生在新情境下自主建构和迁移运用知识，创造性地解决问题的语言实践活动课。从英语学习活动观的角度来看，单元综合展示课的活动主要是迁移创新类活动，教师要设计创作、展示、辩论、评价类的学习活动，培养学生的逻辑思维、批判性思维与创新思维等高阶思维能力。

3. 单元综合展示活动充分体现学生的主体性与合作性。单元综合展示课是一个复杂的、具有挑战性的主题大任务，需要学生在组长的安排下分工合作才能完成，教师则在一旁观察指导，如：在制作和展示介绍家乡四季的海报或宣传片的活动中，有学生上网搜索家乡特色美景和习俗，有学生修改润色介绍家乡的文本，有学生画图，有学生朗读配音，有学生负责电脑合成，这个活动充分利用学生的多元智力特点，体现了学生主体性，培养了团队合作精神。

三、基于单元综合展示课的单元整体教学设计思路

笔者带领区域教师从单元综合展示课入手，尝试先为每个单元构思一个受学生欢迎的，有意义的主题大任务，上好每个单元的综合展示课，基于此，再逐步厘清基于单元综合展示课的初中英语单元整体设计的思路。下面以 2020 年区深度学习成果汇报交流活动的展示课例八年级上册 Unit 5 Educational exchanges 单元设计为例，探讨基于单元综合展示课的单元整体教学设计思路。

（一）分析教材与学情，构想单元主题大任务

八年级上册 Unit 5 Educational exchange 对应 Module 3 Culture and history 中的 culture 部分，内容是通过教育交换生的视角了解中西文化的差异，学生将了解教育交流项目的活动内容、目的和意义，了解在教育交流中遇到的文化差异及应对措施。

经调查，本班仅有个别学生有出国旅游的经验，没有学生有出国参加教育交流或文化体验的经历，但青少年对外面的世界充满好奇和探索心理，对中西

文化的差异很感兴趣，对于参加教育交流活动充满向往。

教师把单元学习内容与学生自身的知识、经验、情感和兴趣需求建立密切的联系，构想单元主题大任务 Let's apply for an educational exchange，单元学习最后学生将参加一场模拟出国游学答辩会，体验申请出国游学的全过程。主题大任务的构想来源于单元话题却高于话题，教师将育人目标有机融入主题大任务中，旨在引导学生学习、理解和鉴赏中外优秀文化，培养文化理解与包容意识，提升跨文化沟通能力。主题意义契合课程标准要求，任务真实有意义，能够弥补学生实践经验缺乏的不足，指向学生未来发展需求。

（二）基于主题大任务，整合单元学习内容

在单元整体教学中，教师要以主题意义探究为中心，重新梳理与整合单元教学内容，明确不同教学内容取舍与调整的依据，在主题意义的引领下，建构各教学材料与主题之间相互关联、逻辑清晰的单元主题意义探究主线。在单元综合展示课中，学生要用英语就东西方国家的文化差异及应对措施开展对话交流。教材内容包含国外学生体验中国文化的内容，如"筷子""太极""书法"等，但没有中国学生体验国外文化的内容。因此，教师增补了两篇拓展阅读，分别是中国学生在澳大利亚和印度游学的见闻，引导学习了解更多其他国家的文化差异。除此之外，教师还基于主题探究的逻辑主线对教材内容进行了适当整合与改编（表29），如：将听力与口语整合为一节听说课，引导学生在统一的情境活动中口头交流游学的准备及活动安排；将零散的知识点融合进一个个情境性的主题活动中，如将 Study skills 和 Culture corner 整合进单元综合展示课中，将语法融合进阅读、听说和写作课中，使学生在意义探究和问题解决的过程中建构起连贯的、整合性的知识结构。

表29 八年级上册 Unit 5 Educational exchanges 单元教学内容的整合

整 合 前		整 合 后
Reading	英国学生在中国游学的语篇	精读课
Listening	中国学生去英国游学前准备的听力语篇	"中国学生在英国"语境下的听说课
Speaking	中国学生在英国游学活动安排的对话	

续 表

整 合 前		整 合 后
Grammar	现在完成时	语法不单独成课，渗透在精读课、拓展阅读课、听说课、写作课和单元综合展示课之中
		补充拓展阅读两篇，分别介绍澳大利亚与印度游学经历
Writing	中国学生在英国游学的报告	改编课本写作任务，增加对英国的文化差异的描写
More practice & Study skills	出国游学的项目海报；填写申请表	增加单元综合展示课，将 Study skills 和 Culture corner 融入进单元综合展示课活动中，改编教材的出国游学海报为两个具体的出国游学项目
Culture corner	文化冲击现象及应对	

（三）主题探究与语言知识同步发展，制订单元整体目标

主题大任务确定后，教师要以单元综合展示课为单元终极目标，运用逆向设计法对终极目标进行分解，制订层层递进的单元阶段性目标，引导学生逐步将获取的知识技能通过实践应用转化为能力，最终形成素养。教师按照双线并进的思路表述单元教学目标（表 30），明确指引授课教师要依托语篇学习引导学生逐步深入地探索主题意义，要基于语篇设计活动帮助学生提升语言知识与技能，从而表达对主题意义的理解。

表 30　八年级上册 Unit 5 Educational exchanges 单元整体教学目标

单元整体教学目标			
语篇内容	主题内容（明线）	语言知识技能（暗线）	课型及课时
英国学生在中国的游学活动	英国学生在中国的游学活动及文化差异	**阶段性目标一：** 描述教育交流活动内容，谈论中国特色文化，阐释教育交流的意义；初步感知现在完成时。	Intensive reading （1课时）
中国学生在英国的游学活动	中国学生在国外游学的活动、文化差异及应对方法	**阶段性目标二：** 谈论参加教育交流活动前的准备，运用现在完成时描述教育交流活动内容。	Listening & Speaking （1课时）

续　表

单元整体教学目标			
语篇内容	主题内容（明线）	语言知识技能（暗线）	课型及课时
中国学生在澳大利亚和印度的游学日记	中国学生在国外游学的活动、文化差异及应对方法	**阶段性目标三：**了解更多国外教育交流项目的活动内容及文化差异，讨论应对方法；完成教育交流学习报告，表达对东西方文化差异的感受，交流分享应对方法。	Extensive reading（1课时）
中国学生国外游学活动日程表			Writing（1课时）
出国游学申请表；海外教育交流项目广告两则	开展跨文化交流，理解包容他国文化，宣传中国文化，展现文化自信	**单元终极目标：**完成出国游学申请答辩整个流程，包括阅读教育交流项目广告，选择适合自己的项目；填写出国游学申请表；用英语参加出国游学答辩会，阐述理由，自我介绍，并就东西方文化差异及对策开展交流，理性表达观点，体现文化包容意识和文化自信。	Project（1课时）

　　教师基于主题意义探究的逻辑顺序对单元内容及内容所承载的知识技能进行结构化的梳理、概括和整合，形成若干层层深入的小主题"介绍中国文化—学习他国文化—开展跨文化沟通交流"，这是"明线"；学生在相关联的"小主题"语境中，感知、理解和应用话题语言知识，包括教育交流相关话题的词汇、句型，现在完成时，由读到说，由说到写，通过各课时语篇学习逐步积累相关话题的表达，最终能够在出国游学答辩会这个新情境中综合运用所学语言知识进行输出，如选择游学项目、填写游学申请表、用英语参加出国游学答辩等，这是"暗线"。

（四）设计单元整体框架，落实教、学、评一体化

　　单元整体目标及学习内容确定之后，教师使用"单元整体设计框架"整体规划各分课时的目标、内容、学习活动及对应的评价（表31）。在做单元整体规划的时候，教师要关注每一个课时目标与内容、活动及评价的对应性，以及单元各个课时之间的关联递进。

表 31　八年级上册 Unit 5 Educational exchanges 单元整体设计框架

课　时	学习目标	学习内容	学习活动	持续性评价
第一课时 Intensive reading Eric 和 Sarah 在新华初中的游学活动	1. 运用预测、跳读、扫读、细节寻读等阅读策略理解一篇教育交流的文章，了解教育交流项目中的活动及文化体验； 2. 在采访语境中，灵活运用篇章内容和词句开展对话，谈论教育交流项目的活动内容、文化体验并发表个人看法； 3. 初步感知现在完成时的构成及使用语境。	课本主阅读语篇 An exchange visit is educational and interesting!	**学习理解类活动：** 基于问题链、思维导图的文本阅读。 **应用实践类活动：** 1. Miss Wilson's report on the exchange visit 2. An interview with Eric and Sarah **迁移创新类活动：** 网络资源搜集 Introduce more Chinese culture to Eric and Sarah	**评价标准：** 回答问题和完成思维导图的情况；从内容完整性、语言准确性和流畅性三个维度评价采访和课文复述。 **评价方式：** 师生评价、生生评价
第二课时 Listening & Speaking 新华初中的学生准备赴英国 Woodpark School 参加游学活动	1. 在听前根据引言、图片、标题等对内容进行预测，在听中捕捉和记录关键信息； 2. 根据听力的内容进行角色扮演，口头表达去英国参加教育交流活动的注意事项； 3. 在语境中运用现在完成时。	1. 课本第 70 页听力活动 2. 课本第 75 页口语活动	**学习理解类活动：** 听录音，完成听前预测、听中捕捉关键信息、笔记、速记等任务。 **应用实践类活动：** 1. 角色扮演对话； 2. 口头表达去英国参加游学活动的注意事项。 **迁移创新类活动：** 网络资源搜集——英国文化习俗知多少?	**评价标准：** 1. 根据听力表格完成情况进行个别评价。 2. 从内容完整、语言准确、时态运用三个维度对口头表达进行评价。 **评价方式：** 师生评价、生生评价
第三课时 Extensive reading Tim 和 Mandy 在澳大利亚和印度的教育交流体验	1. 阅读两篇文章，总结归纳篇章在内容、结构等方面的异同点； 2. 提取篇章内容要点，自主组织语言口头介绍所阅读的短文； 3. 通过阅读了解教育交流中的文化冲击，增加文化理解和认同，提升跨文化沟通能力。	课外主题拓展阅读：Tim 和 Mandy 的澳大利亚和印度游学日记	**学习理解类活动：** 扫读后完成思维导图。 **应用实践类活动：** 小组合作，根据思维导图口头汇报印度或澳大利亚的游学经历，在汇报中运用现在完成时。 **迁移创新类活动：** 网络资源搜集 Find more culture shock in Australia and India	**评价标准：** 通过完成阅读表格的情况，两人对话内容的完整性、语言的准确性（现在完成时）进行评价。 **评价方式：** 师生评价、生生评价

续　表

课　时	学习目标	学习内容	学习活动	持续性评价
第四课时 Writing Alice 在英国游学的报告	1. 运用话题词汇和篇章结构，结合本单元语法现在完成时（have done），完成一篇报告，汇报教育交流期间自己的经历，聚焦其中文化体验活动和"文化冲击"现象； 2. 运用作文评价标准评价和修改作文。	课本改编后的写作任务	**应用实践类活动：**从景色、活动、文化冲击等方面，运用现在完成时完成写作任务。 **迁移创新类活动：**评价、修改习作。	**评价标准：** 1. 关注内容：写作要素齐全，须提及相关文化活动及"文化冲击"现象。 2. 关注语言：正确使用现在完成时。 3、关注结构和流畅性。 **评价方式：**师生评价
第五课时 Project 出国游学申请及模拟答辩会	1. 学会根据游学项目，结合自身兴趣和需求，填写出国游学项目申请表，并结合该申请表做口头自我陈述； 2. 扮演项目专家组和申请人开展答辩活动，就游学国家的景色、活动、文化冲击进行问答和评估。	1. 根据课本 More practice 和主题拓展阅读篇章改编的欧亚教育交流机构的两个项目广告 2. 出国游学项目申请表	**学习理解类活动：**阅读两篇教育交流项目宣传广告，了解游学活动、文化体验项目及申请者的要求。 **应用实践类活动：**填写出国游学项目申请表。 **迁移创新类活动：**参加出国游学现场答辩，包括自我陈述—回答专家提问—评价打分并决定是否批准申请。	**评价标准：** 1. 申请表的填写是否完整（尤其关注申请理由是否充分）。 2. 依据评价表，从自我陈述内容完整性，回答问题的正确性，语音语调准确性及面试答辩仪态等方面进行评价。 **评价方式：**生生评价

　　教师以课程标准提出的"英语学习活动观"为指引，设计具有层级性和逻辑性的学习活动，力求活动符合语言学习规律，基于学生兴趣，指向目标的达成。例如：在精读课的学习理解类活动中，教师通过让学生观看教育交流项目视频，阅读标题、引言、插图预测大意等活动引导学生感知语篇主题；通过

问题链、思维导图等引导学生获取与梳理文章内容，并对文章大意进行概括整合。阅读完语篇之后，教师设计了带队老师口头汇报和采访交流学生的活动，引导学生通过互动交流内化与运用语言知识，这是应用实践类活动。最后，教师让学生讨论"Suppose the English students come to Guangzhou, what cultural activities will you show them?"，引导学生将教材与自己生活产生连接，为英国交换生设计一些具有广州特色的文化交流项目，这是需要学生联系生活大胆创新的迁移创新类活动。

教师在决定教什么和如何教之前必须思考如何开展评估而不是在一个单元学习结束时才建构评估。在深度学习单元教学实践中，目标、活动与评价是同步思考，一体化设计的。从表31可见，每一个活动都有对应的评价，评价方式和评价主体多样，避免教师脱离目标开展评价，充分发挥评价的反馈与促学功能，使评价成为教学的有机组成部分。

四、单元整体视角下的单元综合展示课教学实践

高中课标倡导教师要围绕主题语境，基于语篇，通过学习理解、应用实践、迁移创新等层次递进的语言、思维、文化相融的活动，引导学生加深对主题意义的理解，本单元的单元综合展示课很好地践行了这一点。

［活动一］阅读游学海报，选择游学项目（学习理解）

教师创设如下情境：欧亚教育交流机构向学生群体推荐新一年度的出国游学项目，呈现澳大利亚和印度教育交流项目海报（见附录），将学生引入情境，通过询问项目目的地、活动内容、活动要求等问题，引导学生快速阅读海报。

［设计意图］

高中课标指出，教师和教材编写者在选择语篇时，要尽量涵盖实际生活中各种类型的语篇，包括多模态语篇，使学生接触到真实多样的语篇材料，以更好地适应未来学习、工作和娱乐的需要。出国游学项目海报属于多模态语篇，图文并茂，给学生提供了新鲜真实的阅读体验，为模拟出国游学答辩会创设了真实的情境，也为学生接下来的答辩活动提供了丰富的内容和语言支撑。教师可以引导学生通过关注插图和标题提高阅读速度和效率，总结广告海报类的语篇特征。在通过"问题链"帮助学生获取和梳理语篇关键信息后，教师询问学生"Which programme would you like to join?"，引导学生把海报内容与自身

兴趣需求产生联系，自然地过渡到活动二。

[活动二] 填写出国游学申请表，口头自我介绍（应用实践）

教师呈现出国游学申请表（图44），要求学生根据自己的选择进行填写，着重引导学生要根据海报中的教育交流活动写"申请理由"，并引导学生在表格情境中猜测和学习生词 nationality, educational background, duration, signature。完成申请表后，教师要求学生口头汇报申请表的内容，请个别学生全部展示。

Application Form of an Educational Exchange

Family name	Pan	Given Name	Guowei	
Date of birth	Oct. 26th. 2006	Place of birth	Guangzhou, China	
Nationality	China	Sex	man	
Address	Guangzhou, China	Post code	×××××	
Telephone No.	None	Email	×××××@qq.com	
Educational background	Junior high school	Passport no.	E000l0ol0	
Hobbies	study animals, food, travelling	Destination	Australia	
Reasons for applying	①Try local food ②learn more about kangaroos, koalas and turtles ③learn the history of Australia			
Duration of study	From Sep. 1st. 2021 To Jun. 25th. 2022			
Signature of the applicant			Date	
Pan Guowei			May. 9th	

图44　出国游学申请表

［设计意图］

英语学习的目的不仅是促进学生综合语言运用能力的提高，更是为学生的终身发展打基础，填写英文表格是学生未来学习和发展的必备的技能。"填写出国游学申请表"创设了一个真实的任务，引导学生把游学广告内容与自身爱好和学习需求相结合，经过分析与判断选择目的地，培养了初步的生涯发展规划意识。学生在"填表"和"口头自我介绍"活动中巩固运用 be born, live in, come from, be good at, I want to apply for . . . because . . . 等目标语言知识，语言学习和技能提升有机融入主题意义探究活动中。

"自我介绍"和"出国游学理由陈述"将在接下来模拟答辩中再次用到，为活动三做铺垫，降低了学习难度，体现了活动设计的环环相扣，语言知识的互为铺垫和技能培养的螺旋上升。

［活动三］参加出国游学答辩会，真实交际互动（迁移创新）

1. 活动分组及前期准备

学生被分为四个组，分别是澳大利亚专家组，印度专家组，澳大利亚申请者和印度申请者。专家组的同学由听说能力较强的学生担任，其他同学按照自己的申请意愿分组。为营造真实的答辩会现场氛围，课堂座位布局做适当调整，专家组面向全体申请者而坐。

教师需提前指导专家组的同学，根据面试要求准备内容丰富，句式多样的问题，并引导他们根据申请者的陈述或回答进行"现场追问"，使沟通互动更真实有效。

2. 宣布答辩流程（图45）和评价标准（表32）

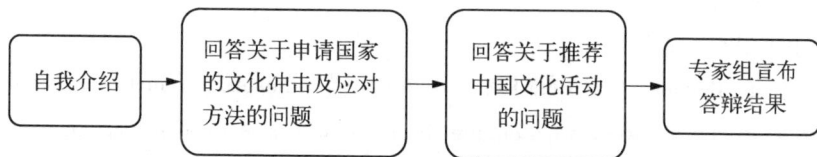

图 45　出国游学答辩会流程

表 32　出国游学答辩会评价表

项　目	要　　求	分值
自我介绍	内容完整，语音语调准确；使用 be born, live in, come from, be good at, how long, apply for 等目标短语	10

项　目	要　求	分值
专家问答	能提取课本及课外相关知识回答关于文化冲击的问题，内容正确合理；语法正确，能运用 get over, culture shock, If ... , I will ... 等目标句型和现在完成时	10
面试礼仪	礼貌、大方、自信	5

备注：得分 20 分以上的申请者将获得批准

［设计意图］

本活动的评价活动很有特色。专家组判断是否批准申请者的申请就是评价，评价活动自然地镶嵌于学生的答辩活动之中，评价的主体是学生。在单元学习活动开始之前，教师要清晰、明确地让学生知道和理解评价标准，以便学生可以随时对照标准进行自我评价。评价的维度对应学习目标，不仅设置了语言知识、语言能力层面的评价维度，还关注到面试礼仪，培养了学生的综合素养。

3. 模拟答辩

学生依次出场，用英语进行自我介绍，并回答专家的问题，他们感觉新鲜又紧张，能够积极参与活动。答辩结束后，专家组能够结合"评价标准"评价申请者的答辩表现，判断他们是否通过答辩。以下是申请者与专家组的对话：

Expert A：Which country are you going for the educational exchange?

Student：Australia.

Expert A：Why?

Student：Because I like outdoor activities and animals. I want to feed koalas.

Expert B：Do you know what culture shock you will meet when you are in Australia?

Student：Yes. I have learnt some from the internet. For example, Australians call each other only by names, even a student can call the teacher's name. Nobody will think it is impolite. In China, this is rude.

Expert B：How will you get over the culture shock? Will you call the teachers' names?

Student：No, I won't. I will still call them Mr or Mrs to show my respect.

Expert C：If an Australian student comes to your school for educational exchanges, what kind of Chinese cultural activities will you show him?

Student：I will tell them about some Chinese traditional festivals，such as Chinese New Year，the Dragon Boat Festival.

Expert D：You did a good job. You have done some research about Australia. You will have your own idea about how to call teachers. It's good. We've decided to give you the offer. Congratulations！

Student：Thank you！

［设计意图］

迁移创新类活动使学生在新的语境中，通过自主、合作、探究的学习方式，综合运用语言知识技能，开展多元思维，创造性地解决问题，理性表达观点、情感和态度，体现正确的价值观，实现深度学习，促进能力向素养的转化。

模拟答辩活动属于迁移创新类活动。学生分成四个团队合作开展活动，申请者需要对单元前面所学的话题、词汇、短语、句型，以及课内外学习到的关于东西方国家的文化习俗知识进行梳理整合和分析判断，提取合适的信息用于答辩。在上述案例中，申请者就澳大利亚学生对老师直呼其名的文化差异，表示自己还是会按照中国的习惯尊称老师，体现理性表达观点和尊敬师长的积极价值观。专家组在宣布决定时，有理有据，体现了良好的评价判断的思维品质。

活动充分体现了深度学习"活动与体验""迁移与创造""内化与交流"的基本特征。整节课中，学生作为主体主动参与活动，积极体验用英语答辩的过程。在答辩过程中，学生能够将单元所学到的知识迁移运用到填表、答辩活动中，通过互动与交流，将外在知识转化为个人理解并能够表达出来的知识，并用于解决真实情境中的新问题。

活动也体现了深度学习"价值与评判"的特征，学生在活动中交流探讨其他国家的文化差异，向国外学生宣传中国优秀文化，在培养文化包容意识的同时，增强中国文化的自信，进一步加深对单元主题意义的探究。

五、结语

在深度学习单元整体教学实践中，单元综合展示课是落实单元主题大任务，检验单元学习效果的重要课型，也是整个单元中最受学生欢迎的课型，它让学生在具有挑战的主题大任务中创造性地运用语言解决问题，体验学以致用的成就感；也引领教师以英语学科核心素养为宗旨，围绕主题引领的学习活动进行整体设计，促进教师不断提升课程设计与实施能力，激发教学创新。教师在单元综合展示课教学中要注意活动的形式与内容并重，以及活动的可操作性，因为活动只是载体，语言知识与技能的提升和思维的发展才是关键。

附录：澳大利亚与印度教育交流项目海报

An Educational Exchange in Australia
A Conservation with Wildlife

Do you love to travel and meet new people? Have you ever lived and studied in another country, a country quite different from China? Well, join our educational exchange in Australia now!

There are two parts in our educational exchange. In the first part, a student from Australia will come to China and stay in your family. In the second part, you will travel to your exchange partner's home and stay with his or her family. You will go to school with him or her. You will also take part in some activities.

In the 2nd part, you will take part in different activities:

- Try many local food in the Canteen Program.
- Join the Weekend Tour to discover the stories and history of Australia.
- Learn about amazing sea creatures, such as sea turtles, huge stingrays, Port Jackson sharks, and learn how to protect them.
- Meet kangaroos, hand feed koalas and discover many animals from different species.

You can apply for our educational exchange if you

- are aged between 14 and 17；
- would like to learn about the language, culture and history of other countries；
- like outdoor activities and animals；
- have a reference from your head teacher.

You're marking a difference to wildlife conservation when you take part in Australian educational exchange program. You haven't really seen yourself until you have been an exchange student in Australia.

Come and join us!

An Educational Exchange In India
A close touch with the culture of India

Are you fond of travelling and meeting new people? Have you ever lived and studied in another country? Are you interested in Indian culture? Come to join our educational exchange in India now!

There are two parts in our educational exchange. In the first part, a student from India will come to China and stay in your family. In the second part, you will travel to your exchange partner's home and stay with his or her family. You will go to school with him or her. You will also take part in local activities.

In the second part, you will take part in fantastic activities.

* *Visit many famous places of interest, such as the Taj Mahal, the ancient city of Fatepur Sikri, the City Palace.*
* *Try a lot of local food with spicy cuisine and experience a new way of eating.*
* *learn and enjoy traditional Indian dances and instruments.*
* *Get further study on measuring pollution, writing scientific reports and other projects.*
* *Experience traditional festivals, such as Republic Day, Independence Day, Holi Festival, Diwali Festival.*

You can apply for our educational exchange if you:

* *are aged between 14 and 18;*
* *would like to learn about the language, culture, history and lifestyle of India;*
* *interested in history and culture;*
* *have a reference from your head teacher.*

You will harvest a lot in Indian culture if you take part in Indian educational exchange program. Look forward to meeting you in our program!

Come and join us!

第七节　复习课——基于主题意义
探究的跨单元复习

　　针对初中英语第一轮复习中知识碎片化，学生缺乏新鲜感和挑战性等问题，研究团队尝试把深度学习单元整体教学理念迁移运用到复习中，以主题统领话题关联的若干单元，将初中教材 46 个单元整合为 11 个大单元开展跨单元复习，将语言知识技能的提升与中考备考策略的培养有机整合在单元主题意义探究活动中，缩短复习进程，提高复习的针对性和有效性。团队在大量实践的基础上建构基于主题意义探究的跨单元复习模式，即通过探究主题、深化主题和表达主题三个环节，引导学生在统一的大单元语境下整合建构知识、发展综合语言运用能力、探究大单元主题意义、提升中考备考策略。

一、初中英语第一轮复习存在的问题

　　如何提高中考复习效率是广大一线教师持续探索的课题。初中英语第一轮复习通常是教材复习，如何在有限时间内复习初中教材 46 个单元内容呢？有的教师带领学生将六册课本重新学一遍，耗时长且缺乏新鲜感和挑战性；有的教师将话题相近的单元整合起来复习，但这也只是多个单元语言知识的叠加学习，缺乏对知识的整合与创新运用；此外，第一轮复习普遍存在重语言知识训练而轻综合语言运用能力培养的现象，教师给学生安排大量应试性刷题任务，导致学生参与的积极性不高，影响复习效果。

　　笔者研究指向深度学习的单元整体教学近十年，发现单元整体教学的优点在于，单元各课时基于单元总目标整体规划，课时之间具有整体性、关联性和递进性，共同促进单元主题意义的探究。教师可以调整学习单元的大小，除了教材章节单元之外，还可以按照学科核心素养的进阶来组织，打通年级甚至学段，跨教材单元、章节对相关内容进行整合来确定单元学习主题。受此启发，笔者认为可以把单元整体教学的理念迁移运用到初中英语第一轮复习中，以主题统整多个相关联的教材单元开展跨单元主题学习，将语言知识的建构、综合技能的提升，以及中考备考策略的培养有机整合在单元主题意义探究活动中，从而缩短复习进程，提高复习效率。

二、初中英语大单元复习模式的建构

笔者认为，以大单元形式组织复习，主要基于以下几点原因。

首先是基于英语教材编排的特点。话题是对单元语篇内容的概括和凝练，而主题是为语言学习提供意义语境，并有机渗透情感、态度和价值观。初中英语教材以话题划分学习单元，相同或相关联的话题分布在六册教材里，话题知识随着年级增长滚动复现和螺旋上升，话题所承载的主题意义逐步深入。例如：健康话题分布在九年级上册 Unit 6 Healthy diet，九年级下册 Unit 5 Sport 和 Unit 6 Caring for your health 三个单元中。新授课期间，学生按照教材编排的顺序学习了这几个单元，到了复习阶段，教师可以整合三个单元的内容，引导学生从饮食健康、健身运动和心理健康等多角度探讨身心健康主题。

其次是基于初中英语第一轮复习的目标。第一轮复习的主要目标是复习巩固初中阶段的语言知识，包括词汇、短语、句型和语法，这些知识呈零散状储存在学生的记忆中，遗忘率大。以主题为统领开展大单元复习，可以引导学生在统一的主题语境中对零散的知识进行整合，并在语言实践活动中建构和内化。

笔者按照话题在情境中运用的原则，把初中六册教材 46 个单元按照话题关联整合为 11 个大单元，基于解决第一轮复习中重复无新意、知识点零散、综合技能培养不足等问题开展复习教学研究，在大量实践的基础上建构了基于主题意义探究的初中英语大单元复习模型（图 46），即以大单元主题为引领，通过探究主题、深化主题和表达主题三个环节，引导学生在统一关联的主题情境下开展听、说、读、写语言实践活动，在逐步深入地探究主题意义的同时，建构和内化大单元核心语言知识，发展综合语言运用能力和提升备考策略。

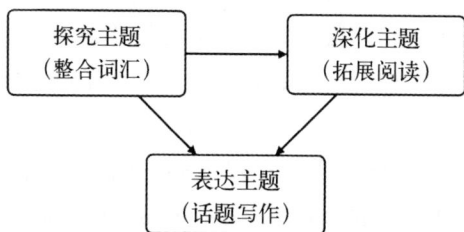

图 46　基于主题意义探究的初中英语大单元复习模型

探究主题环节以词汇复习为主，学生在教师的引导下梳理整合大单元核心词汇、短语和句型，在情境性的听说活动中探究主题意义，建构结构化知识和提升听说能力；深化主题环节以阅读为主，学生通过阅读多个主题相关的拓展语篇，获取丰富的内容，拓展话题词汇，提升阅读微技能，同时深化对主题意义的理解；在表达主题环节，学生在情境性写作任务的引导下，灵活运用前两节课习得的语言知识，提取课内外语篇中合适的内容观点进行整体输出，创新性表达自己对主题意义的理解，提升写作能力。三个环节主题情境统一，语言知识相互关联，语言技能逐步提升，学习任务贴近中考题型，不仅体现了单元学习的整体性、关联性和综合性，也体现了基于备考策略提升的针对性。下面，笔者以"环境保护"主题为例，阐述大单元复习的基本步骤和实施策略。

三、初中英语大单元复习的实施步骤与策略

（一）整合大单元复习材料

课程标准提出，教师要强化素养立意，围绕单元主题，充分挖掘育人价值，确立单元育人目标和教学主线。教材中与"环境保护"主题相关的单元有七个，分别是七年级上册 Unit 3 The Earth，Unit 4 Seasons，七年级下册 Unit 4 Save the trees，Unit 5 Water，Unit 6 Electricity，九年级下册 Unit 3 The environment，Unit 4 Natural disasters，内容关于"气候""环境""资源"等问题。结合主题的育人目标，笔者提炼大单元主题意义为：学生能够认识到环境问题的严重性，积极参与环保行动，提升"保护地球，从我做起"的意识和责任感。

基于大单元主题意义，笔者设计写"保护地球"倡议书为单元主题大任务，即学生能够灵活运用七个单元中关于气候、环境、资源等词句表达当前的环境问题，分析原因，并从社会和个人的角度提出合理的建议。

环境保护是全球的热点话题，学生也参与过环保日、植树节、垃圾分类等相关活动，有一定的环保意识。但他们不能灵活运用话题相关词汇、短语、句型条理清晰地表达主题意义；受制于生活经验的不足，也难以提出节约水电、垃圾分类、减少砍伐之外的创新性环保措施。因此，笔者补充了 *Polar bears and their floating ice*，*Plant lamps* 和 *The more trees，the better* 三个拓展阅读语篇，并以 "What can we get from the Earth？" "What problems does the Earth have？"

"What can we do to protect the Earth?"三个问题为引导，梳理主题大单元复习所涉及的课内外语篇之间的逻辑（图47）。

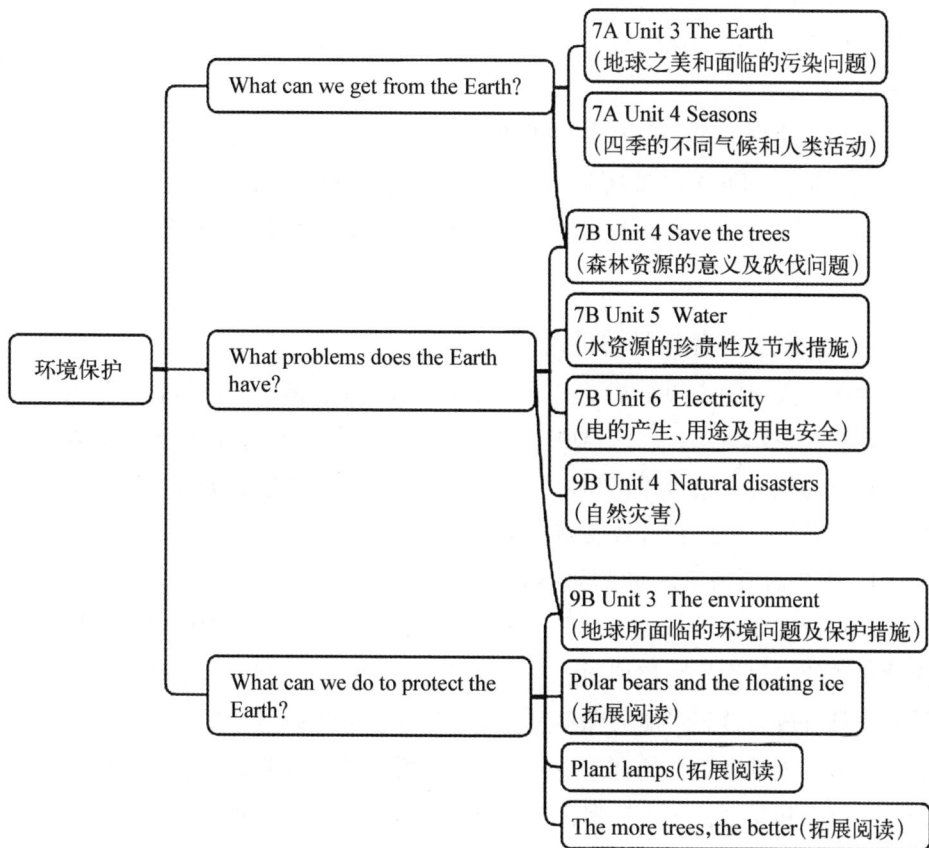

图47 "环境保护"大单元语篇逻辑

（二）规划大单元复习思路

基于大单元学习材料内容逻辑，结合大单元复习模型的三个环节，笔者规划了"环境保护"话题大单元的复习思路。

在探究主题环节，教师以"问题链"和"思维导图"带领学生梳理教材七个单元的核心词汇、短语和句型，并以"绿色城市主题演讲"引导学生从"环境现状""产生的原因""环保建议"三个角度对核心词汇进行整合并口头输出，在情境性的语言实践中自主建构和内化知识。

在深化主题环节，学生阅读三个拓展阅读语篇后完成两个任务，任务一是与中考阅读理解题型一致的阅读理解任务，引导学生理解语篇内容，并提升阅读微技能。任务二是"温室效应论坛"讨论活动，引导学生在新情境中有意识地运用拓展篇章中的内容观点，如温室效应对动物的影响，以及生物能、在线植树软件、少用一次性筷子等创新性环保举措，帮助学生深化对主题意义的理解。

在表达主题环节，学生在"保护地球倡议书"写作任务的引导下，灵活运用和提取前面两个环节所学习的词汇、短语、句型和内容，表达自己对环境问题的看法，提出多样性的环保举措，并在教师的指引下评价和修改作文。

（三）开展整合性学习活动

大单元复习的本质是基于主题意义探究的单元整体学习，与教材原始单元学习相比，主题更综合，内容更丰富，因此学习活动的整合性更强，要以主题意义探究为核心，整合语言知识学习、语言技能与备考策略提升，以下是三个环节主要学习活动的设计及实施效果。

1. 整合话题词汇，在情境性听说活动中探究主题

课程标准要求教师要有意识地通过对话、讨论等复现所学词语，引导学生围绕主题使用思维导图梳理词汇。思维导图是一种源自脑神经生理的学习互动模式，具有放射性思考能力和多感官学习特性。它可以打开多种突触连接，开启创造力、思维和记忆的真正头脑风暴。探究主题环节要复习七个教材单元的词汇、短语和句型，内容较多，思维导图既能帮助学生关联记忆丰富的主题相关词汇，也能帮助学生梳理词汇间的逻辑关系，形成一张新旧词汇交织的知识网，以便在新情境下自主提取，实践运用并建构新知。英国语言学家卡特等提出，如果把一个单词的形式及其功能特征的综合体置于一个完整的词汇环境中，学起来比较容易。

基于教材语篇逻辑，教师首先展示三个一级词汇——Resources，Problems 和 Solutions，接着用"问题链"不断追问学生，在师生对话中板书关键词，逐步完善二级、三级词汇，引导学生在复习教材内容的同时，课堂生成"环境保护"词汇思维导图（图48）。词汇思维导图为学生建构了词汇语义网，这个语义网在后面的听说写活动中反复呈现，帮助学生进行话题词汇的整合性应用，包括积累语块、搭配和进行表达，围绕主题意义建构结构化知识。

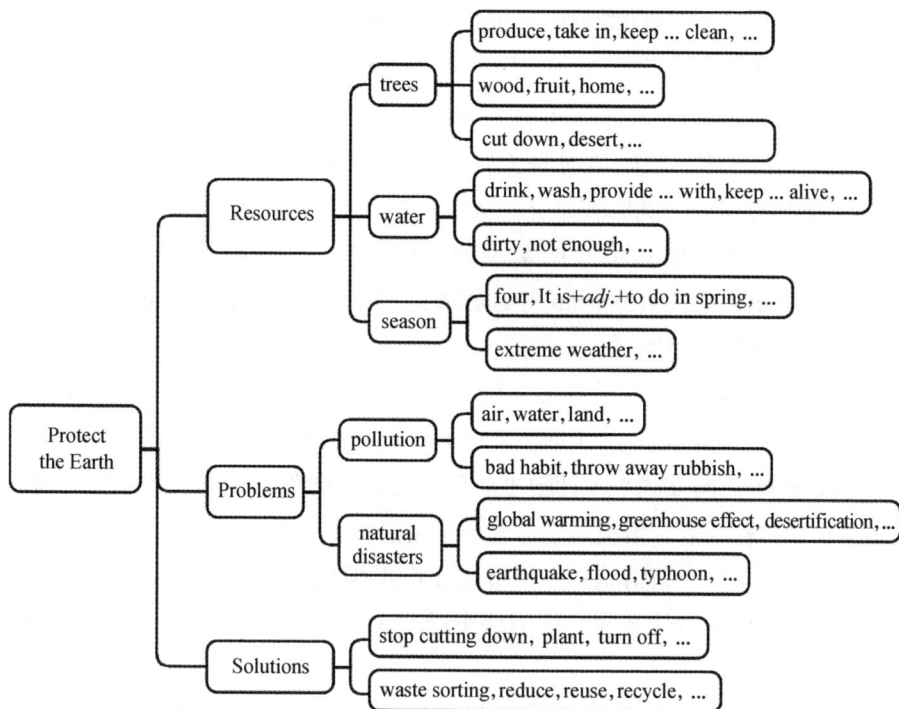

图 48　"环境保护"词汇思维导图

教师可使用学生熟悉的教材照片配合问题链，以便激活学生记忆，如：教师展示七年级下册 Unit 4 Save the trees 教材图片，并与学生开展对话。

T：Trees are important to us. Can you give some examples?

S1：Trees keep the air cool and clean. They take in harmful gases and produce oxygen for us to breathe.

S2：People can get fruit and wood from trees. And trees are homes for some animals.

T：Yes. But people cut down millions of trees every year. What bad result does cutting down forests cause?

S3：Without trees, we can't get fruit, oil, and furniture. Animals also lose their home.

T：Anything else?

S4：It makes the soil dry up and become desert.

T：Yes, more and more land will become desert. That's desertification.

词汇思维导图不仅能复习教材词汇，还能引导学生结合经验常识拓展新词汇，如在 Problems 部分，教师引导学生回忆课本内容，说出了 cut down forests，destroy animals home 等词汇，部分学生能够结合常识想到土地沙漠化，但不知其英语表达，教师适时补充环保话题高频拓展词汇 desertification。而 Solution 部分的词汇主要是教师引导学生根据前面两个部分的内容，结合常识自主建构的，学生能列举一些常见的环保举措，如 stop cutting down trees，plant more trees，turn off the tap 等，教师适当引导学生拓展了 recycle，reuse，waste sorting 这些环保话题高频词汇。

词汇教学要以单元主题意义为核心（theme-oriented），结合单元语篇学习（context-based），并以词块（lexical chunks）的形式呈现，最终用回应输入（echo the input）的方式来设计输出活动，也就是在新的语境中迁移使用词汇，回应所学，检验成效。情境是核心素养的栖息地，也是问题解决的生发点。接着，教师创设了一个新情境：广州市正在申报绿色城市，作为一名广州市民，我们该为绿色城市做什么呢？请围绕主题"A green city, a green life"进行英语演讲。

教师先引导学生借鉴前面词汇思维导图的结构，从"陈述广州环境现状—分析环境问题的原因—提出环境保护措施"的逻辑规划演讲稿的框架和内容要点，再根据提纲进行演讲。从课堂表现来看，学生能够选择课堂生成的词汇思维导图的部分词汇，如"There are mountains of rubbish."和"We should recycle what is only used once."，也能够根据广州的实际情况列举新内容，如"There are too many cars in Guangzhou, which produces harmful gases and causes air pollution."不足之处在于，学生所提出的解决措施比较常规且雷同，例如针对汽车导致的空气污染问题，学生只能提出"We should go out by bus or on foot."一种建议。演讲活动能够训练学生基于思维导图和关键词，口头连词成句、组句成篇的能力，对应中考听说"信息转述"的策略培养，也为大单元复习最后的综合运用部分作铺垫。

2. 组织拓展阅读，在理解与活用文本中深化主题

语言学家克拉申提出窄式阅读（narrow reading）二语习得策略，即阅读同一主题、同一作者或同一体裁的作品，让读者反复接触相同的词汇、语法结构、语篇特点及背景知识，有助于读者积累话题词汇和背景知识，以及厘清语篇结构。大单元复习创新性地在复习中融入篇章阅读，改变了第一轮复习单纯复习语言知识点的现象，不仅能够针对性地提升学生的阅读微技能，还能够帮助学生丰富话题语言，拓展话题内容，扩大词汇量，进一步深入主题意义的探究。本单元补充了三个语篇（表33）。

表33　"环境保护"大单元补充语篇

语　篇	What	Why	How
Polar bears and their floating ice	说明文，讲述了温室效应下北极熊面临灭绝危机及原因。	从动物栖息地环境变化的角度了解环境问题造成的严重后果。	列数据令读者直观感受破坏环境的后果。
Plant lamps	说明文，讲述了科学家为减少有害气体排放，研究植物能电灯。	从科技创新的角度，介绍新能源在生活中应用。	从工作原理、应用评价和用途三个角度介绍植物电灯。
The more trees, the better	新闻报道，介绍了全社会节能环保的系列活动，包括减少使用一次性筷子、在线植树软件和各地植树节活动。	从日常生活的角度，介绍节能环保的创新做法。	介绍每项活动的时间、地点及起因、经过、结果。

学习内容的选取既要考虑学科知识的内在逻辑体系要求，也要尊重儿童心理发展的内在需求，要从儿童的经验出发，选择适合学生心理和认知特征的，对学生发展有意义和有价值的内容，实现学科逻辑与儿童心理逻辑的统一。三个语篇从不同的角度补充了环保知识，语篇1帮助使学生认识破坏环境的严重后果，语篇2、3使学生了解更多创新性的节能环保举措，为单元综合写作提供内容支撑。笔者采取精读与泛读相结合，读说结合的方式，引导学生理解语篇内容观点，提升阅读技能，运用语言知识。

基于课程标准对初中英语阅读技能的要求和语篇特点，笔者设计了理解细节信息、归纳段落大意、推断写作意图、猜测词义、排序等阅读理解问题，要求学生限时完成三个语篇的阅读理解任务，使学生在理解语篇内容的同时，针对性地提升阅读微技能。以语篇2的一道阅读理解题为例：

What are the problems of oil lamps according to Paragraph 2?

1. They are difficult to use and create pollution.

2. They are expensive to buy and can be easily damaged.

3. They are difficult to repair and produce little light.

4. They are expensive to use and can be bad for health.

该题考查学生理解细节信息的能力，要求从原文的"The villagers were forced to use oil lamps, which are not only expensive but also dangerous because of the harmful gases they produce."中分辨出使用油灯的两个问题。正确答案是 D，从原文 harmful gases 到 D 选项中的"... can be bad for health"，训练了学生用英语释义（paraphrasing）的能力。

了解语篇内容后，教师创设新的语用情境，引导学生实践运用语篇知识：英语社团开展一场有关温室效应的主题论坛，请你从温室效应的现状、原因和解决措施三个角度发表你的看法。从学生的发言提纲（图 49）可见，学生能够自主整合课内外语篇的内容到自己的论坛发言中，如：从语篇 1 中提取部分内容阐述全球变暖的现状和原因"There is too much carbon dioxide and other greenhouse gases.";引用词汇思维导图中的内容 desertification 进行表达；从语篇 2、3 中提取内容作为解决举措"Bring our own chopsticks when eating out."和"Plant more trees with Ant Forest."。有的学生还创新性地提到植物能、太阳能、风能、水能等新能源，与第一课时的演讲比较，学生提出的环保举措更具创新性和多样性，在语言知识发展的同时深化了主题意义探究。

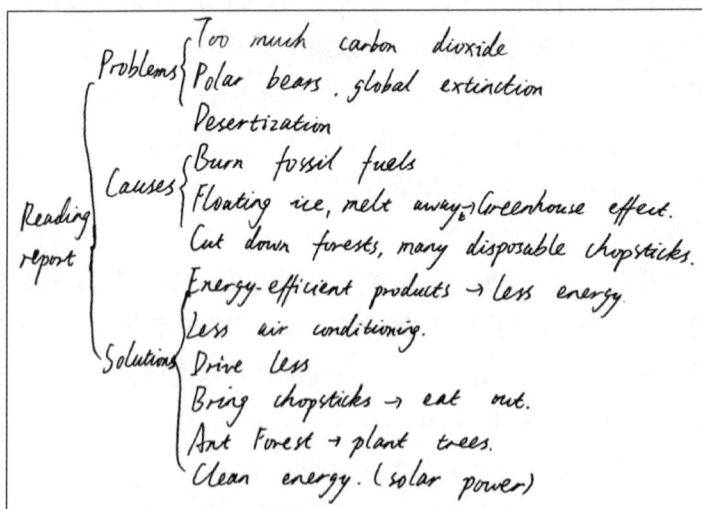

图 49　学生论坛发言提纲

3. 开展话题写作，在整合与建构新知中表达主题

"意义表达"是把零散知识结构化，回答"如何做"的问题。主题意义外化是主题意义探究的终极目标，主要指学生在新的语境中表达与语篇主题相关的意义，是提高学生高阶思维品质和语言运用能力的主要环节。大单元复习的最后一个环节是写"保护地球"倡议书，学生需要灵活运用课内外语篇中的内容观点和语言知识，描写地球环境问题的现状，分析原因，并从多角度提出合理建议。书面表达任务与前面两课时的口头输出任务"申报绿色城市"和"温室效应论坛"在结构和内容上有一定的相似度。当同一语言结构反复输出，学习者使用该语言结构的流利度和自动化程度就会提高，输出不是结果而是动态学习过程，能够有效促进学习者内在因素与外在因素的互动，进而使学习者中介语系统获得重组与拓展。

写作是中考英语的主要题型，新课标颁布以来，笔者所在的广州市初中英语写作评价命题发生了很大改变，写作内容更开放，作文题干给定的内容减少，需要学生自主构想的内容增多。学生的作文除了常见的语言知识错误之外，还出现了许多新问题，如：内容空洞，点到为止；内容雷同，缺乏新意；内容堆砌，缺乏逻辑等。因此，引导学生建构丰富多样的、逻辑合理的作文内容是本节课的主要目标之一。

写前，教师先就写作内容开展头脑风暴，在黑板上用不同颜色呈现"Resources—Problems—Solutions"三个内容要点，展示作文内容框架。学生小组讨论后把想到的内容和观点的关键词写在对应颜色的卡纸上，粘贴在相应的区域。学生不仅列举了前两个课时学到的话题词汇，还能结合常识进行创新，想到"give a speech on saving energy""develop low-carbon energy systems"等创新举措。

写后，教师带着学生按照中考作文评价标准的三个维度——内容的完整性、语言的准确性和衔接的流畅性评价典型习作，引导学生通过发现、纠错和优化习作，着重关注内容的丰富性和逻辑性。

在丰富性方面，亮点是学生能够将拓展阅读中的内容迁移到建议部分，如"We can bring our own chopsticks whenever we are eating out."和"We can get 'green energy' on Ant Forest."。主要问题是内容空洞。教师引导学生用举例子、作解释等方法拓展和丰富内容，如：在列举环保举措时，学生只会写"We should stop people from cutting down trees."，教师引导学生增加具体举措写长句子，改为"We can advise the government to make laws to stop people from cutting down trees."；又如在谈到循环利用举措时，教师引导学生在"We can do something to get 'green energy' on Ant Forest."后加上"If more people use this App, more trees will be planted on Earth."。

在逻辑性方面，很多学生忽视前面提出的"环境问题"应该与后面的"解决方法"形成对应，如：前面提到了一系列温室效应的问题，后面的举措却是"We can't throw rubbish everywhere because it looks dirty."，教师引导学生把措施改为"Try to use energy-efficient products such as environment-friendly bags or new energy cars."，使之意识到"Resources""Problems"和"Solutions"相关的内容要前后呼应，才能使文章逻辑通顺。写作活动以主题语境为连接，有机整合词汇复习、拓展阅读与写作，引导学生在表达对环境保护主题意义的过程中整合与建构新知。

四、结语

基于主题意义探究的大单元复习，是把单元整体教学理念运用到复习中的创新尝试，以大单元主题意义探究引领跨单元复习，提高了知识的整合性，加强了技能的融合性，有机融合了备考策略提升，解决了中考英语第一轮复习重复、零散、综合语言运用能力培养不足等问题。大单元复习需要教师具备较强的整合意识，在实施大单元复习的时候要注意两点：（1）精心筛选话题词汇。大话题单元包括若干个教材单元，需要复习的词汇很多，不能面面俱到，教师要以在话题情境中的使用频率为原则，筛选高频词汇，并有意识地引导学生在词汇思维导图、口头和书面输出活动中反复实践运用，建构结构化的新知；（2）关注课时之间的系统性。课时之间的系统性，不仅仅是情境的统一，更要关注语言知识的滚动复现和主题意义的逐步深入，教师在设计综合性写作任务，选择拓展语篇和组织各课时情境性活动时都要考虑这一点。

附　录

优秀单元教学案例赏析

十年课堂实践，研究团队积累了丰富的案例。附录部分精选了五个典型案例，均为在省、市、区主题教研活动中展示或者在单元教学案例评比中获奖的优秀案例。案例来自不同年级，类型多样，有教材单元整体教学设计案例、跨学科单元整体教学设计案例、单元作业设计案例和大单元复习案例。案例内容包括亮点简介、单元整体设计、典型课时设计、教师反思、学生过程性作品、专家点评等，力求展示完整的设计思路、生动的课堂互动和真实的实施效果。

案例 1

沪教版七年级上册
Unit 1 Friendship 单元整体教学设计案例

案例类型：教材单元整体教学设计案例

案例提供：冯　桃（广州市南沙第一中学）

　　　　　詹惠娟（广州外国语学校附属学校）

　　　　　周淑媛（广州外国语学校）

　　　　　宋园园（广州市英东中学）

　　　　　李宇航（广州市南沙区湾区实验学校）

　　　　　杜翠珍（华南师范大学附属南沙中学）

案例指导：袁春玉（广州市南沙区教育发展研究院）

案例特色

　　本教学案例于 2024 年 9 月在南沙区初中英语"新课标·新教材"主题教研活动中展示，本案例具有以下三个特色：

　　特色一：主题意义有深度。"结交朋友，共同成长！"这一主题，引导学生深刻理解友谊的内涵，即真正的朋友不仅是互相关心和帮助，更是共同进步和成长，鼓励学生积极交友，交好朋友，落实学科育人。

　　特色二：生动活泼的单元综合课。案例以一场友谊主题班会作为单元综合展示课，开展了"谁是我的朋友？""默契大考验""友谊是什么？"三个层层递进的活动，学生在活动中运用单元重点语言知识，分享交友的快乐，探讨友谊的内涵。

　　特色三：多样化的作业设计。案例作业中有聚焦语言知识的微写作，有体现学生跨学科知识运用的短视频制作，有贴近学生生活的名片卡制作，有学生喜欢的英文电影观看活动，还有体现个性的分层写作。作业形式多样，既聚焦语言知识的运用，又体现了学生跨学科知识运用的能力，有的作业还能在课堂上成为鲜活的学习资源，体现了单元作业的整体性、关联性和实践性。

一、提炼主题

（一）教材分析

本单元话题隶属"人与社会"主题范畴下的"社会服务与人际沟通"主题群，涉及的子主题是"良好的人际关系与人际交往"，本单元共有六个形式各异的语篇，内容丰富，具体分析如下。

语篇	What	Why	How
Reading	陈明的新朋友李华的相关信息	学习如何介绍朋友，以及认识到好朋友的特点	网帖，使用第一人称，主要使用一般现在时，从人物特点、相处的活动和对友谊的感悟三个角度开展介绍，包含描述人物性格的形容词 helpful, confident 等，以及描述朋友相处的单词、短语和句型 turn to . . . for help, share, tell, It's fun to . . . , When . . . 等
Listening	校报记者李娜调查好朋友应该具备的个人品质的采访	积累描述个人品质的词汇和句型；认识到"好朋友"应该彼此坦诚、互相关心	调查报告，涉及 caring, honest, never tell ties, trust, cheer up 等话题相关词汇，以及 Good friends are . . . , They never . . . , When I . . . , they can . . . , I think that's important for friendship 等句型
Speaking	介绍朋友外貌特征的对话	了解介绍朋友的维度，积累描述朋友外貌特征的词汇和表达	短对话，从身高、脸型、眼睛、头发四个维度描述朋友的外貌特征，包括描述外貌的词汇和表达 medium height, round, square, long straight hair 等
Writing	介绍朋友的网帖	建立描写人物的整体框架，学会灵活运用话题词汇和句型描述朋友	提供四个维度的人物描写内容框架，引导学生学习"主题句 + 细节支撑"的表达方法

语篇	**What**	**Why**	**How**
Focusing on culture	小猪 Wilbur 与好朋友 Charlotte 的孩子们的故事	深入理解"真正的朋友是互帮互助"的主题意义	小说节选，以对话形式展开，以过去时态为主，通过行为及心理描写，描述了 Wilbur 和 Charlotte 的珍贵友情，使用了 waited patiently，felt the end of the world，cried himself to sleep，they would never take her place in his heart 等短语和句型
Cross-curricular connection	加德纳的多元智能理论	从不同的角度理解友谊，既可以是志趣相投，也可以是互相补充	说明文，图文结合，使用第三人称和一般现在时介绍 Body Smart，Picture Smart，Word Smart，Music Smart，Nature Smart，Number Smart 等六种智能

（二）学情分析

本单元围绕个人信息和交友展开，对于刚刚踏入初中校园的学生来说，他们对结交新朋友充满兴趣和好奇，友谊这一话题比较贴近他们的生活实际和需求，但学生对什么是真正的朋友和友谊缺乏清晰的认识和判断；从语言方面看，学生在小学阶段已经学习过与新老师、新同学之间的简单问候、个人信息的介绍以及询问他人信息的方式，也学习了简单的表达个人爱好，喜欢的食物、运动等方面的词汇，但大部分学生只能用比较简单的词汇表达信息，不能用丰富的语言自信大方地进行自我介绍和介绍朋友。

（三）主题解读

七年级学生刚刚进入初中，需要结交新朋友，建立新的友谊，这对他们初中三年及以后的学习和生活都非常重要。基于教材和学情分析，教师将本单元学习主题确定为"结交朋友，共同成长！"。学完本单元，学生能够从外貌、性格、爱好等方面详细介绍朋友，感受结交朋友的乐趣，对结交朋友形成正确认识和判断，进一步领悟友谊对个人成长的帮助。

二、单元学习目标

通过本单元的学习，学生能够：

1. 掌握特殊疑问句的结构和用法，在与同学、朋友的交谈中运用特殊疑问句了解对方的更多情况；

2. 掌握外形、性格等描述人物的话题词汇、短语和句型，在新情境下灵活运用这些语言从基本情况、外形特征、性格特点、兴趣爱好等角度通过口头和书面形式介绍朋友；

3. 通过阅读和交流讨论，理解友谊的真正内涵，表达个人对友谊的理解，树立正确的交友观。

三、单元主题探究思路

教材语篇内容丰富，能够引导学生由浅入深地探究单元主题意义，经过对单元学习内容的梳理，教师做了三个方面的整合：（1）增：增加了人教版初中英语教材中一篇关于如何结交新朋友的说明文，开展拓展阅读，学习交友建议，并引出特殊疑问句语法点，另外补充了《夏洛的网》电影，帮助学生完整了解 Wilbur 与 Charlotte 之间的感人故事；（2）合：将特殊疑问句语法学习与拓展阅读、听力和口语整合教学，引导学生在听说情境下感知、操练和巩固运用语法；（3）改：改变教材 Project 的项目任务 Making a presentation of your new friends（说说你的新朋友）为 A class meeting of friendship（一场友谊主题班会），通过"猜猜他是谁？""默契大考验""友谊是什么？"系列活动，使学生综合运用单元知识，介绍新朋友，分享对友谊的看法。单元主题探究思路如下图。

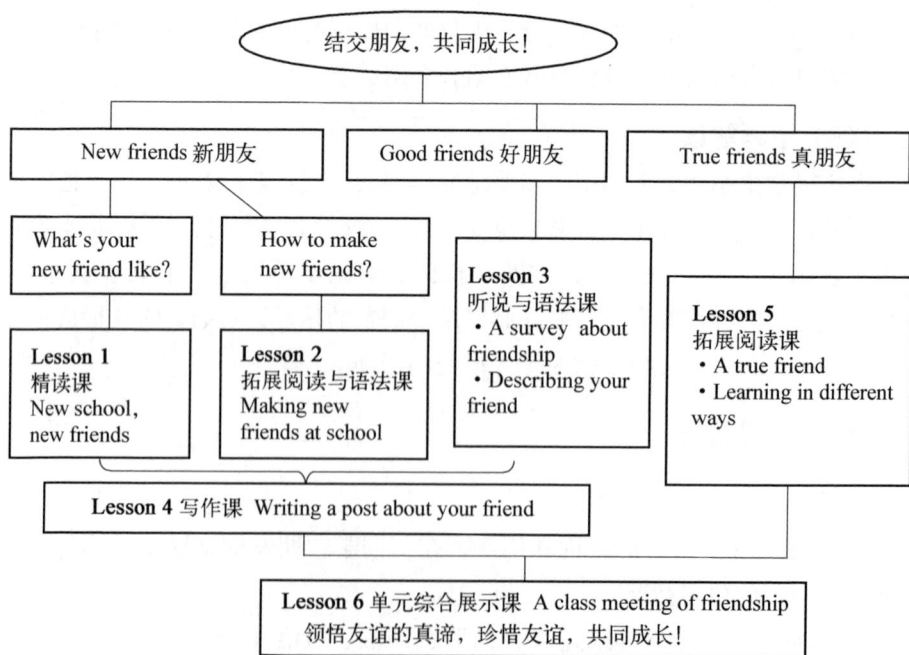

```
                    ┌─────────────────────┐
                    │   结交朋友，共同成长！   │
                    └─────────────────────┘
          ┌────────────────┬──────────────────┬──────────────────┐
   ┌──────────────┐  ┌───────────────┐  ┌──────────────┐
   │ New friends 新朋友│  │Good friends 好朋友│  │True friends 真朋友│
   └──────────────┘  └───────────────┘  └──────────────┘
   ┌──────────┐ ┌──────────┐
   │What's your│ │How to make│
   │new friend │ │new friends?│
   │like?      │ │          │
   └──────────┘ └──────────┘
                              ┌───────────────┐  ┌────────────────┐
   ┌──────────┐ ┌──────────┐ │Lesson 3       │  │Lesson 5        │
   │Lesson 1  │ │Lesson 2  │ │听说与语法课     │  │拓展阅读课        │
   │精读课     │ │拓展阅读与语法课│ │• A survey about│  │• A true friend │
   │New school,│ │Making    │ │friendship     │  │• Learning in different│
   │new friends│ │new       │ │• Describing your│ │ways            │
   │          │ │friends at│ │friend         │  │                │
   │          │ │school    │ └───────────────┘  └────────────────┘
   └──────────┘ └──────────┘
        ┌──────────────────────────────────────────────┐
        │Lesson 4 写作课  Writing a post about your friend│
        └──────────────────────────────────────────────┘
        ┌──────────────────────────────────────────────────────┐
        │Lesson 6 单元综合展示课  A class meeting of friendship   │
        │   领悟友谊的真谛，珍惜友谊，共同成长！                     │
        └──────────────────────────────────────────────────────┘
```

四、单元整体规划

课时	学习目标	学习内容	学习活动	持续性评价	作业设计
第一课时 精读	1. 学习从性格、爱好、相处活动等方面介绍朋友，运用句型"When ..., sb. ..."表达相处细节； 2. 掌握阅读微技能，并在文本阅读中熟练运用； 3. 利用文本结构思维导图和关键词复述课文。	课本主阅读语篇 New school, new friends	**学习理解类活动：** predicting, skimming, scanning **应用实践类活动：** Retell the text and share your happy moments	1. 教师倾听、观察学生的表现，并给出口头评价 2. 生生互评 3. 复述课文评价量表	微写作：用"When ..."句型描写与新朋友相处的活动
第二课时 拓展阅读 + 语法	1. 自主阅读获取文章大意、分析文章结构，并通过思维导图梳理在学校交新朋友的建议； 2. 了解疑问句的类型、结构和用法； 3. 用特殊疑问句采访周围的同学来了解他们，并与他们交友。	1. 补充阅读材料 Making new friends at school 2. 课本 Grammar 板块	**学习理解类活动：** 1. 分析、梳理语篇内容 2. 归纳总结特殊疑问句的语法规则 **应用实践类活动：** 运用特殊疑问句采访周围的同学 **迁移创新类活动：** 小组讨论，分享更多交友建议	**评价标准：** 1. 能阅读文章，获取并通过思维导图梳理信息 2. 能归纳总结并运用特殊疑问句 **评价方式：**生生互评、师生评价	拍视频：根据思维导图写个人简介，并拍交友小视频
第三课时 听说 + 语法	1. 使用听前预测、合理推断等听力技巧完成听力任务； 2. 用恰当的词汇描述朋友的外貌、个人品质； 3. 用特殊疑问句询问朋友的相关信息。	课本 Listening, Speaking 与 Grammar 板块	**学习理解类活动：** 1. 归纳概括特殊疑问句的规则 2. 完成课本的听力任务 **应用实践类活动：** 1. 你话我猜 2. 夸夸大会 **迁移创新类活动：** 给新朋友制作名片卡	1. 教师倾听、观察学生的表现，并给出口头评价 2. 生生互评 3. 评价量表	1. 仿照范例，给新朋友做一张名片卡，包括姓名、外貌、品质、能力等内容 2. 观看英文电影《夏洛的网》，为第五课时做准备

课时	学习目标	学习内容	学习活动	持续性评价	作业设计
第四课时写作	1. 从基本信息、外貌、爱好、品质四个维度，运用相关话题词汇、短语和句型描写朋友； 2. 运用"观点+支撑信息"的方法，恰当运用"When …"句型详细描写朋友品质特点； 3. 运用思维导图梳理写作内容要点和框架结构； 4. 根据写作标准评价和优化修改习作。	课本Writing板块	**学习理解类活动：** 1. 审题 2. 绘制写作思维导图；搭建语言表达脚手架 **应用实践类活动：** 写一篇关于好朋友的网帖 **迁移创新类活动：** 评价和修改习作	**评价标准：** 1. 能阅读范例文章，并通过思维导图获取写作的基本框架 2. 能总结归纳每一个段落的写作方法和语言表达 **评价方式：**生生互评、师生评价	1. 基础要求：基于课本范例完成一篇描写你好朋友的习作 2. 提高要求：写一篇描写你好朋友的习作，注意在外貌、性格等方面增加丰富的支撑细节
第五课时拓展阅读	1. 通过读前预测、文本分析等阅读策略，获取 *A true friend* 文本信息、把握记叙文六要素； 2. 通过对 *A true friend* 语篇主题的探讨，思考什么是真正朋友； 3. 通过阅读 *Learning in different ways*，思考好朋友的标准。	1. 课本Focusing on culture 板块语篇 A true friend 2. 课本Cross-curricular connection 板块语篇 Learning in different ways	**学习理解类活动：** 1. 阅读 *A true friend* 前的介绍文字，以六要素为支架，了解基本信息 2. 阅读和理解多元智能 **迁移创新类活动：** 探讨文本主题，思考与分享什么是真正的朋友	**评价标准：** 能以友情为主题，借助记叙文六要素写出自己和朋友间的故事；能有理有据地分享真正朋友的内涵 **评价方式：**生生互评、师生评价	采访拍摄：以"What do you think of friendship?"为话题采访至少三名同学
第六课时单元综合展示	1. 运用外貌、性格、爱好等话题词汇描述朋友外貌； 2. 运用特殊疑问句进行问答，表达朋友相处的活动细节； 3. 运用"观点+支撑信息"的方法，运用恰当的形容词和"When …"句	A class meeting of friendship	**应用实践类活动：** 1. 猜猜他是谁？ 2. 默契大考验 **迁移创新类活动：** 小组讨论问题"友谊是什么？"	1. 教师倾听、观察学生的表现，并给出口头评价 2. 学生评价 3. 评价量表（见案例附录）	

课时	学习目标	学习内容	学习活动	持续性评价	作业设计
第六课时 单元综合展示	型，描写人物的性格； 4. 全面地看待生活中友谊的重要性，以及维系友情的方式，形成健康向上的交友观。				

五、分课时设计（以第三、六课时设计为例，其他课时略）

第三课时	课型：Listening，Speaking & Grammar	设计者：周淑媛

教学目标	通过本课时学习，学生能够： 1. 使用听前预测、获取关键信息、合理推断等听力技巧； 2. 用恰当的词汇，如 medium height，round/square face，long/short/straight/curly/black/brown hair，dark/blue/brown eyes 等描述朋友的外貌，caring，helpful，kind，polite，honest，patient，supportive，My friend is ...，When I ...，he/she ... 等描述朋友的个人品质； 3. 用特殊疑问句（Wh-questions）询问朋友的相关信息。

教学环节	学习活动	设计意图及评价方式
Warming up：Guessing game	学生根据教师所展示的班级同学的外貌信息进行猜测活动 "Who is he/she?"。	**设计意图：** 活跃课堂气氛，引入外貌描述话题，激发学生的学习兴趣，引发学生思考。 **评价方式：** 教师倾听、观察学生的表现，并给出口头评价；小组互评
1. Speaking：Describe your friend	**学习理解类活动：** 1. Let's think！ Look at the description and summarize：How can we describe a friend's appearance? We can describe a friend's appearance from these aspects：_____，_____，_____，_____，_____？ 2. Let's brainstorm！ What words can we use to describe appearance?	**设计意图：** 1. 引导学生概括归纳描述朋友外貌的五个维度。 2. 带领学生学习描述身材、脸型、头发、眼睛、肤色等外貌特征的词汇，并训练学生分类记忆词汇的思维习惯。 3. 训练学生学以致用的能力，为单元写作和最后的单元综合展示等输出活动奠定基础。

217

1. Speaking: Describe your friend	学生从身材、脸型、头发、眼睛、肤色等方面进行头脑风暴。 **应用实践类活动：** 3. Let's guess！ Describe your new friend's appearance and ask other students to guess who he/she is.	**评价方式：** 1. 小组成员以举手抢答的方式参与课堂活动，为小组赢得相应的积分 2. 教师评价、计分；生生互评
2. Listening	**学习理解类活动：** 1. Let's discuss & share！ ◇ Look at the words for personal qualities below. Can you think of other words? ◇ Look at the words below. Are they important for friendship? Share your ideas with your classmates. 2. Let's listen！ Task 1：Li Na is doing a survey on friendship. Listen and answer the questions. Task 2： Listen again and complete the notes. Before listening, try to predict the possible answers.	**设计意图：** 1. 帮助学生积累描述个人品质相关的形容词和句型，为下面的听中和听后活动做铺垫。 2. 训练学生听前预测、获取关键信息、合理推断等听力技巧。 3. 训练学生学以致用的能力，为下面的采访活动做铺垫。 **评价方式：** 1. 小组成员以举手抢答的方式参与课堂活动，为小组赢得相应的积分 2. 教师评价、计分；生生互评
3. Speaking	**应用实践类活动：** 1. Let's praise！（夸夸大会） （1）Follow the example and write a short paragraph to praise one of your new friends in class. My new friend is ＿＿＿＿＿＿. He/She never ＿＿＿＿＿＿. I can ＿＿＿＿＿＿ him/her. When I ＿＿＿＿＿, he/she ＿＿＿＿＿. Do you know who he/she is? （2）Play the game "Let's praise！" based on the following rules. ◇ Students are divided into two groups. ◇ Student A in Group 1 reads the short paragraph aloud. ◇ Student B in Group 2 guesses who Student A praises with *Wh*-questions in the box. Note：You can't ask who he/she is at first. ◇ Student A answers the questions. ◇ Then Group 1 and Group 2 take turns. 2. Let's summarize！ Observe the following *Wh*-questions and then	**设计意图：** 1. 训练学生在真实情境中运用本节课所学知识，为单元写作和最后的单元综合展示等输出活动奠定基础。 2. 引导学生梳理归纳 *Wh*-questions 的句式结构和语法规则。 **评价方式：** 1. 小组成员以举手抢答的方式参与课堂活动，为小组赢得相应的积分 2. 教师评价、计分；生生互评

3. Speaking	sum up the rules. ● We can use *Wh*-questions with a <u>*Wh-word* + *am/is/are*</u>. ● We use <u>*do* or *does*</u> to make *Wh*-questions with other verbs.	
Homework	**迁移创新类活动：** 1. 仿照范例，给你的新朋友做一张名片卡（name card），包含姓名、外貌、品质、能力等信息； 2. 观看英文电影《夏洛的网》，为第五课时做准备。	

第六课时	课型：Project	设计者：杜翠珍
教学目标	通过本课时学习，学生能够： 1. 运用外貌、性格、爱好等话题词汇描述朋友外貌； 2. 运用特殊疑问句进行问答，表达朋友相处的活动细节； 3. 运用"观点+支撑信息"的方法，运用恰当的形容词和"When ..."句型，描写人物的性格； 4. 能够全面地看待生活中友谊的重要性，以及维系友情的方式，形成健康向上的交友观。	
教学环节	学习活动	设计意图及评价方式
Warming up	学生看图片（电影《夏洛的网》截图），回答以下两个问题，回顾电影，切入话题。 1. Do you know who are the true friends in the film? 2. What should true friends do in daily life and in difficulties?	**设计意图：**观察图片，回顾电影，激发学生对友情友谊的思考。 **评价方式：**教师倾听、观察学生的表现，并给出口头评价
Activity 1 Describing friends	**应用实践类活动：** Who is my friend?（猜猜他是谁？） A student from one group describes his/her friend to the class, students from other groups guess who he/she is by asking the following questions. 1. What is he/she like? 2. What is he/she good at? 3. What do you and your friend like doing together?	**设计意图：** 学生运用外貌、爱好、性格等话题词汇进行口头表达。 **评价方式：**教师评价、生生互评

	应用实践类活动： Why are we good friends（默契大考验） 1. A student reads the questions, and other students listen and write down the answers on the paper. Questions can include： （1）What is he/she like? （2）What is he/she good at? （3）What do you and your friend like doing together? （4）What do you like about your friend? （5）What can you learn from him/her? （6）What makes a strong friendship? 2. Some friends show their answers to see if their answers are the same.	设计意图： 1. 训练听说及做笔记的能力，巩固学生对于朋友与友谊这一话题的相关词汇和结构，以及本单元语法——特殊疑问词的运用。 2. 学生回忆和分享交友细节，积累更丰富的观点看法，为活动三的交流讨论做铺垫。 评价方式：教师点评、同伴互评、小组互评
Activity 2 Knowing friends		
Activity 3 Discussing and sharing about friendship	迁移创新类活动： What is a true friend?（友谊是什么?） 1. 以 6 人为一小组，各组针对友谊这一话题进行讨论，小组代表选取 a map/water/a tree/a mirror/sunshine 其中之一的图纸作为友谊的比喻（也可加实物），贴在黑板上并进行口语表达，运用比喻的手法描述本小组对友谊的看法。 2. 教师选取多个小组展示分享。 3. 教师归纳学生黑板上的贴纸，并加以板书，对 Friendship 这一单元主题进行总结和升华。	设计意图： 引导学生在真实情境中体验单元主题，学生运用实物比喻探究友谊的内涵，综合运用单元的语言知识表达观点和看法，发展丰富的想象能力，并能够用"观点＋支撑信息"的方法有逻辑地表达观点。 评价方式：教师点评、生生互评、评价量表（见案例附录）

六、案例实践反馈

（一）教师反思

第三课时听说与语法课反思

在导入环节，我展示了两个学生的外貌信息，让全班学生猜测"Who is he/she?"，用身边熟悉的人物做话题，很好地活跃了课堂气氛，并引入了外貌描述的话题，激发了学生的学习兴趣。

在主体环节，我用一系列层层递进的学习活动，如词汇头脑风暴、你说我猜、听力填词等，让学生学会如何描述新朋友的外貌和谈论新朋友的个人品质。最后，我通过开展"夸夸大会"活动，让学生们迁移运用了本节课的所学词汇、短语和句型，通过书面和口头形式描写朋友，同时也巩固运用上一节课的语法"特殊疑问句"，在活动中，我为学生搭建了语言输出的支架，帮助学生更加自信地口头输出小语段。但是，在询问环节，学生还不能准确流畅地用特殊疑问句表达自己的问题，语序和助动词错误较多，需要在后面的课时加强特殊疑问句的实践运用。（广州外国语学校　周淑媛）

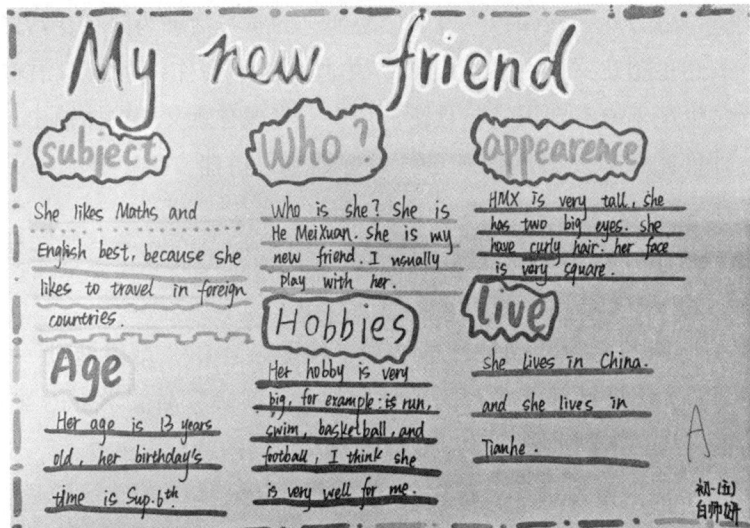

第三课时课后作业——学生制作的朋友名片卡

第六课时单元综合展示课反思

本节单元综合展示课围绕单元主题 Friendship 设计了一节主题班会课，主题班会课分为引入及三个活动。首先以电影《夏洛的网》为切入口开展讨论"What are true friends?"，既承接上一课时，又为课堂活动拉开序幕。主体部分教师开展了三个活动：活动一——猜猜他是谁？活动二——默契大考验，活动三——友情是什么？三个活动由浅入深、层层递进，巩固运用了单元前几个课时的知识和技能，例如：从外形、性格、爱好等方面描述朋友，用特殊疑问句问答，以及写作课的内容。活动一、二谈论的就是身边人，活泼有趣，活动三充满创意和想象力，有的小组用阳光比喻友谊，友谊像温暖的阳光一般照耀着我们的生活；有的小组用石头比喻友情牢固；有的用蜜糖比喻友情令人感到幸福开心，并能列举和朋友相处的细节故事支持观点。活动激发了学生的想象力，培养了学生的逻辑思维能力。班会活动上，学生的学习热情高涨、踊跃参与活动、全方位地感受友谊的真谛，单元主题深入人心。（华南师范大学附属南沙中学　杜翠珍）

（二）专家点评

本单元基于"以终为始"的单元整体教学设计目标，围绕"结交朋友，共同成长！"的主题意义探究主线，重构单元学习内容，形成"新朋友""好朋友"和"真朋友"三个子主题。在引导学生探究三个子主题意义的过程中，依托语篇，以融合六要素课程内容，层层递进的学习活动为路径，帮助学生形成理解和表达主题意义的结构化知识，并通过微小写作任务或口语输出等活动，指导学生基于原有知识经验及新学知识，实现有意义的整体输出，为完成单元综合评价任务"友谊主题班会"做好铺垫，搭建支架。整个单元教学亮点如下：

1. 逻辑清晰，单元课时目标与整体教学目标紧密关联，形成了具有内在逻辑的目标链；

2. 每一节课的学习活动设计都体现了技能融合和"循序渐进"的原则，所设计的语言产出活动都能紧密联系学生的生活实际，激发学生的学习兴趣，从不同角度，从具象到抽象，学习如何阐释友谊的内涵；

3. 每一节课的学习活动，都关注了不同的组织形式，如个人、对子和小组，以及不同的评价方式，如教师观察反馈、同伴评价和小组评价等；

4. 注重教、学、评的一致性，关注学生的差异，尤其是作业的设计，关注到了不同层次学生的学习差异和学习需求；

5. 学生语言产出活动范例的质量较高，在真实课堂教学过程中，能看到学生积极的课堂参与、高质量的语言产出及在过程中所体会到的学习成就感。（广州市教育研究院初中英语教研员 何琳）

附录

第六课时小组活动评价量表：

评 价 内 容	分值
内容有逻辑（所比喻的物体与所列举的支撑观点相对应，能够自圆其说）	20
语言准确，话题词汇句型丰富，运用描述兴趣爱好的词组和句型 like doing sth. ／love doing sth., It is fun to do sth., be good at, 表达朋友相处的动词及短语 courage, be willing to, turn to ... for help, share, improve, count on, respect, support, have fun, understand, trust, care, cheer up, 以及表达心情与性格的形容词（组）helpful, patient, honest, more confident, more open 等	50
语音语调准确、流畅、恰当	10
大方、得体、热情	10
小组参与，恰当使用道具	10

案例 2

沪教版八年级上册
Unit 5 Educational exchanges
单元整体教学设计案例

案例类型：教材单元整体教学设计案例
案例提供：童宇超（广州市南沙第一中学）
　　　　　饶颂旌（广州市南沙东涌中学）
　　　　　李宇航（广州市南沙区湾区实验学校）
　　　　　王艳芳（广东第二师范学院附属南沙珠江中学）
　　　　　李晓雯（广州市南沙黄阁中学）
案例指导：袁春玉（广州市南沙区教育发展研究院）

案例特色

　　本教学案例于 2022 年 10 月份在南沙区深度学习第三期展示活动中展示，深度学习项目组英语学科专家王蔷教授来区观摩指导并点评。本案例具有以下三个特色：

　　特色一：综合展示课为模拟答辩会。活动场景性强，学生感觉新鲜有挑战，成就感和积极性高。

　　特色二：灵活整合课内外资源。教师基于单元主题大任务的需要，补充了两篇中国学生在国外的游学日记作为主题拓展阅读，让学生了解东西方更多的文化差异；另外，模仿教材 More practice 的游学海报，改编了两则"欧亚教育交流机构游学广告"，为模拟出国游学答辩会创设了更真实的情境。

　　特色三：创新评价方式。专家组同学根据活动前师生共同制订的"评分表"给参加面试的同学打分，以决定是否通过面试，评价镶嵌于学习活动中。

一、提炼主题

（一）单元涉及的学科核心素养

教师将本单元学习主题设定为 Let's apply for an educational exchange，这一主题把单元学习内容与我区学生实际状况相结合，引导学生通过学习，了解参加教育交流项目的活动内容、目的、意义，以及可能遇到的文化差异及应对策略，产生对教育交流项目的兴趣，培养跨文化意识，并具备填写教育交流项目申请表，在出国游学面试中用英语进行自我介绍和答辩的能力，指向学生未来发展。

1. 语言能力：学生通过了解中外教育交流项目以及模拟出国游学项目申请和答辩要求，在活动中发展基于本话题的听、说、读、看、写综合语言运用能力。

2. 文化意识：学生通过学习中外教育交流的语篇和模拟出国申请答辩活动，增进对各国人文习俗的了解，具有一定的理解和鉴赏国外优秀文化和传播中华优秀文化的意识和跨文化沟通能力。

3. 思维品质：通过"模拟出国游学答辩会"的活动，唤醒学生"准确自我定位，合理规划未来人生"的意识和自信地展示自身优势的能力。

4. 学习能力：学生通过网络搜索资源，了解更多中外文化差异现象，能够将课本知识与自身实际相结合，进行迁移运用，并在填写申请表和出国游学答辩会中形成一定的交际互动策略。

（二）单元涉及的课程标准要求

单元主题涵盖了课程标准"人与社会"主题范畴"社会服务与人际沟通"主题群下的"跨文化沟通与交流，语言与文化"以及"身份认同与文化自信"等子主题内容，学习内容侧重文化知识的渗透学习，如课程标准"文化知识"中"世界主要国家待人接物的基本礼仪和方式"，以及"不同国家青少年的学习和生活方式"等。

（三）教材分析

"教育交流"这一话题对应教材 Module 3 Culture and history 中的 culture 部分，下一单元 Unit 6 Ancient Stories 将对应 history 部分，这两个单元将通过教育交换生的视角和中外古代故事的视角反映中西文化的差异。单元主要内容包括：读——关于教育交流的精读短文一篇；听——教育交流师生间关于出国前的准备的对话；语法——学习用现在完成时（have done）来表达已经做过的和还没做过的事情；说——口头汇报参加教育交流的经历；写——完成教育交流活动经历的报告。

学生在七年级上册 Unit 6 Travelling around Asia 和七年级下册 Unit 2 Travelling around the world 两个单元中分别学习了中国和法国的一些著名景点，但未涉及文化习俗方面的内容。所以，在内容整合和活动设计方面，教师把引导学生关注教育交流活动中的文化冲击作为重点。课本主阅读语篇中涉及国外学生来中国游学及文化差异体验，还包括"筷子""太极""书法"等中国文化元素，但单元中没有中国学生在国外游学体验西方文化的故事，所以本设计补充了两篇拓展阅读篇章作为主题拓展阅读，分别是中国学生在澳大利亚和印度游学的日记，帮助学生拓宽视野，学习更多应对文化冲击的方法。教师还以两篇游学日记为蓝本，制作欧亚教育交流机构的游学广告，为单元综合性语言实践活动——填写出国游学申请表和模拟出国游学答辩会创设语境。这些增补的语篇，形式多样，为学生综合语言运用创设了语境，提供了丰富的内容和语言支撑。

（四）学情分析

经过调查发现，本班虽有部分学生有过出国旅游的经验，但出国游学或参与教育交流或文化体验项目的学生却很少。本单元的教学设计旨在通过阅读、听力等输入活动向学生传递中外教育交流项目背后的文化体验，填补学生关于这方面实践经验的空缺，同时，也通过"模拟出国游学答辩会"活动，提升学生基于这一话题的应用文写作和口头自我介绍的能力，指向学生未来发展需求，具有很强的实用性。

二、单元学习目标

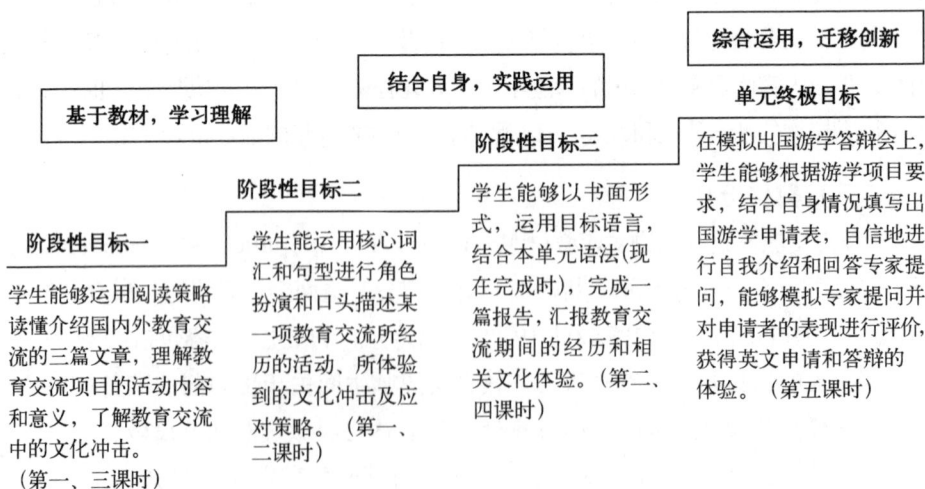

综合运用，迁移创新

结合自身，实践运用

基于教材，学习理解

单元终极目标

阶段性目标三

学生能够以书面形式，运用目标语言，结合本单元语法（现在完成时），完成一篇报告，汇报教育交流期间的经历和相关文化体验。（第二、四课时）

在模拟出国游学答辩会上，学生能够根据游学项目要求，结合自身情况填写出国游学申请表，自信地进行自我介绍和回答专家提问，能够模拟专家提问并对申请者的表现进行评价，获得英文申请和答辩的体验。（第五课时）

阶段性目标二

学生能运用核心词汇和句型进行角色扮演和口头描述某一项教育交流所经历的活动、所体验到的文化冲击及应对策略。（第一、二课时）

阶段性目标一

学生能够运用阅读策略读懂介绍国内外教育交流的三篇文章，理解教育交流项目的活动内容和意义，了解教育交流中的文化冲击。（第一、三课时）

三、单元整体规划

课　时	学习目标	学习内容	学习活动	持续性评价
第一课时 Intensive reading Eric 和 Sarah 在新华初中的游学活动	1. 运用预测、跳读、扫读、细节寻读等阅读策略理解一篇教育交流的文章，了解教育交流项目中的活动及文化体验；2. 在采访语境中，灵活运用篇章内容和词句开展对话，谈论教育交流项目的活动内容、文化体验并发表个人看法；3. 初步感知现在完成时的构成及使用语境。	课本主阅读语篇 An exchange visit is educational and interesting!	**学习理解类活动**：基于问题链、思维导图的文本阅读。**应用实践类活动**：1. Miss Wilson's report on the exchange visit 2. An interview with Eric and Sarah **迁移创新类活动**：网络资源搜集 Introduce more Chinese culture to Eric and Sarah	**评价标准：**回答问题和完成思维导图的情况；从内容完整性、语言准确性和流畅性三个维度评价采访和课文复述。**评价方式：**师生评价、生生评价
第二课时 Listening & Speaking 新华初中的学生准备赴英国 Woodpark School 参加游学活动	1. 在听前根据引言、图片、标题等对内容进行预测，在听中捕捉和记录关键信息；2. 根据听力的内容进行角色扮演，口头表达去英国参加教育交流活动的注意事项；3. 在语境中运用现在完成时。	1. 课本第70页听力活动 2. 课本第75页口语活动	**学习理解类活动**：听录音，完成听前预测、听中捕捉关键信息、笔记、速记等任务。**应用实践类活动**：1. 角色扮演对话；2. 口头表达去英国参加游学活动的注意事项。**迁移创新类活动**：网络资源搜集——英国文化习俗知多少?	**评价标准：**1. 根据听力表格完成情况进行个别评价。2. 从内容完整、语言准确、时态运用三个维度对口头表达进行评价。**评价方式：**师生评价、生生评价
第三课时 Extensive reading Tim 和 Mandy 在澳大利亚和印度的教育交流体验	1. 阅读两篇文章，总结归纳篇章在内容、结构等方面的异同点；2. 提取篇章内容要点，自主组织语言口头介绍所阅读的短文；3. 通过阅读了解教育交流中的文化冲击，增加文化理解和认同，提升跨文化沟通能力。	课外主题拓展阅读：Tim 和 Mandy 的澳大利亚和印度游学日记	**学习理解类活动**：扫读后完成思维导图。**应用实践类活动**：小组合作，根据思维导图口头汇报印度或澳大利亚的游学经历，在汇报中运用现在完成时。**迁移创新类活动**：网络资源搜集 Find more culture shock in Australia and India	**评价标准：**通过完成阅读表格的情况，两人对话内容的完整性、语言的准确性（现在完成时）进行评价。**评价方式：**师生评价、生生评价

续　表

课　时	学习目标	学习内容	学习活动	持续性评价
第四课时 Writing Alice 在英国游学的报告	1. 运用话题词汇和篇章结构，结合本单元语法现在完成时（have done），完成一篇报告，汇报教育交流期间自己的经历，聚焦其中文化体验活动和"文化冲击"现象； 2. 运用作文评价标准评价和修改作文。	课本改编后的写作任务	**应用实践类活动**：从景色、活动、文化冲击等方面，运用现在完成时完成写作任务。 **迁移创新类活动**：评价、修改习作。	**评价标准**： 1. 关注内容：写作要素齐全，须提及相关文化活动及"文化冲击"现象。 2. 关注语言：正确使用现在完成时。 3、关注结构和流畅性。 **评价方式**：师生评价
第五课时 Project 出国游学申请及模拟答辩会	1. 学会根据游学项目，结合自身兴趣和需求，填写出国游学项目申请表，并结合该申请表做口头自我陈述； 2. 扮演项目专家组和申请人开展答辩活动，就游学国家的景色、活动、文化冲击进行问答和评估。	1. 根据课本More practice 和主题拓展阅读篇章改编的欧亚教育交流机构的两个项目广告 2. 出国游学项目申请表	**学习理解类活动**：阅读两篇教育交流项目宣传广告，了解游学活动、文化体验项目及申请者的要求。 **应用实践类活动**：填写出国游学项目申请表。 **迁移创新类活动**：参加出国游学现场答辩，包括自我陈述—回答专家提问—评价打分并决定是否批准申请。	**评价标准**： 1. 申请表的填写是否完整（尤其关注申请理由是否充分）。 2. 依据评价表，从自我陈述内容完整性，回答问题的正确性，语音语调准确性及面试答辩仪态等方面进行评价。 **评价方式**：生生评价

四、分课时设计（以第三、五课时设计为例，其他课时略）

第三课时	课型：拓展阅读课	授课者：管晨江
教学目标	通过阅读两篇主题拓展阅读文章，学生能够： 1. 拼读、理解单词和短语 crafting, performance, tanned, fair, instrument, awkward, culture shock；	

教学目标	2. 运用略读和找读的阅读策略，获取关键信息，了解主旨大意，概括基本结构； 3. 小组分工合作，用现在完成时分享交流； 4. 了解澳大利亚和印度的多元文化特征，用包容开放的心态应对文化冲击。	
教学环节	**学习活动**	**设计意图及评价方式**
环节 1： Before you read	**学习理解类活动 1（感知与注意）：Enjoy some pictures** 教师展示澳大利亚与印度的一些图片，请学生将图片分为两组，并回答问题：What are the two countries?	**设计意图**：激活学生背景知识，激发学生了解澳大利亚和印度的好奇心与学习热情。 **评价方式**：口头评价
环节 2： While-reading	**学习理解类活动 2（获取与梳理）：Fast reading** 学生快速阅读 Mandy 和 Tim 的两篇游学经历 *An amazing exchange visit to Australia*，*A fantastic exchange visit to India*，回答问题。 （1）Where have Mandy and Tim gone? （2）Have they enjoyed their experiences? （3）What is the main idea of each paragraph?	**设计意图**：学生运用略读、扫读技巧，初步理解文章大意，为深入阅读做好铺垫。 **评价方式**：口头评价
	学习理解类活动 3（获取与梳理）：Careful reading 1. 学生仔细阅读两篇游学经历，小组合作完成思维导图。 2. 邀请一组学生口头描述 Mandy 在澳大利亚的游学经历。 E. g. In Australia, Mandy has seen ... and she has done ... The culture shock she has experienced was ... 3. 邀请一组学生口头描述 Tim 在印度的游学经历。 E. g. In India, Tim has seen ... and he has done ... The culture shock he has experienced was ... 4. 引领学生总结这两篇文章的写作框架为"views + activities + culture shock"，为下一个课时写作课做铺垫。	**设计意图**：学生通过扫读、细读，进一步了解两篇文章的内容，提炼出有效信息，横向比较两篇文章，包括游学国家的景色，作者参与的活动和感受到的文化冲击，口头表述文章大意并归纳出文章的基本逻辑结构。 **评价方式**：师生共评

环节2：While-reading	**应用实践类活动1（分析与判断）**：Discussion of culture shock 1. 针对两篇文章的最后一段，引导学生思考 "What is culture shock?" 2. 阅读课本第80页的 Culture shock 语段，并列举多个文化冲击例子，结合不同情境，引导学生讨论 "How do you feel about it?"	**设计意图**：引导学生关注文化冲击是教育交流的重要内容，以及要用包容开放的心态应对文化冲击。 **评价方式**：口头评价
环节3：Post-reading	**应用实践类活动2（内化与运用）**： 学生根据思维导图（views + activities + culture shock），并结合自身知识储备和个人喜好，就 "If you have a chance to go on an exchange visit, which country would you like to go? Australia or India? Why?" 开展对话。	**设计意图**：训练学生在新语境中灵活运用语篇词句进行口头表达的能力。 **评价方式**：评价表（见案例附录）
作业设计	**迁移创新类活动（创造）**：Know more about culture shock 除了两篇文章提及的内容之外，中国人去澳大利亚（西方）或者印度（东方），还会遇到哪些文化冲击？网络查询两个点并整理记录，下节课和同学分享。 要求： （1）80 词左右； （2）内容结构：可能遇到的文化冲击简介；你的观点和做法； （3）用词恰当、语句通顺、文章流畅、书写工整。	**设计意图**：强化学生对不同类型文化冲击的理解与思考

第五课时	课型：单元综合展示课	授课者：杜翠珍
教学目标	通过本节课的学习，学生能够： 1. 基于游学项目的情况，结合自身需求，填写出国游学项目申请表，具有一定的合理规划未来人生的意识； 2. 在"模拟出国游学答辩会"中用英语进行自我介绍，能与专家组基于教育交流中的活动、文化冲击及应对方法开展对话交流，具有一定的理解和鉴赏国外优秀文化和传播中华优秀文化的意识和跨文化沟通能力。	

教学环节	学习活动	设计意图及评价方式
环节 1： Lead-in	**学习理解类活动 1（感知与注意）：The EA educational exchange is calling!** 情境创设：（拓展阅读课中的）欧亚教育交流机构决定向学生群体推荐新一年度的出国游学项目，其中包括澳大利亚项目和印度项目。	**设计意图：** 激活本单元学习的内容，检测课前预习篇章对背景知识的激活程度，引入本节课学习内容。 **评价方式：**口头评价
环节 2：阅读游学广告，选择游学项目	**学习理解类活动 2（获取与梳理）：Read two posters about educational exchange** 学生快速阅读欧亚教育交流机构两个项目的广告，了解该游学项目。回答以下问题。 （1）Which country is calling for an educational exchange? （2）How many parts are there in the educational exchange? What are they? （3）What are the activities in these two educational exchange programs? （4）Do you think you are qualified for the educational exchange? Why?	**设计意图：** 以篇章创设情境，为下一步学习填写申请表做铺垫。 **评价方式：**口头评价
环节 3：学习填写出国游学项目申请表，发现和解决出国游学中遇到的问题	**应用实践类活动：Write an application form** 1. 学生阅读课本第 78 页申请表样例，回答下列问题。 （1）Who is the applicant? （2）When and where was she born? （3）Where does she live? （4）What is her hobby? （5）How long will she stay abroad? （6）Why did she apply for the educational exchange? 2. 学生在澳大利亚和印度两个项目中选择一个，填写出国游学项目申请表，教师提醒学生申请理由要充分，要结合自己的学习意愿与游学项目能提供的活动填写。 3. 学生展示申请表，教师评价。	**设计意图：** 培养学生读图能力、口头表达能力和归纳分析能力。 **评价方式：**口头评价 **设计意图：** 教师设计问题链，学生利用问题链仔细阅读申请表，检查学生对申请表的理解。 **评价方式：** 师生共评、小组互评
环节 4：模拟出国游学答辩会	**迁移创新类活动：模拟出国游学答辩会** 教师创设语境：我们将举行一场出国游学答辩会，以下是答辩会流程以及需要提前准备和思考的问题。 1. 介绍答辩会流程 （1）提交申请表，口头进行个人情况介绍，陈述	**设计意图：**强化学生用英语解决生活实际问题的意识。 **评价方式：**口头评价，评价量表（见案例附录）

环节4： 模拟出国游 学答辩会	申请理由； （2）回答专家组关于申请国家的文化冲击及应对问题； （3）回答专家组关于推荐中华优秀文化的问题。 2. 提前让专家组准备一些问题，如： （1）What culture shock will you have when you are on an educational exchange to other countries? （2）To get over culture shock, what should you do? （3）Have you done any research about the culture in Australia/India? What do you know about it? （4）If a foreign student comes to your school for an educational exchange, what kind of Chinese cultural activities will you show to your exchange partner? 3. 组织学生开展模拟出国游学答辩会 （1）全班同学按照申请印度项目或者澳大利亚项目分为A、B两组。申请人（A组一名，B组一名）结合申请表，进行口头自我陈述，并回答专家提问，根据评分决定是否能获得出国游学的批准。 （2）专家组根据申请人的表现进行评价小结。	
作业设计	写一份出国游学申请，包括自我介绍、申请理由，对申请国家文化冲击的了解及应对，以及计划给对方来访者提供的中国文化体验项目安排等内容。	

五、案例实践反馈

（一）教师反思

第三课时拓展阅读课反思

在本单元的教学实践中，我带领学生们一起了解和体验"教育交流"活动。无论是起初的精读课、听说课，中间的拓展阅读课、写作课，还是最后的综合展示课，各个课时环环相扣、层层递进，学生们大都表现出较高的学习兴趣和热情，积极参与其中，能在课堂中学有所乐、学有所思、学有所得。但学生们对本单元的基础知识，如语法"现在完成时"掌握得不太扎实，在口头和书面表达中，语言的准确性有待提升。（华南师范大学附属中学　管晨江）

第五课时单元综合展示课反思

本单元设计主题凸显，课时活动的设计层层递进、前后呼应，单元拓展项目为现场生成的"出国游学答辩会"。阅读课上，学生了解了英国交换生来中国的游学经历，并为英国交换生介绍了中国文化习俗活动；听说课上，学生掌握了出国游学前需要做的准备以及在国外游学第一周的经历内容；拓展阅读课上，学生了解了印度和澳大利亚的文化习俗及针对这两国的文化冲击；单元综合展示课上，教师创设情境，学生进行角色扮演，课堂上现场生成一场仿真的出国游学答辩会。在单元教学的过程中，学生始终保持对单元话题和课堂活动的浓厚兴趣，课后作业高质量完成，包含中国文化习俗手抄报、英国文化习俗网络资源的搜集张贴、游学经历的写作等等。课堂活动的氛围热烈积极，全体学生全身心投入英语课堂，听、说、读、写、画的技能都得到较好锻炼。（华南师范大学附属中学　杜翠珍）

（二）专家点评

本单元的主题设定能够指向学生未来发展、体现学科育人价值；活动设计方面能以英语学习活动观为指引，层层深入；资源整合方面能够基于单元主题意义探究的需要，选择结构、内容、语言上与主题紧密结合的拓展语篇作为教材的补充。本单元综合展示课的目标语法点应用还不够明确，可以在答辩环节予以加强。（深度学习项目学科专家　王蕾）

附录

第三课时拓展阅读语篇：

（A）

An amazing exchange visit to Australia

My name is Mandy. Last year I stayed in Australia for two months as an exchange student. Visiting Australia was like visiting another wonderful planet! The beautiful forests, grasslands, sunshine and beaches in Australia attract anyone who wants to enjoy natural beauty. I love them so much!

My exchange visit to Australia was colourful. The two months were full of activities. During the weekdays, I studied with Australian students and we had interesting classes. In the crafting class, I learnt to make crafting tools that Australians use in their daily life. In the cooking class, I tried to cook some local traditional snacks. At the weekend, I visited many places of interest with my host family and new friends. We went to the Sydney Opera House to watch wonderful performances. We also visited two big attractions, including the Big Banana and the

Big Merino and had a wonderful time there. We paid a visit to see cute koalas and kangaroos and it was so great to take photos with them! My host family lived near the sea and taught me how to surf. At first, I was scared but later I fell in love with it!

I also experienced culture shock when I was in Australia. Lisa, one of my Australian friends, spent 30 minutes every day lying or walking in the sun to get darker. That surprised me the most! For many Chinese girls like me, we often complain that we can't get white enough, and are willing to try our best to make ourselves a little whiter. If you were to visit Australia, what do you think would surprise you the most?

(B)
A fantastic exchange visit to India

I am Tim and I had two fantastic months in India last year! As a group of exchange students, we flew from Guangzhou to Delhi, the capital of India. On our way to school, we saw so many rivers, temples and churches. India is truly known as the land of a thousand rivers and a thousand gods.

I took part in many kinds of activities during my exchange visit. On weekdays, we had classes with Indian students. Our music teacher taught us traditional Indian songs and dances and how to play Indian instruments. Our history teacher told us interesting stories about ancient India. On weekends, my host family sometimes took me to the Ganges River, "Mother River of India", and I learnt about baptism from Hindus. We visited the most famous place of interest, the Taj Mahal, and learnt about the king's forever love for his wife. I also visited "Indian Silicon Valley" to see modern science and technology in India with my friends.

However, I experienced my greatest culture shock when I was in India. I was really surprised by their way of eating! Indians have meals with their fingers directly and Jack, my Indian friend, told me it was like smelling or tasting food. It was also important to feel the food you eat. He laughed when he saw the awkward smile on my face and then gave me a spoon and fork to use. That was better, but I still missed chopsticks!

第三课时读后活动评价表：

评 价 表		
项　目	要　求	分　值
语音语调	发音清晰标准，语调自然	2
内容	包含景色、活动和文化冲击	3
准确性	正确运用现在完成时	3
礼仪	站姿、表情和动作协调自然	2

第五课时教育交流项目海报：

An Educational Exchange in Australia
A Conservation with Wildlife

Do you love to travel and meet new people? Have you ever lived and studied in another country, a country quite different from China? Well, join our educational exchange in Australia now!

There are two parts in our educational exchange. In the first part, a student from Australia will come to China and stay in your family. In the second part, you will travel to your exchange partner's home and stay with his or her family. You will go to school with him or her. You will also take part in some activities.

In the 2nd part, you will take part in different activities:

· Try many local food in the Canteen Program.
· Join the Weekend Tour to discover the stories and history of Australia.
· Learn about amazing sea creatures, such as sea turtles, huge stingrays, Port Jackson sharks, and learn how to protect them.
· Meet kangaroos, hand feed koalas and discover many animals from different species.

You can apply for our educational exchange if you

· are aged between 14 and 17；
· would like to learn about the language, culture and history of other countries；
· like outdoor activities and animals；
· have a reference from your head teacher.

You're marking a difference to wildlife conservation when you take part in Australian educational exchange program. You haven't really seen yourself until you have been an exchange student in Australia.

Come and join us!

An Educational Exchange In India

A close touch with the culture of India

Are you fond of travelling and meeting new people? Have you ever lived and studied in another country? Are you interested in Indian culture? Come to join our educational exchange in India now!

There are two parts in our educational exchange. In the first part, a student from India will come to China and stay in your family. In the second part, you will travel to your exchange partner's home and stay with his or her family. You will go to school with him or her. You will also take part in local activities.

In the second part, you will take part in fantastic activities.

* Visit many famous places of interest, such as the Taj Mahal, the ancient city of Fatepur Sikri, the City Palace.
* Try a lot of local food with spicy cuisine and experience a new way of eating.
* learn and enjoy traditional Indian dances and instruments.
* Get further study on measuring pollution, writing scientific reports and other projects.
* Experience traditional festivals, such as Republic Day, Independence Day, Holi Festival, Diwali Festival.

You can apply for our educational exchange if you:

* are aged between 14 and 18;
* would like to learn about the language, culture, history and lifestyle of India;
* interested in history and culture;
* have a reference from your head teacher.

You will harvest a lot in Indian culture if you take part in Indian educational exchange program. Look forward to meeting you in our program!

Come and join us!

第五课时"出国游学答辩会"评价表：

评　价　表		
项　目	要　　求	分　值
自我介绍	内容完整，尤其要结合出国游学国家的活动项目特点陈述自己的申请理由，语音语调准确	10
专家问答	回答的内容正确、合理，语音语调准确	10
面试礼仪	礼貌、大方、自信	5

备注：总分达到 20 分以上，即可以获得出国游学的批准。

案例 3

沪教版七年级下册
Unit 7 Poems
跨学科单元整体教学设计案例

案例类型：跨学科单元整体教学设计案例

案例提供：刘鉴宇、李园园、丘雯雯、陈云峰（广州市南沙区滨海实验学校）

案例指导：袁春玉（广州市南沙区教育发展研究院）

案例特色

本教学案例于 2023 年 5 月 29 日南沙阅读节开幕式作为跨学科优秀案例展示，本案例具有以下三个特色：

一、主题鲜明，落实学科育人。以诗歌为载体，既教授诗歌的基础知识，又让学生观察感悟身边平凡人的伟大之处，"人性之光"与"诗歌之美"高度融合。

二、跨学科知识融合。整合了大量中文诗歌赏析，中英互译等活动，利用语文诗歌知识的正迁移促进英语诗歌学习；在综合展示课上，学生通过配乐朗诵、吟唱、说唱、诗歌配画、配乐合唱等方式展示创作的诗歌，体现了英语学科和其他学科知识的综合运用。

三、教、学、评一体化。发挥学生在评价中的主观能动性，促进持续学习。学生在教师的评价反馈下打磨润色诗歌作品，在综合展示课上用多样化的方式展示，教师再次引导学生从不同角度对同伴的诗作进行评价，学生既是诗歌的创作者，也是诗歌的欣赏者与评价者，体现"以评促教，以评促学"。

一、提炼主题

（一）教材分析

语篇	What	Why	How
精读	两首以"平凡人"工作和生活为主题的小诗 · My dad · The old newspaper seller	帮助学生了解英文诗歌的特点（语音特点和语言特点），使学生初步理解英文诗歌中"意象"的使用，并体会平凡人身上的伟大之处	*My dad* 抓住了父亲在生活，工作中的典型特征（意象），歌颂了父亲对待工作严肃认真的品质；*The old newspaper seller* 重复强化老人 smiling 这一动作，体现其积极向上的精神品质。在语音方面，两首诗歌均体现诗歌押韵的特点
听力	四首关于情绪的短诗	学会从语音语调和关键词判断朗诵者所传达的情感	听力材料语音语调夸张，很好地传递出朗诵者的感情
口语	重音的规则和读法 小组合作朗诵诗歌	学会在诗歌朗诵中恰当运用重音，表达诗歌感情	以词汇和诗歌为载体，讲解语音和朗读知识，通过语速、语调表达诗歌感情，提升学生朗读技能
语法	祈使句和感叹句的功能和用法	掌握祈使句和感叹句的功能，丰富诗歌中的表达	通过图片和对话，创设交际情境，使学生运用感叹句和祈使句表意
写作	学生写一首介绍同学的诗歌	运用所学知识（押韵、意象）进行诗歌创作，提升写作能力	创设游戏情境，让学生观察其他同学的特征，并以诗歌的形式记录
补充阅读	一首关于普通工作者的诗歌 Helping hands	感受英文诗歌的意象美，体会平凡人身上的伟大之处	该诗韵脚严密，节奏和谐，用大量的动词捕捉到不同行业的劳动者的工作场景，意象具有画面感
文化角	唐诗《静夜思》的英文版	培养学生文化意识，为"讲好中国故事"奠定基础	该部分介绍了著名唐诗《静夜思》英文版，能启发学生对比中外文化差异，用英语讲好中国故事

（二）学情分析

在语言知识方面，学生对中文诗歌比较熟悉，但是对英文诗歌不太了解，对于中文诗歌的押韵、意象等知识可以对学习英语诗歌产生正迁移。

在兴趣爱好方面，初一学生对新鲜事物感兴趣，用诗歌这种独特的方式描写身边熟悉的人，学生很感兴趣；且这个年龄段的学生表演展示欲望比较强，本单元将设计诗歌配乐、诗歌翻译、诗歌朗诵、诗歌演唱等形式丰富的活动，将英语诗歌与中文、音乐表演等融合，激发学生的表现欲，提升学生的学习兴趣。

（三）提炼单元主题

课程标准倡导主题大任务要以真实的任务来驱动，要具有综合性和实践性，注重学科育人导向。教师将教材内容与学生生活建立联系，围绕"平凡的人"这一话题，引导学生发现身边平凡人（同学、教师、父母、警察、校工等）身上的闪光之处，并用诗歌描述和歌颂他们，因此设计了 Poems for you（为你写诗）这一学习主题。

单元主题大任务为一场中外诗歌会，通过单元学习，学生掌握诗歌的语言特点，理解诗歌所表达的情感，能够围绕"平凡的人"这一主题创作英文诗，并综合运用语文、英语、音乐等跨学科知识，展示"平凡的人"主题下的系列诗歌，以汇编诗歌集、朗读诗歌、配乐唱诗、诗配画、表演诗歌剧等形式展示自己创作的英文诗，从而提升对中外优秀诗歌的鉴赏能力，感悟平凡人的人性之光和中外诗歌的艺术之美。

单元设计的学科融合性体现在：（1）与语文融合。引入经典唐诗宋词的英文版，体会中英诗歌语言的共同特征，体现英语学科和语文学科的深度融合；（2）与音乐融合。"诗为乐心，声为乐体"，鼓励学生把音乐与诗歌融合。通过谱曲、配乐等活动，引导学生进一步感受诗歌韵律，理解诗歌表达的情感，挖掘其中内涵；（3）与信息技术融合。鼓励学生运用软件，把朗读、音乐、图画、视频等进行合成，制作颂诗、唱诗小视频，增强诗歌的画面感、情境性和表现力，体现诗歌之美。

二、单元学习目标

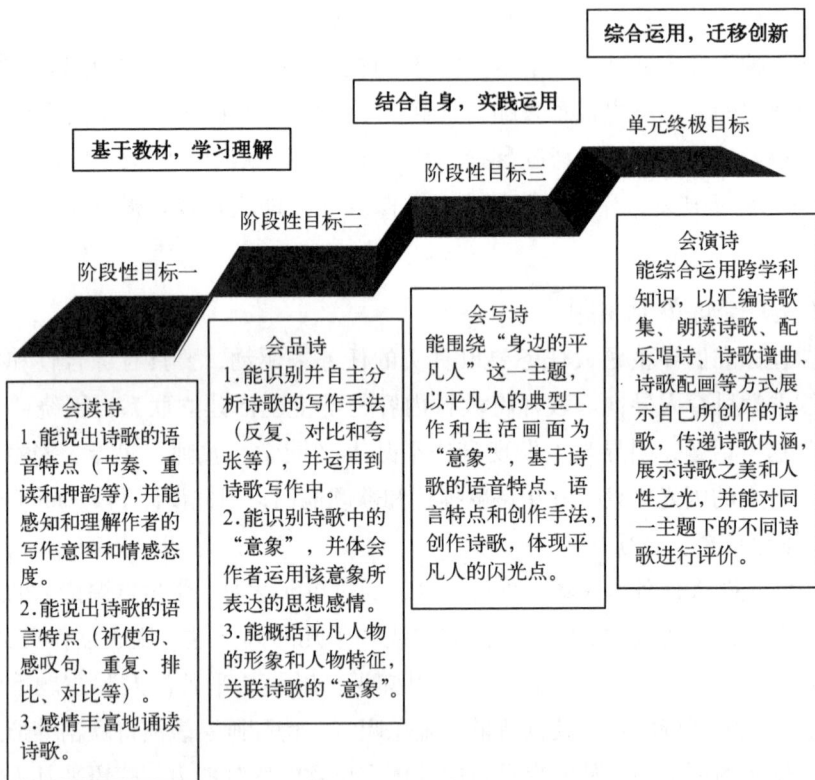

综合运用，迁移创新

结合自身，实践运用

基于教材，学习理解

单元终极目标

阶段性目标三

阶段性目标二

阶段性目标一

会读诗
1.能说出诗歌的语音特点（节奏、重读和押韵等），并能感知和理解作者的写作意图和情感态度。
2.能说出诗歌的语言特点（祈使句、感叹句、重复、排比、对比等）。
3.感情丰富地诵读诗歌。

会品诗
1.能识别并自主分析诗歌的写作手法（反复、对比和夸张等），并运用到诗歌写作中。
2.能识别诗歌中的"意象"，并体会作者运用该意象所表达的思想感情。
3.能概括平凡人物的形象和人物特征，关联诗歌的"意象"。

会写诗
能围绕"身边的平凡人"这一主题，以平凡人的典型工作和生活画面为"意象"，基于诗歌的语音特点、语言特点和创作手法，创作诗歌，体现平凡人的闪光点。

会演诗
能综合运用跨学科知识，以汇编诗歌集、朗读诗歌、配乐唱诗、诗歌谱曲、诗歌配画等方式展示自己所创作的诗歌，传递诗歌内涵，展示诗歌之美和人性之光，并能对同一主题下的不同诗歌进行评价。

三、单元学习内容

增补素材类型	增补内容	课时	增补目的
文本	余光中《乡愁》	第一课时	用于学生课后作业，学生运用诗歌基础知识和翻译技巧完成翻译任务。
文本	经典唐诗宋词英译本《游子吟》《登鹳雀楼》《回乡偶书》《卜算子·咏梅》	第一课时	利用语文知识正迁移，便于学生理解押韵、诗行、诗节意象等知识。
视频	许渊冲访谈视频	第一课时	使学生认识诗歌翻译界泰斗——许渊冲，培养学生的文化意识。

增补素材类型	增补内容	课时	增补目的
文本	A poem for Mum（有关母爱诗歌）	第二课时	该诗歌用作填诗活动，考查学生洞察押韵能力。该诗歌主题与课本精读部分 *My dad* 遥相呼应，促进学生对主题理解。
歌曲	Proud of you	第二课时	歌词韵脚严密，便于学生理解诗歌和音乐的关系；且歌曲内容与第二课时主题父母之爱有关，促进学生对主题理解。
视频	《无名之辈》音乐 MV	第三、四课时	歌中呈现多个"平凡人"人物形象，激活学生已有知识，加深对单元主题的理解。
音乐	著名英语民谣歌曲 · When you are old · You are my sunshine · Oh! Susana · Take me home, country roads · Five hundred miles	第六课时	输入丰富的音乐素材，为学生完成配乐唱诗的任务做铺垫。

四、主题探究思路

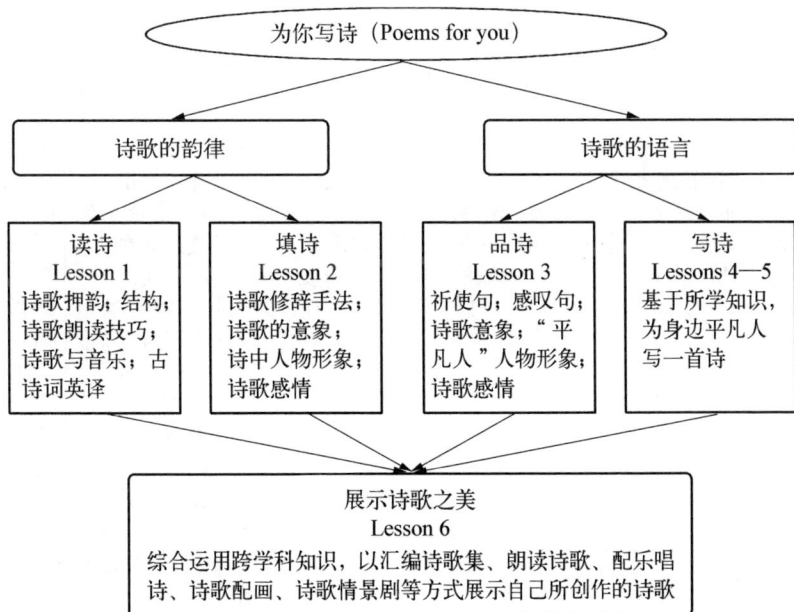

```
                    为你写诗（Poems for you）
                   /                        \
          诗歌的韵律                      诗歌的语言
         /         \                    /          \
      读诗         填诗               品诗          写诗
    Lesson 1     Lesson 2          Lesson 3     Lessons 4—5
   诗歌押韵；结构；  诗歌修辞手法；       祈使句；感叹句；  基于所学知识，
   诗歌朗读技巧；   诗歌的意象；        诗歌意象；"平   为身边平凡人
   诗歌与音乐；古   诗中人物形象；       凡人"人物形象；  写一首诗
   诗词英译       诗歌感情           诗歌感情
         \         \                    /          /
              展示诗歌之美
               Lesson 6
   综合运用跨学科知识，以汇编诗歌集、朗读诗歌、配乐唱
   诗、诗歌配画、诗歌情景剧等方式展示自己所创作的诗歌
```

五、单元整体规划

课时	目标	内容	活动	评价	作业
第一课时 Intensive reading 我会读诗	1. 初步了解中英文诗歌的语言特点和语音特点（押韵和节奏）； 2. 通过比较学习，了解中英文诗歌异同，英译简单的古诗； 3. 能用正确的语音语调，富有节奏，感情丰富地朗诵诗歌。	1. 英译古诗词数首 2. Speaking 部分诗歌 3. 介绍许渊冲及其译作的视频	1. 英译古诗词引入，比较英文诗歌与中文诗歌，总结诗歌节奏和韵律特点。 2. 介绍许渊冲及其译作，对比赏析古诗译本，学习其翻译技巧。 3. 小组朗诵或演唱，感受诗歌韵律特点。	**评价标准：** 1. 能否用所学知识分析诗歌结构和韵律 2. 诗歌的朗诵效果 **评价方式：**课堂观察、提问、朗诵表演、生生互评、学生自评	翻译唐诗并为其配画配乐
第二课时 Intensive reading 我会填诗	1. 理解诗歌的内容，体会诗歌的内涵，能有感情地朗读，展示诗歌内涵； 2. 识别诗歌的结构和语言特点，如押韵、排比、夸张等； 3. 识别人物类诗歌中的意象，并将"意象"运用到诗歌创作中。	1. 精读：My dad 2. 补充材料： · 诗歌 A poem for Mum · 歌曲 Proud of you	1. 精读 My dad，深入学习诗歌写作手法及内涵。 2. 阅读 A poem for Mum，做填诗活动，对比阅读原诗。	**评价标准：** 能否把握诗歌的内容大意、写作手法和所表达的思想感情 **评价方式：**课堂观察、提问、朗诵表演、生生互评、学生自评	给自己的父母写诗（关注意象、押韵、排比、夸张等）
第三课时 Listening & Grammar 我会品诗	1. 能正确把握听力部分四首诗的强烈情感，并捕捉描述情感的词汇（excited, sad, bored, angry）； 2. 能运用祈使句、感叹句，描述身边的人物。	1. 课本听力材料：四首小诗 2. 语法：祈使句与感叹句的用法	1. 听录音，完成听前、听中、听后系列听力任务。 2. 运用祈使句和感叹句描述身边的平凡人。	**评价标准：** 1. 能否正确使用祈使句、感叹句 2. 能否通过语调判断诗歌传递的感情 3. 能否用恰当的语音语调朗诵诗歌 **评价方式：**教师口头评价、学生自我评价	1. 润色修改上节课所写的关于父母的诗歌（用感叹句和祈使句） 2. 有感情地朗诵诗歌，并录制视频

课时	目标	内容	活动	评价	作业
第 四、五课时 More practice & Writing 我会写诗	1. 通过阅读 *Helping hands* 和 *The newspaper seller*，理解"意象"在人物类诗歌中的运用，并运用"意象"为身边的人（同学、老师、校工、医生等）创作诗歌； 2. 能运用恰当的手法（对比、夸张等修辞手法，祈使句、感叹句等语法结构），增强诗歌的感情。	1. Helping hands 2. The old newspaper seller	1. 分析两首诗歌的内容大意和写作手法、发现诗歌中的"意象"。 2. 小组讨论：发现身边平凡人的闪光点。 3. 为平凡人写诗，修改润色自己创作的诗歌。	**评价标准：** 1. 能否恰当地使用人称转述回答；朗读时情感态度是否饱满，能否在关键词上重读 2. 能否分析诗歌的写作手法，正确体会作者所表达的思想感情 **评价方式：**教师评价、生生互评	整理本课时（为身边的平凡人写诗）和第三课时（给自己父母写诗）所写的诗歌，编撰诗歌集，包括封面、配图、导语和目录等
第六课时 Project 我会演诗	1. 能够综合运用语文、英语、音乐等跨学科知识展示诗歌，发展多元智能、创新能力和合作能力； 2. 能从内容、语言、内容、艺术形式等多角度鉴赏和评价诗歌，感受诗歌的节奏和韵律之美，提升文学素养和审美能力。	两首英译唐诗《悯农》《游子吟》以及学生原创诗歌	以诗歌会为情境，展示不同形式的诗歌。 1. 猜诗——教师呈现英译唐诗，学生猜诗歌名，品诗歌语言美、音韵美。 2. 学生原创诗歌展示，包括： · *For my mother*（读） · *My dad*（吟唱） · *The street cleaner*（诗配画朗诵） · *The policeman*（诗配画朗诵） · *For the deliveryman*（说唱） 3. 讨论和投票：Which is your favourite poem? Why do you like it?	**评价标准：**诗歌鉴赏会评价表（见案例附录） **评价方式：**教师点评、学生自评、生生互评	课外合作完成诗歌展示活动视频录制

续　表

课时	目标	内容	活动	评价	作业
第六课时 Project 我会演诗			4. 讨论：What are today's poems about? Why should we write poems for them? 5. 升华主题，合唱诗歌 Super heroes。		

六、分课时设计（以第一、六课时设计为例，其他课时略）

第一课时	课型：阅读课		设计者：李园园
教学目标	**语言能力**：学生能掌握诗歌的语音特征（押韵）和结构特征（诗节、诗行及"诗语"）；学生能用正确的语音、语调、节奏朗读诗歌。 **文化意识**：在教师的引导下，学生能发现中英文诗歌的异同；学生能通过了解许渊冲生平及阅读其译作，增强跨文化交流意识，提升文化自信。 **思维品质**：通过对比阅读，学生能自主归纳出中英文诗歌的异同；能从不同的角度解读语篇，推断诗歌的深层含义。 **学习能力**：通过小组合作的形式，学生能加深对诗歌语言特点的理解；能使用现代信息技术（录制视频）提升学习英语诗歌的兴趣。		
教学重点	掌握诗歌的语音特征（押韵），并在朗读中体会诗歌的音乐美；认识诗歌翻译泰斗许渊冲先生及其译作。		
教学难点	掌握诗歌文体的基础知识（押韵、诗行、诗节等概念，以及诗歌语言的独特性），并自觉运用到诗歌翻译中。		
教学环节	学　习　活　动	设计意图	评价方式
Step 1: Lead-in	教师呈现经典唐诗名句的英文译本，学生说出中文诗句（3~5句）。	活跃课堂气氛，提高学生学习兴趣，自然引入到本节课话题	教师评价 学生能否说出对应的中文诗歌
Step 2	学生观看视频，认识翻译家许渊冲并讨论交流 "Why did Xu spend his whole life on translation?"。	树立学生的文化意识，认识许渊冲这位对中外文化交流作出巨大贡献的大师	生生互评 学生是否了解许渊冲生平；是否理解诗歌翻译任务的艰巨性及其文化意义

Step 3	学生对比阅读《登鹳雀楼》（On the Stork Tower），教师引导学生发现中英诗歌的共同特征——押韵。	利用正迁移，让学生更好理解中英文诗歌中的押韵	教师评价、生生互评学生能否有感情地朗读诗歌；能否自主发现中英文诗歌的共同点
Step 4	学生对比阅读宋词《卜算子·咏梅》（Ode to the plum blossom），讲解诗歌相关的知识，如诗行、诗节等，学生小组合作完成学案上的练习并分享答案。 学案涉及以下问题： What are the rhyming words? How many verses/lines are there in the poem? What does that sentence mean? Can you paraphrase it in full sentence? Why does the poet write this poem?	借助熟悉的诗歌素材，学生能更好理解诗歌结构的基本概念（诗节和诗行）以及诗歌句式的独特性	教师评价、生生互评学生能否找到诗歌的押韵词；能否正确理解诗行、诗节等概念
Step 5	教师引导学生总结诗歌相关的知识，并完成课本第88页的A2练习。	监测学生上一环节学习成果	教师评价学生能否完成小测试
Step 6	教师呈现翻译任务：翻译余光中的《乡愁》，译前提醒学生分析诗歌结构，学生尝试翻译。	有助于让学生回顾所学知识，培养知识迁移能力	生生互评、学生自评学生能否运用所学知识分析诗歌；所翻译的诗歌是否切题
作业	（二选一） （1）翻译余光中的《乡愁》； （2）搜索更多的英译古诗词，录制朗诵视频。		

第六课时	课型：综合展示课	设计者：刘鉴宇
内容分析	本节课为七年级下册 Unit 7 Poems 的第六课时。本单元与学生生活联系紧密，围绕"平凡的人"这一话题，启发学生发现身边平凡人（父母、警察、清洁工等）身上的闪光之处，并用诗歌描述和歌颂他们为社会发展和建设所作的贡献。	
学情分析	初一学生对新鲜事物感兴趣，用诗歌这种独特的方式描写身边熟悉的人，学生很感兴趣；且他们表演展示欲望比较强。本课将设计诗歌配乐、诗歌朗诵、诗歌演唱等形式活泼的活动，将英语诗歌与语文、音乐等学科融合，激发学生表现欲，提升学生的学习兴趣。	

教学目标	在本课时学习结束时，学生能够： 1. 通过读诗、唱诗、品诗，感知单元主题和诗歌的节奏韵律之美； 2. 运用和内化本单元所学，对诗歌进行深入分析，进一步领悟诗歌表达的情感，感受平凡人的"人性之光"，并学会尊重身边的平凡人； 3. 以小组合作的形式通过模仿、想象等方式，进行迁移创作，创作一首描述平凡人的诗歌。本节课学生可以通过展示自己的作品，并在师生与生生的互动中产生积极的情感共鸣，也能进一步感知中英文诗歌的异同，形成文化认同感，提高鉴赏能力； 4. 通过朗读、演唱诗歌等形式，感受大湾区建设中身处平凡岗位的劳动者的不平凡，感悟平凡人的人性之光。
教学重点	1. 有序引导学生展示作品，展现学生的主体性、创造力。 2. 采用学生自评、生生互评、教师点评等多种评价方式，使学生成为诗歌的欣赏者、创作者和评价者。
教学难点	引导学生将课内所学的诗歌鉴赏策略应用于实践。

教学环节	学　习　活　动	设计意图
Guessing game	Free talk T：Do you like poems? Who is your favourite poet? What do you think of his poems? T：Can you guess the names of the two ancient Chinese poems according to their English version? What do they have in common? T：Who can you see in these poems?	To arouse ss' interest and activate their background knowledge; to lead to the topic: ordinary people.
Read a poem	T：Both of these poems are about ordinary people in ancient times. Have you noticed the ordinary people around you? Let's write poems for the ordinary people. Poem 1 S shows a poem for her mother. Ss answer these Qs： · Does it rhyme? · What do you think of the mother in this poem? · Why does the poet use longer sentences in the first verse while using shorter ones in the last verse? · What do you think of this poem?	To enjoy poems in a lively and creative way; to analyze the poems and praise ordinary people.

Chant a poem	Poem 2 S chants the poem *My dad*. Ss answer these Qs: · Can you find the rhyming words in it? · What about the writing method? · What do you think of the father in this poem? Why do you think so?	
Read a poem with video	Poem 3 S reads aloud the poem *The street cleaner*. Ss answer these Qs: · What can you see in this poem? What do you think of the street cleaner? · Why do you think so? · What do you want to say to the street cleaner?	
Read a poem with video	Poem 4 S performs the poem *The policeman*. Ss answer these Qs: · Can you find some rhyming words in this poem? · What do you think of the policemen in the poem?	
Rap a poem	Poem 5 S raps the poem *For the deliveryman*. Ss answer the question: What do you think of the deliveryman?	
Discussion	Which is your favourite one? Discuss it with your group mates.	To summarize what Ss have learnt in this lesson.
Summary and chorus	Ss summarize the topic: Although we're ordinary, we do extraordinary things. Ss present the poem *Super heroes* in chorus.	
Blackboard design	Poems for ordinary people hard-working　responsible punctual　　　friendly loving　　　　brave devoted　　　dedicated helpful Although we're ordinary, we do extraordinary things.	

七、案例实践反馈

（一）教师反思

第一课时阅读课反思

在本单元的第一课时，我采用学生所熟悉的唐诗宋词英译本作为引入，学生学习兴趣浓厚，反应比较热烈。讲到押韵时，学生能迅速识别中英诗歌的共同点——押韵。同时，学生能够感知诗歌语言的部分特点。但是在讲授诗歌结构的新术语，如 verse，line，rhyme 时，学生比较陌生。在总结诗歌的语言特点的时候，学生原来的认知较为局限片面，需要教师的进一步引导。（滨海实验学校　李园园）

第六课时综合展示课反思

综合展示课以"中外诗歌会"为主题大任务，课上展示了学生在本单元创作的优秀作品。学生展示形式多样，有配乐朗诵、诗配画朗诵、吟唱、打鼓说唱、合唱等。在展示前，我先向学生展示了评价表，引导学生从诗歌的内容、主题、写作技巧、感情表达、表现形式等方面进行评价。通过个别评价、同学互评、讨论、投票等活动，边欣赏边评价，边评价边学习，学生不仅是诗歌的创作者与分享者，更是诗歌的欣赏者与评价者。我也真正体会到什么是 assessment as learning（评价即学习），以及如何贯彻落实新课标倡导的"教、学、评一体化"。（滨海实验学校　刘鉴宇）

（二）专家点评

该单元整体设计是英语学科和语文、音乐和美术学科的"真融合"。导入部分运用经典唐诗进行讲解，巧妙利用正迁移让学生掌握英语诗歌特点。在引导学生欣赏诗歌时，能让学生关注赏析诗歌中的意象和人物形象。该单元整体设计从语言能力方面的整合比较充分，是"真融合"，但从主题意义角度出发进行的挖掘与整合仍需加强。（深度学习项目学科专家　孙铁玲）

附录

第六课时诗歌鉴赏会评价表：

节目单	内容（写出意象）	韵律（写出韵脚）	音乐是否契合诗歌感情?（用形容词表达）	语音语调是否准确和有感情?（用五颗星表达）	艺术表现力（创意、感染力……）（用五颗星表达）	团队合作力（用五颗星表达）
Poem 1						
Poem 2						
Poem 3						
Poem 4						
Poem 5						

学生原创诗歌（4首）：

For my mother

Out of the bed into the kitchen you rush.

From day to day delicious meals you cook for us.

Piles of clothes and tons of dishes for you to wash.

Dirty floor and messy rooms for you to tidy up.

You bury yourself in the kitchen.

No time for yourself before the sky darkens.

But you are a girl

Then a mother.

Can you fly freely like a bird?

Smell the fresh air and see the beauty of the world.

My dad

You are fat,

You are smart.

When I'm in trouble,

You are always there.

I am a fish,
You are the sea.
All you have,
You give to me.

I trust you,
You trust me.
Hold my hands.
We are friends.

The world is big,
But I'm small.
With your love,
I have it all.

For the deliveryman
Wearing yellow or blue,
Busy streets am I rushing through.

Summer days or rainy days,
I am never late.

When you guys are gathering, chatting or dining,
From one place to another am I hurrying.

The job is not easy
I am working to make life more convenient in our city.

Super heroes

（chorus）

I'm policeman

Keep you safe

All day and all night.

Take my broom

Keep it clean

Every day and night.

Work together

Make a better world.

Summer days

Rainy days

Always on the way.

You are brave

You are great

Brighten our days

Work together

Make a better world.

案例 4

沪教版八年级下册
Unit 4 Cartoons and comic strips
单元作业设计案例

案例类型：美术、信息技术、英语学科融合型单元作业设计与实施案例

案例提供：温华敏（广州市南沙第一中学）

　　　　　童宇超（广州市南沙第一中学）

　　　　　叶春兰（广州市南沙潭山中学）

　　　　　周　娇（广州市南沙鱼窝头中学）

案例指导：袁春玉（广州市南沙区教育发展研究院）

一、单元作业的设计

（一）单元整体设计

1. 教学内容与学情分析

本单元和前一单元同属于 Module 2 Arts and crafts 这一主题，前一个单元主要介绍中国的传统技艺和手工艺人，本单元介绍了如何制作卡通与漫画及一些中外经典漫画赏析，均以说明文为主。通过传统与现代、国内与国外的对比，学生能够深入理解卡通漫画的文化内涵和中国传统技艺的价值，学会兼收并蓄，在传承的同时学会创新。本单元课文主要内容分析如下。

语篇	What	Why	How
精读	如何制作动画片的杂志文章（说明文）	为学生提供表述流程类说明文范例	借助标题、引言及图片推测语篇内容；运用连词表达动画制作的过程和顺序

语篇	What	Why	How
听力	一则关于小恐龙的故事	了解漫画故事的情节发展及其语言特点	使用对话表达漫画故事情节，口语化，祈使句较多
口语	常用的警示语；谈论卡通故事	培养学生讲述卡通故事和参与角色表演的能力，感受卡通语言的特点	·警示语比较简短，使用祈使句型，帮助学生理解漫画语言简短、清晰的特点 ·给上节课小恐龙踢球的故事添加结尾，进行角色扮演，培养学生想象力
语法	含有情态动词的被动语态的用法 两个语篇：卡通人物脸部绘画及卡通漫画制作流程	用"情态动词+被动语态"的结构介绍卡通创作步骤，及如何画卡通人物	完成两篇文章的填空练习，感受"情态动词+被动语态"的运用情境
写作	完成一则漫画故事	培养学生的想象力和语言表达能力，帮助他们学会正确运用漫画故事的四种要素	完成一则漫画故事设计并编写合理的说明文字、对白等，鼓励学生发挥想象
补充阅读	说明文，介绍世界著名的动画片《猫和老鼠》诞生的历史	拓宽学生的知识面，了解经典动画创作历史及意义	从内容、创作者、发展历史及评价四个维度介绍卡通片
文化角	简介中国动画片《大闹天宫》的制作历史	拓宽学生的知识面，感受中国经典动画片的创作历史及艺术特点，培养学生的审美情趣	从内容、创作者、发展历史及评价四个维度介绍卡通片

　　"卡通片和漫画"是青少年非常感兴趣的事物，学生对于这个话题有不少积累，也看过和阅读过一些卡通漫画，部分学生能用漫画自如表达自己的创意，本班学生也很喜欢为电影和动画片配音。

　　我校是南沙区首批智慧课堂实验学校，学生人手一个学习平板，教师可利用在线学习平台进行任务发布、收集数据，学生通过该平板上传书面、语音作业，为制作有声漫画提供了软硬件条件。

　　在认知水平方面，八年级学生能在教师引导和协助下，围绕"卡通片和漫画"主题，理解相对应的语篇内容，具备一定的获取和归纳特定信息或关键信息的能力；能运用所学语言与他人就"卡通片和漫画"的话题进行交流，描述见解与经历，介绍熟悉的卡通片和漫画，表达对该话题的观点和情感态度等。在学习能力方面，学生能在教师引导和协助下，积极尝试运用不同的英语学习策略提高学习效率，能主动利用图书馆和其他网络资源进行拓展学习，能主动寻求美术老师、信息技术老师进行指导。

"有声漫画制作"这一实践活动需把美术、信息技术、多媒体技术等多方面结合起来，需要学生运用软件技术将图片、声音等进行合成处理，给学生提供了跨学科融合的展示平台，需要学生综合运用多种学科知识和技能，小组合作才能完成，任务具有一定的挑战性。经过调查，极个别小组不具备使用电脑或智能手机进行视频合成的条件，因此个别小组由教师协助完成任务。

2. 创设主题大任务

本单元的主题是卡通与漫画，教师将单元主题大任务设计为"有声漫画展"。学生通过学习漫画的制作，小组合作把信息技术、漫画与英语学科相结合，制作有声漫画，参加班级漫画展。为了完成这一主题活动，学生需要小组合作完成确定主题、构思情节、设计人物、配图、编写对白、配音、软件合成等一系列活动，融合运用英语、美术、信息技术等跨学科知识，发展创造力和想象力，培养合作精神，从而促进他们对中外卡通漫画的文化内涵的理解，促进学科素养的养成。

语言能力	文化意识	思维品质	学习能力
学生通过学习关于卡通制作基本步骤的说明文，了解和卡通相关的知识，拓宽知识面。	学生通过阅读中外不同题材的漫画，感受不同国家的漫画在主题、人物、内涵方面的不同，体会卡通漫画的文化内涵。	创作有声漫画的过程培养了学生的创新思维能力，以及跨学科知识融合运用的多元思维能力。	学生通过小组合作构思、制作，并用配音、声效等形式展示本组有声漫画作品，拓宽英语学习渠道，有效规划学习任务，学生的合作学习、自主学习、评价反思等学习能力得到发展。

3. 整合单元学习资源

该单元来自八年级下册 Module 2 Arts and crafts，前一个单元的话题是 Traditional skills，学生学习了用英语描述中国的传统技艺，如鸬鹚捕鱼、皮影戏、面人、中国结，以及如何描述外貌特征，体会传统技艺的艺术价值。这些知识与能力将进一步运用在本单元的有声漫画的制作过程中，如：卡通故事的主题要具有一定的意义、形象生动地描述卡通人物的形象等。

教材资源整合		
	整合前	整合后
Reading	How to make a cartoon	梳理漫画的制作过程，注意被动语态的使用（重点使用）
Listening	A comic strip about a baby dinosaur	被动语态的基本结构在 Unit 3 已经系统学习过，渗透在精读、听说、写作、综合展示之中。改编 Grammar 的篇章作为听力材料，Listening, Speaking 和 Grammar 整合为一个课时
Grammar	被动语态的完成时态和含有情态动词的被动语态	
Speaking	为 Listening 故事设计结尾，并角色扮演	
Writing	为 Mystery Island 漫画故事添加说明文字、对白等内容	了解有声漫画制作的要求
More practice	Tom and Jerry	补充两篇拓展阅读语篇，以阅读圈的形式开展阅读活动： 1. Hulu Brothers 2. Doraemon
Culture corner	Havoc in Heaven	
Project	A comic book	创作有声漫画并展示

课程标准指出，教师要敢于突破教材的制约，充分挖掘教材以外的资源，在开发素材性英语课程资源时，要注意选用具有正确育人导向的，真实、完整、多样的英语材料。基于单元主题大任务 An audio comic show（一场有声漫画展）的需要，在对教材内容深入解读的基础上，为加强单元内各语篇内容之间的联系、引导学生基于语篇内容进行学习和主题意义的探究，本设计对教材内容进行了整合。把 Grammar 的语篇 How to make a comic strip 整合进听说课中，舍弃了 Speaking 警示语部分，补充了三篇关于不同国家的不同风格的卡通漫画的介绍，让学生了解更多国内外卡通漫画，为自己创作有声漫画提供开阔的思路。

4. 设计单元学习活动

整合后主要学习活动				
Intensive reading (第一、二课时)	Listening & Speaking (第三课时)	Writing (第四课时)	Extensive reading (第五课时)	Project (第六课时)
学习理解类活动： 基于流程图、思维导图的文本阅读 **应用实践类活动：** 复述动画制作的过程 **迁移创新类活动：** 制作简易火柴人动画	学习理解类活动： 听录音，完成听前预测、听中图片排序、独白填空、捕捉关键信息等任务 **应用实践类活动：** 续编结尾并角色扮演对话 **迁移创新类活动：** 以漫画的形式续编内容并添加内心独白、台词等	学习理解类活动： 点评视频作业 **应用实践类活动：** 写台词、旁白、学习润色技巧 **迁移创新类活动：** 独立完成 Mystery Island 漫画，编写对白和说明文字	应用实践类活动： 全班分为六个小组，各自阅读一篇有关动画创作的文章之后以阅读圈的形式对阅读内容进行成果展示 **迁移创新类活动：** 从三个阅读篇章中提取漫画或动画作品介绍的四个维度。	迁移创新类活动： 小组成员现场分角色展示漫画配音、声效制作等；全班进行投票评选

（二）单元作业设计

1. 确定作业目标

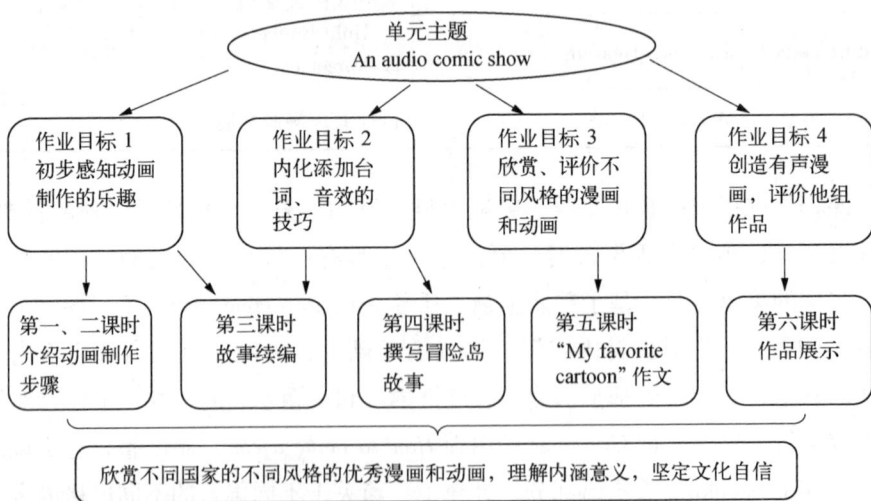

本单元的终结性语言实践活动是一场"有声漫画展"，学生通过欣赏和学习卡通漫画的制作，小组合作制作一幅有声漫画作品，参加班级漫画展。这也

是单元作业总目标，为了帮助学生完成总目标，需要清楚知道完成任务的详细过程，以及所需的知识技能的铺垫，如：确定主题、构思情节、设计人物、配图、编写对白、配音等语言知识与技能要求；绘画、视频合成等跨学科技能要求。这些铺垫工作通过课堂学习和课后作业有序引导学生完成，有的作业需要学生使用电脑、网络资源或者请家长或朋友友情支持，或 3—5 人小组合作完成，或需要通过课后作业形式完成。

2. 设计作业内容

第一、二课时　Reading 作业

课　型	精读课	作业时长	20 分钟
作业内容		**作业类型**	
基础巩固（必做） （1）在线完成单词、短语、课文模仿朗读； （2）根据提示，写出动画制作的流程。		语言技能 听□　说□　读☑　看□　写☑	
Step 1:Decide on _____. Step 2:Think about _____. Step 3:Make _____. Step 4:Draw _____. Step 5:Put _____. Step 6:Record _____.		认知水平 记忆☑　理解☑　应用☑ 分析□　评价□　创造□	
		作业评价 教师评价☑ 学生自评□ 同伴互评☑ 智能评价☑	
提升创新（选做） 根据课堂示例，尝试用便签纸制作火柴人动画，主题不限，内容积极向上，作品上传到在线平台。 		认知水平 记忆□　理解□　应用☑ 分析□　评价□　创造☑	
		作业评价 教师评价☑ 学生自评□ 同伴互评☑ 智能评价□	

续　表

设计意图：
在第一个课时精读课，学生大致了解动画制作的流程，积累相关用语表达，通过在线平台智能纠音、评分，教师可以通过智能分析，对学生的薄弱环节一目了然。基础作业中还设置了"写出动画制作流程"的作业，这是制作有声漫画的第一个步骤，为终极目标打下了基础。学生必须先了解流程，后面的步骤才能继续实施。选做作业是非纸笔作业，让学生体验了制作简单动画的操作过程，通过快速翻页，让学生看到了静止的图片瞬间动了起来，对动画制作有了大致思路，由于该作业需要花费一定时间，鼓励小组合作，设为选做。

第三课时　Listening & Speaking 作业

课型	听说课	作业时长	15 分钟
作业内容		作业类型	
课前预习（必做） (1) 找出 Reading 文章中的被动句； (2) 预测课本第 54 页小恐龙故事的独白内容。 基础巩固（必做） (1) 以第三人称的形式在在线平台上复述小恐龙故事； (2) 完成被动语态的练习。		语言技能 听☐　说☐　读☑　看☐　写☑	
根据句意，用括号内所给词的正确形式填空。 1. Your room should _____ (clean) at least twice a week. 2. A new shopping mall may _____ (build) here next year. 3. This kind of works can only _____ (see) in the museum. 4. This book _____ (translate) into many foreign languages by now. 5. So far, all the walls of the building _____ (paint) white. 6. More trees should _____ (plant) on the mountains. 7. Nowadays, different kinds of information can _____ (find) on the Internet. 8. The cake _____ (keep) for two days. You'd better not eat it.		认知水平 记忆☑　理解☑　应用☑ 分析☐　评价☐　创造☐	
		作业评价 教师评价☑ 学生自评☐ 同伴互评☑ 智能评价☐	

提升创新（必做） 以小组为单位，把课堂上续编的小恐龙故事以多格漫画的形式画下来，注意台词的添加。 	语言技能 听☐　说☐　读☑　看☐　写☑
	认知水平 记忆☑　理解☑　应用☑ 分析☐　评价☐　创造☐
	作业评价 教师评价☑ 学生自评☐ 同伴互评☑ 智能评价☐ **评价标准：** 1. 内容：故事情节的合理性（6分） 2. 语言：正确运用四种漫画要素，词语的准确性（6分） 3. 结构和流畅性（3分）
拓展应用（选做） 选择若干个问题在班上开展采访活动，口述采访结果。 1. Do you like cartoons? Why/Why not? 2. Have you ever designed a cartoon? What? 3. What are your favourite cartoon characters? Why? 4. Would you like to be a cartoonist? Why/Why not? 5. Do you like cartoons and comic strips? Why/Why not? 6. What was the last comic book you read? When? 7. What cartoon did you like as a small child? Why? 8. Do you think boys read more comic books than girls? 9. What are the most famous cartoon characters in your country? Are they famous worldwide? 10. Do you usually buy cartoon books? What? 11. Do you watch cartoons on TV? What? 12. Why do you think adults also like cartoons? 13. Do you play video games based on comic books? 14. Have you ever been to a comic fair? When and where? 15. What comic character would you like to be? Why? 16. Have you ever read any comics in English? What? 17. Do you prefer black & white or coloured cartoons? 18. Why do you think comics are so popular?	语言技能 听☐　说☑　读☐　看☐　写☐ 认知水平 记忆☑　理解☑　应用☑ 分析☑　评价☐　创造☐ 作业评价 教师评价☑ 学生自评☐ 同伴互评☑ 智能评价☐

设计意图：

　　本单元的语法内容是被动语态的现在完成时和含有情态动词的被动语态的用法，是上个单元被动语态基本用法的延伸，大多数学生在上个单元可以熟练运用被动语态，教师在精读课、听说课中让学生摘抄、留意被动语态的现在完成时和含有情态动词的被动语态的用法，并在复述小恐龙故事、角色扮演等语言实践活动中强调该语法的用法，在情境中使用该语法，实现"做中学"。

　　本课的预习作业既是上节课的复习，也是对后续活动的语言知识的铺垫。以小组为单位的提升创新作业从课堂的角色扮演活动，延伸到课后的动笔实践，鼓励学生通过查找资料，询问美术老师关于多格漫画的画法等，实现美术与英语的学科融合。对于学有余力的学生，设置了自由度较大的采访活动，帮助他们进一步加深对主题意义的理解，为后续的写作、拓展阅读做准备。

第四课时　Writing 作业

课型	写作课	作业时长	20 分钟
作业内容		作业类型	
课前分享（必做，二选一） 1. 上节课作业中进行过采访的小组进行分享； 2. 上节课多格漫画展示，由小组代表解说。 基础巩固（1 必做；2 选做） 1. 用第三人称的形式把 Mystery Island 的故事写下来，80 词左右； 2. 用语音或者视频方式把配音录制下来，并上传到在线平台。		语言技能 听□　说☑　读□　看□　写☑	
		认知水平 记忆☑　理解☑　应用☑ 分析□　评价□　创造□	
		作业评价 教师评价☑ 学生自评□ 同伴互评☑ 智能评价□	
提升创新（必做） 发挥想象，补充漫画中 speech bubbles 与 thought bubbles 中的文字，可对情节做修改。 素材来源：https：//en. islcollective. com/english-esl-worksheets/vocabulary/debate/		语言技能 听□　说□　读☑　看□　写☑	
		认知水平 记忆□　理解☑　应用☑ 分析□　评价□　创造□	

	作业评价 教师评价☑ 学生自评☐ 同伴互评☑ 智能评价☐ **要求：** 1. 符合逻辑 2. 具有创意 3. 被动语态 4. 积极向上
拓展应用（选做） 阅读文章，根据问题写80词左右的评论。 Do you agree with what the author says？Why？ 　　　　Are cartoons always nice？ The first time I took my daughter to the movie theater, she was 6 and the movie was "Bambi". I'm a movie lover, so I had chosen it carefully and thought a cartoon movie would be an effective introduction to the Seventh Art World.	**语言技能** 听☐　说☐　读☐　看☐　写☑
Everything was going just fine until Bambi's mother was shot and killed. My daughter got anguished and asked to go home in the middle of the movie. Fortunately, later choices turned out OK and she likes movies as much as I do.	**认知水平** 记忆☐　理解☐　应用☐ 分析☑　评价☑　创造☐
My point is：are cartoons really safe for kids？ Or do parents need to pay attention to the type of cartoons kids are watching during their spare time？ Once I sat on the sofa to watch a cartoon with my 8-year-old son and got completely dumbfounded when I realized a cartoon character was agonizing right in front of us, bleeding as if it was an action adult movie！ Everybody knows that the cartoon "The Simpsons" doesn't spread nice manners or behavior, but what about the "kid stuff" they display in the afternoon for young children？	**作业评价** 教师评价☑ 学生自评☐ 同伴互评☑ 智能评价☐

The next time you take a kid to the movies, maybe a cartoon doesn't make the best choice, unless you take the time to watch it and analyze its content first. Or you take the risk of exposing your child to messages he or she isn't prepared to get yet.	

设计意图：

　　课前作业是展示和解说上节课的多格漫画，体现作业在关联各课时教学中所起的作用。本节写作课作业不同于常规的半翻译式写作，学生把 Mystery Island 漫画用文字形式写下来，目的是让学生掌握有声漫画独白的撰写（必做）、配音（选做），这是实现成功制作有声漫画的第三步——撰写独白的基础。提升创新（必做）作业中，要求学生为一幅无内心独白和对话的漫画添加内容，是课堂上为 Mystery Island 添加说明文字、对白等内容的语言实践活动的巩固和复习，作业具有半开放性，为学生对情节的预测和想象留足了空间。

　　拓展应用（选做）是为学有余力的学生设置的一道锻炼思辨能力的开放题，很好地锻炼了学生用英语进行思维和表达，分析问题，提出观点的能力。

第五课时　Extensive reading 作业

课型	拓展阅读课	作业时长	15 分钟
作业内容		**作业类型**	
基础巩固（必做） 把拓展阅读篇章中出现的生词、短语、佳句积累到 Word bank。 Word bank		语言技能 听☐　说☐　读☑　看☑　写☑	
		认知水平 记忆☐　理解☑　应用☐ 分析☐　评价☐　创造☐	
		作业评价 教师评价☑　学生自评☑ 同伴互评☑　智能评价☐	
提升创新（必做） 撰写一篇题为 "My favorite cartoon" 的文章，阐述原因，不少于 80 词。		语言技能 听☐　说☐　读☐　看☐　写☑	
		认知水平 记忆☑　理解☑　应用☑ 分析☐　评价☐　创造☐	
		作业评价 教师评价☑　学生自评☐ 同伴互评☑　智能评价☐	

拓展应用（1 必做，2 选做） 1. 以小组为单位，按照制作漫画的流程，创作一幅英语漫画作品，并发挥想象，添加内心独白、台词、音效等； 2. 利用信息课学到的视频合成技术，把作品制作成有声漫画，并上传到在线学习平台。	语言技能 听☐ 说☑ 读☑ 看☐ 写☑
	认知水平 记忆☐ 理解☐ 应用☐ 分析☐ 评价☑ 创造☑
	作业评价 教师评价☑ 学生自评☐ 同伴互评☑ 智能评价☐

设计意图：

在本节拓展阅读课上，学生阅读了 *Tom and Jerry*，*Hulu Brothers*，*Doraemon*，*Havoc in Heaven* 等多个介绍中外经典卡通作品的语篇，课堂上教师也开展了"说说你最喜欢的卡通作品及原因"的讨论和分享，课后的写作 My favorite cartoon 是课堂学习的延续。小组合作作业"基于自己感兴趣的话题制作漫画"和选做任务"制作有声漫画"在写作的基础上更进一步，学生需要综合运用跨学科知识，"制作有声漫画"既是学生作业，也是最后一节课上综合展示活动的学习材料。

第六课时 Project 作业

课型	单元综合展示课	作业时长	20 分钟
作业内容		作业类型	

基础巩固（必做） 完成单元练习题	语言技能 听☐ 说☐ 读☑ 看☐ 写☑
2021-2022 学年度八年级下册 Unit4 单元练习 一、语法选择（共30小题，每小题2分） 　　Garfield is well known all over the world. He first appeared in a comic strip on June 19, 1978. Lots of Garfield books have been turned ___1___ different languages. Garfield products ___2___ in 69 countries. 　　Garfield was created by Jim Davis ___3___ was born on July 28, 1945 in Indiana. Jim grew up on a farm. He and his bother Dave ___4___ with the farm work. They had 25 cats. 　　As ___5___ boy, Jim was in poor health. When he had to spend time ___6___, he drew pictures. He added words to his pictures to make them ___7___. 　　After college Jim worked a few years at an advertisement company. In 1969, he got a job to help a cartoonist. Jim noticed ___8___ there were many comic strips about dogs, ___9___ there were few about cats. He thought that was strange ___10___ the world is full of cat lovers. He remembered his 25 cats. They gave ___11___ ideas for the comic strip about a cat. In the comic strip, Garfield became the main character in daily difficult experiences with Jon, his owner, and ___12___ characters . He is lazy, funny and hungry. 　　Jim Davis has received ___13___ awards(奖) for his work. He was given the Best Humor Strip Cartoonist of the Year Award ___14___. So far, he ___15___ four Emmys (艾美奖). 1. A. to　　　　B. on　　　　C. into　　　　D. in 2. A. is sold　　B. were sold　　C. are sold　　D. was sold 3. A. when　　　B. where　　　C. whom　　　D. who 4. A. to help　　B. were helped　　C. helping　　D. helped	认知水平 记忆☑ 理解☑ 应用☑ 分析☐ 评价☐ 创造☐
	作业评价 教师评价☑ 学生自评☐ 同伴互评☐ 智能评价☑

提升创新（必做） 1. 对自己小组的作品提出改进意见； 2. 评价他组作品并投票。	语言技能 听□　说□　读☑　看☑　写□
	认知水平 记忆□　理解□　应用□ 分析☑　评价☑　创造☑
	作业评价 教师评价☑　学生自评□ 同伴互评☑　智能评价□
梳理与总结（必做） 　　Conclusion of Unit 4 Word bank（记录生词、易错、易混淆、仍未明白用法的词汇） Key sentences（记录重点短语、句型结构等） Grammar（本单元重点语法） Other items & reflection（错题集、单元学习的反思）	语言技能 听□　说□　读☑　看□　写☑
	认知水平 记忆☑　理解☑　应用□ 分析□　评价□　创造□
	作业评价 教师评价☑ 学生自评☑ 同伴互评☑ 智能评价□
设计意图：在单元综合展示活动之后，进一步引导学生聚焦活动中的语言知识，对本单元重难点进行梳理与总结，查漏补缺。	

二、单元作业的实施

（一）实施过程

1. 第一、二课时 Reading 基础巩固作业——根据提示，写出动画制作的流程。

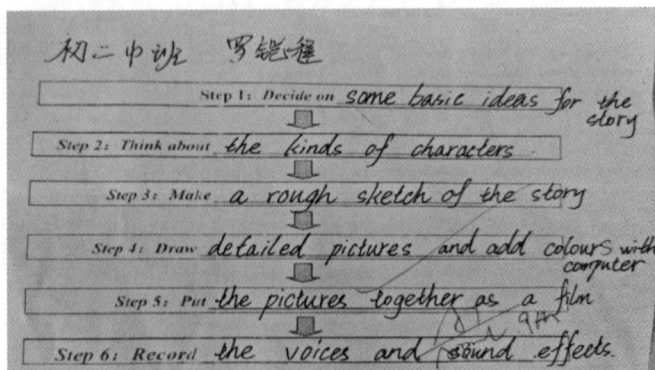

[意图及效果] 这是精读课的基础作业，写出动画流程，是制作有声漫画的第一个步骤，为终极目标打下了基础，学生必须先了解流程，后面的步骤才能继续实施。学生普遍掌握情况较好，在口头表述时，能恰当使用连词衔接各个流程。

2. 第三课时 Listening & Speaking 作业

（1）基础巩固作业——完成被动语态的练习

[意图及效果] 由以上练习反馈可知学生对被动语态的掌握情况，他们的主要问题是找不到关键时间状语，例如第五小题 so far，第八小题 for 这类明显的关键词，因此在以后的作业设计中，有必要复现类似题目。除此之外，学生对主语和谓语的关系也弄不清楚，容易把谓语误填为主动，例如马锌萌同学在第七小题中，把 information 和 find 误认为是主动关系，其实这里只要仔细观察，就不难发现是被动结构 can be found。还有一个问题是学生对不规则动词的过去分词复习不到位，故也容易答错。因此，在未来有必要加强被动语态的练习，巩固不规则动词表的记忆。

（2）提升创新（必做）作业——以小组为单位，把课堂上续编的小恐龙故事以多格漫画的形式画下来，注意台词的添加

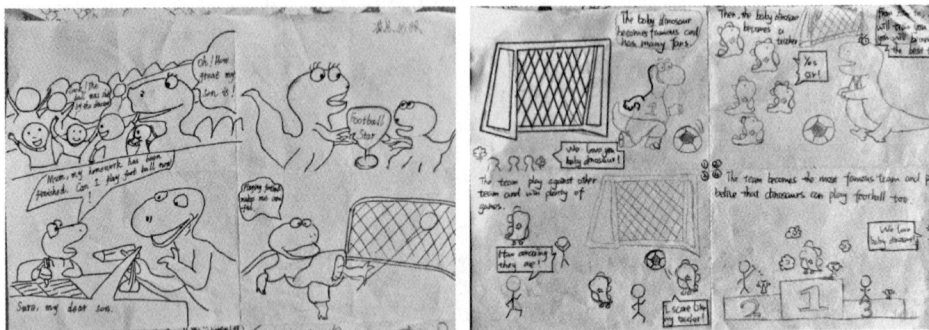

[意图及效果] 听说课后的提升创新作业是把课堂上续编的小恐龙故事画下来，并加入对白、音效等，可视情况增加角色。学生的思路开阔，该故事说的是小恐龙想去踢球，可是遭到了妈妈和队长的阻挠，妈妈说他必须先做完作业，队长以他是动物为由拒绝了他，结果小恐龙号啕大哭，最终被允许踢球，还帮蓝队获得了奖杯，故事到此结束了，作业是续编故事，并画下来，每个小组的作业都非常有创意，在此列举两个小组的作品。

左上图描述的是坐在观众席的妈妈在观看小恐龙踢球，为儿子感到非常自豪，台词用了中考高频考点——感叹句 "How great my son is!"，也符合评价标准中的需要用上被动语态——"My homework has been finished."。右上图描述了小恐龙转眼成长为一名足球教练，培养了很多恐龙球员，为大家所熟知。学生的想象力丰富且有趣，漫画分享为课堂带来了很多欢声笑语。

3. 第四课时 Writing 提升创新（必做）作业——补充漫画中 speech bubbles 与 thought bubbles 中的文字

[意图及效果] 这是写作课的提升创新（必做）作业，是课堂上 Mystery Island 添加说明文字、对白等内容的语言实践活动的巩固和复习，作业具有半开放性，为学生对情节的预测和想象留足了空间。学生以漫画家的角度思考情节发展、对话设置，为下节拓展阅读课的阅读圈活动做好了准备。

4. 第五课时 Extensive reading 作业

（1）提升创新（必做）作业——撰写一篇题为 "My favorite cartoon" 的文章，阐述原因，不少于 80 词。

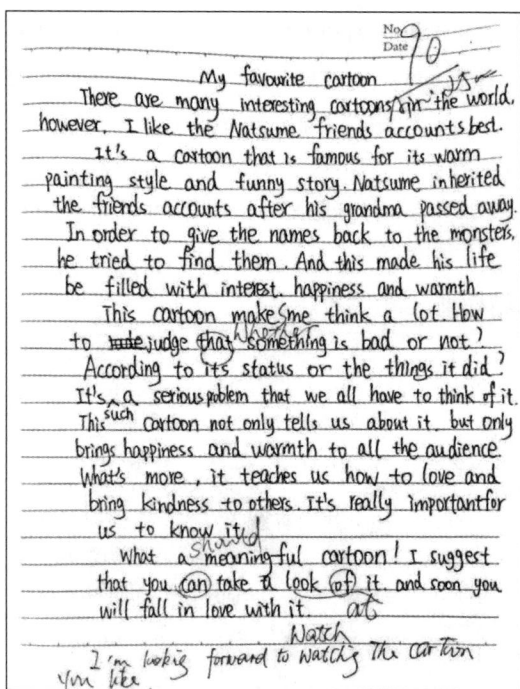

［意图及效果］学生在课上阅读了三篇拓展阅读文章后，对评价漫画的四个维度有了初步认识，课后作业要求学生根据课堂所积累的表达方式，写一篇文章，介绍自己最喜爱的卡通片，并陈述原因，加深了对主题的理解，为下节课任务——制作有声漫画，做好了思路构思、人物设计的准备。

（2）拓展作业——小组合作制作一幅有声漫画

［意图及效果］大多数小组都非常认真地对待有声漫画的制作，从构思到绘画、配音、增加音效等，有视频制作条件的小组直接上交了作品，没有视频制作条件的小组利用展示课，在讲台直接展示，均收到了不错的效果。

5. 第六课时 Project 作业

（1）单元练习题作业

［意图和效果］由在线平台统计的评价结果得知，学生对于本单元语言知识的掌握较好，平均分为 80.4，优秀人数 14 人，良好人数 8 人，达标人数 16 人，不达标 4 人，得分率较低的题目为第 2、12、18、20、22 小题。第 2 题 "Garfield products ＿＿2＿＿ in 69 countries." 的考查点为被动语态的一般过去时，学生由于没有看到前后时态关键词而误选；第 12 题 "Garfield became the main character in daily difficult experiences with Jon, his owner, and ___12___ characters." 考查的是代词 other, the other, others 的用法，这是初中阶段的高频考点，也是易错点，对于语法选择中的易错题，后续的教学和作业中会注重这类题目的知识重现。第 18、20、22 小题是完形填空，完形填空是中考的难点题型之一，考查学生的逻辑思维能力，需要对学生这方面的解题技巧进行点拨。

（2）梳理与总结作业

[意图及效果] 教材的单元之间具有系统性和连贯性。单元梳理与总结可以帮助学生理顺知识，内化课程重点，培养学习能力，也为下一单元做好了铺垫。

（二）效果分析

由以上各课时作业的情况得知，各课时基本达成作业目标，学生在做作业的过程中有了明确的目的感，跨学科实践型作业使学生感受到了作业的趣味性。

本单元最具亮点的作业是小组合作制作一幅有声漫画作品，参加班级漫画展，它充分发挥小组成员漫画主题创设、美术设计、英语配音、写英语脚本、视频合成等多方面的技能，学生综合运用知识技能，发展创新思维能力，理解中外卡通漫画的文化内涵，加深文化理解。

另外，第六课时的梳理与总结作业是本轮实践的亮点，大部分教师认为，在单元综合展示活动后可以不用布置作业，也有老师认为单元综合展示之后就是单元测验。本设计引导学生在"有声漫画展"活动后，对本单元知识要点进行梳理与总结，该作业设计主要分为四大部分：

（1）Word bank 记录生词。学生在平时的学习实践中会遇到不少单词，有做笔记习惯的学生会直接把注释写到零散的书面材料上，没有集中一处，不利于复习，这个方法让学生能够及时把生词记录下来，扩大词汇量，平常不习惯记笔记的学生碍于作业压力，也会认真记录。

（2）Key sentences 记录短语、重点句型。对于高频表达、句型，鼓励学生多次记录，增加巩固频率，也建议学生为每个话题积累若干个句型，尤其是书面表达的闪亮句型，只有胸有成竹，才能做到下笔如有神。

（3）Grammar 记录语法点。每个单元都有新语法，这个方框很好地帮助学生梳理语法知识，查漏补缺。只有在语境中使用语法才能真正体现出语言的价值。

（4）Other items & reflection 鼓励学生记录错题。学生在学习的过程中难免会出现各种各样的错误，教师通过引导学生记录错题，可以系统了解学生掌握知识的情况，继而精准突破瓶颈。错题集是学生学习的宝藏，是提升学习的法宝。

不足之处在于需要细化该作业的评价，使学生重视单元梳理和总结，还需要增加空白位置，满足不同需求的学生。此外，在单元目标实施的过程中，有不少学生是第一次亲手制作有声漫画，对于人物、台词的把握理解不透彻，时间充裕的话可在此之前安排一节专题美术课。

三、单元作业设计实施策略提炼

1. 基于单元整体思路，关注作业的整体性和关联性。在单元整体设计理念下，各课时目标指向主题任务，具有整体性、连贯性和递进性，而每一节课的作业布置要针对课时目标，或是对本节课目标的加强巩固，或是为下一节课目标达成所作的铺垫，因此，单元整体视角下的作业应该具有关联性，其作业成果与下一课时的课堂活动环环相扣，最终指向单元终极目标活动。如：第四课时作业即为课堂阅读任务的延伸，学生需要在理解、吸收教师所整合的阅读框架后，才能利用这一阅读框架进行合理写作（漫画评价"四要素"）。第五课时作业"有声漫画"将成为下一节单元综合展示课的学习材料。

2. 关注学生基础，布置分层作业。学情研究是基础，只有深入地了解了学生，才能够设计出符合学生认知水平的作业，才能够引起学生的关注和兴趣。我校学生水平参差不一，既有学习态度良好，求知若渴的学生，也有学习习惯较差，需要大力夯实基础的学生。基于这样的学情，本次设计既存在适宜所有学生的基础巩固型作业、也有不少响应"深度学习"模式的提升创新型作业和拓展应用型作业，契合学生核心素养进阶发展的需求。

3. 符合学生兴趣，布置学生感兴趣的作业。"卡通片和漫画"是青少年非常感兴趣的话题，经调查，本班70%以上的学生喜欢卡通和漫画，课外学生会自主观看卡通电影或者阅读连环画，相关知识比老师丰富得多。部分学生能用漫画自如表达自己的创意，本班学生也很喜欢为电影和动画片配音。因此，笔者设计了一些与卡通漫画相关的作业，如：制作火柴人动画，续编小恐龙多格漫画，小组合作制作有声漫画等，而即使是需要学生开口说和写的作业，学生也乐于完成，如：对卡通漫画知识问卷调查，写我最喜欢的卡通人物等。

4. 注重培养思维，基础类作业与开放性作业兼顾。在夯实语言的基础上，需要适当布置开放性作业，充分发挥学生的创新思维能力和批判性思维能力。本单元基础性知识巩固类作业有被动语态练习、小恐龙故事复述、录制动画配音、写卡通评论，以及 My favourite cartoon 短文写作等，这些作业巩固了学生话题语言知识。本节课开放性作业有为漫画补充旁白、续编漫画、小组合作创作有声漫画等，这些作业具有开放性和挑战性，能充分发挥学生的创意，也需要学生小组合作和思维碰撞。

5. 培养综合能力，布置多学科融合型作业。漫画展作业是学生把有声漫画制作和展示两者结合起来的作业，在制作和展示过程中需要学生基于单元话题融合听、说、读、看、写等技能，还需要学生运用绘画、软件技术等跨学科技能将图片、声音等进行合成处理。学生在真实的、复杂的、具有挑战性的情境中，综合运用多种能力，体现综合素养。

6. 培养合作意识，布置小组合作作业。合作机制的建立应该具有灵活性和有效性，为了达成教学目标，教师在分组时候尽量避免了层次不均匀，首先根据学生的综合能力，分为四个层次，在选出 12 名综合能力较为突出的小组长之后，教师对组长进行培训，协助小组长"招兵买马"，使每组里面有不同特长的成员，例如绘画、配音、多媒体软件操作这三个技能是需要摆在首位的。大多数小组都选择先用纸笔绘画，然后利用智能手机或者个人电脑软件将图片分为多格，录制对白、音效等，最后由一名熟悉多媒体软件操作的组员进行合成。

案例 5

自然、世界与环境话题大单元复习案例

案例类型：大单元复习案例

案例提供：刘伊凡、陶成光、顾　玲、周淑媛（广州外国语学校）

　　　　　周　娇（广州市南沙鱼窝头中学）

　　　　　杨梓悠（广州市海珠区劬劳中学）

案例指导：袁春玉（广州市南沙区教育发展研究院）

案例特色

　　本案例在我区中考复习备考主题教研活动中展示，为全区中考英语复习备考起到了引领示范作用，得到了老师们的一致好评。本案例具有以下三个特色：

　　特色一：词汇树。用词汇树引导学生概括梳理大单元核心词汇短语，形成网，织成片，并在情境性的听说活动中进行结构性输出，在复习词汇的同时，针对性进行英语听说备考。

　　特色二：主题拓展阅读。学生通过阅读 2—3 篇拓展阅读语篇，丰富话题观点，拓展话题词汇，为话题写作做铺垫，同时提升阅读微技能，复习不再是重复旧知识，而是增补新知识。

　　特色三：语言知识关联递进。第一课时"词汇听说课"和第二课时"拓展阅读课"所学习的内容观点和词汇句型与话题写作对应，为学生丰富高效的作文输出做铺垫。

一、提炼主题

　　通过对自然、世界与环境相关话题单元的复习，学生最终能完成一份"保护地球"倡议书，灵活运用有关资源的种类和效用的介绍性表达、有关环境问题及表现的描述性表达和针对环境问题的建议性表达的词汇、短语和句型，如 pollute, environmentally friendly, do harm to/be harmful to, play an important role/part in, realize the importance of, improve one's awareness of, It's our duty to do sth., There be, 以及用现在进行时和情态动词等语法表达目前存在的环境问题的原因、现状，并从社会和个人的角度提出合理的建议，形成"保护地球，从我做起"的意识和责任感。

二、整合内容

自然、环境和世界与环境话题包括 7 个单元，分别是七年级上册 Unit 3 The Earth, Unit 4 Seasons, 七年级下册 Unit 4 Save the trees, Unit 5 Water, Unit 6 Electricity, 九年级下册 Unit 3 The environment, Unit 4 Natural disasters, 内容包括自然环境基本现象、环境问题的原因和环境保护措施三个方面。学生有参与环保日、植树节，进行垃圾分类等相关经历，有一定的环保意识，但受制于生活经验的不足，难以产出除了节约水电、垃圾分类、减少砍伐之外的创新性的环保措施。笔者补充了三个语篇，分别是 *Polar bears and their floating ice*, *Plant lamps* 和 *The more trees, the better*, 使学生进一步了解环境问题对动物的影响，以及更多日常生活中的创新环保举措，为下一步的演讲和倡议书提供内容支撑，同时加深对"保护地球，从我做起"的主题意义的探究。

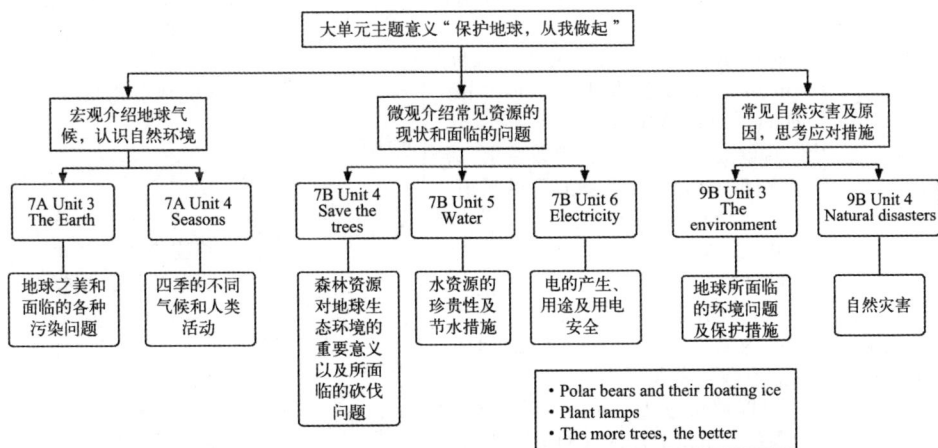

三、大单元整体规划

课时	学习目标	学习内容	学习活动
第一课时 词汇与听说	1. 语言知识：在词汇树建构活动中巩固运用词汇：fresh air, take in, produce oxygen, have a shower, give off harmful gases, cut down, natural disaster, global warming, stop polluting, save energy, raise awareness 等短语；以及 There be, It is + *adj.* + for/of sb. to do, If ..., so that/in order to do sth., It's no good for sb. to do sth., It's a good idea to do sth., We should/can/had better do sth., Why not do sth. 等句型； 2. 运用思维导图关联记忆话题相关词汇、短语及句型； 3. 在新情境中综合运用上述单词短语和句型进行口头表达。	七年级上册 Unit 3 等七个单元的重点词汇、短语、句型和语法点	1. 围绕环境保护，通过问题链与师生问答，形成思维导图，概括梳理保护地球的高频词汇短语和句型 2. 进行"We only have one Earth"主题演讲（地球的作用—地球面临的环境问题—举措建议） 3. 完成语篇归纳与语篇填词练习
第二课时 拓展阅读	1. 理解三个拓展阅读语篇的主要内容、写作意图，积累话题观点； 2. 在阅读过程学习环境保护的相关表达，如：disposable chopsticks, eat out, drop the habit, call on people to do, bring a change to people's eating habits, carry our own chopsticks around, live a greener life, low-carbon activities, recycle old clothes, take action, nature reserve 等； 3. 理解破坏环境带来的严重后果，树立"保护地球，从我做起"的意识。	主题拓展阅读语篇三篇： 1. Polar bears and their floating ice 2. Plant lamps 3. The more trees, the better	1. 完成三篇文章的相应阅读理解练习，如细节理解、写作手法、写作意图、猜词等 2. 学习话题拓展词汇，完成造句练习
第三课时 话题写作	1. 审题：基于作文要求，构思框架和内容要点； 2. 灵活运用前两节课的词汇、短语、观点内容，自主完成"保护树木、守护家园"主题写作； 3. 根据评价量表，对习作进行修改和润色，重点关注内容的丰富性和合理性。	1. 思维导图 2. 写作任务："保护树木，守护家园"主题征文	1. 阅读范文 2. 简单审题，根据写作框架进行头脑风暴，构思内容要点，话题词汇、短语、结构等 3. 独立写作 4. 根据评价量表自评、互评，并修改作文

四、案例实践反馈

（一）授课教师反思

经历三次修改，这一版话题大单元复习资源的"词汇树"更加聚焦核心词汇和关联话题的听说和写作，建构"词汇树"的"问题链"能够帮助教师更好地理解资源编写的意图和使用资源，学生在回答教师的"问题"的过程中复习核心词句，建构话题词汇语义网，培养听说能力。而且，"词汇树"中的词汇、短语在第二、三课时还能多次复现，核心知识得到反复运用、巩固和内化。（广州市海珠区岣嵝中学　杨梓悠）

区域话题大单元复习资源的第一课时的"词汇与听说课"课件和导学案非常好。课前让学生完成导学案上的词汇练习，整体复习；课堂上再用"词汇树"引导学生概括梳理大单元核心词汇短语，并设计层层深入的语言学习活动，结合听说读写四个技能的综合训练进行课堂教学，引导学生在语境中综合运用话题词汇、句型和语法，将零散状态的知识形成知识网络，在复习词汇的同时，也针对性进行英语听说备考。（滨海实验学校　李旭红）

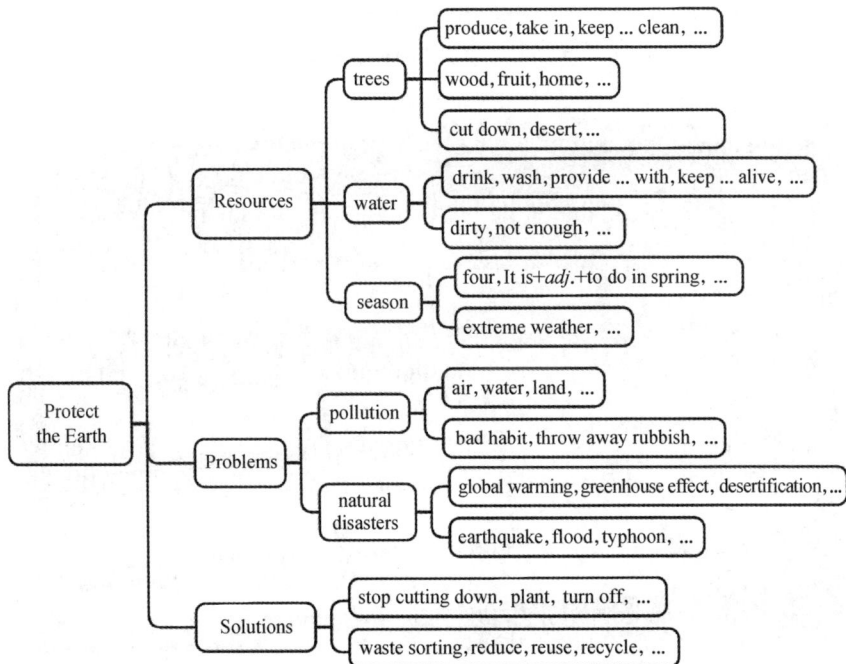

第一课时中教师利用问题链引导学生建构"词汇树"

　　话题大单元复习资源的"整合知识""建构结构性知识"的意识很强，很适合进行话题写作训练，写作训练是中考备考复习的重要内容。以第二课时拓展阅读为例，所选语篇与话题大单元主题意义特别契合，非常适合教授以读促写课，使学生在复习期间也有新鲜的知识输入。在第三课时中，学生在情境性写作任务的引导下，自主提取前两个课时的内容观点和词汇句型，进行整体性输出，提升写作能力。（广州外国语学校　陶成光）

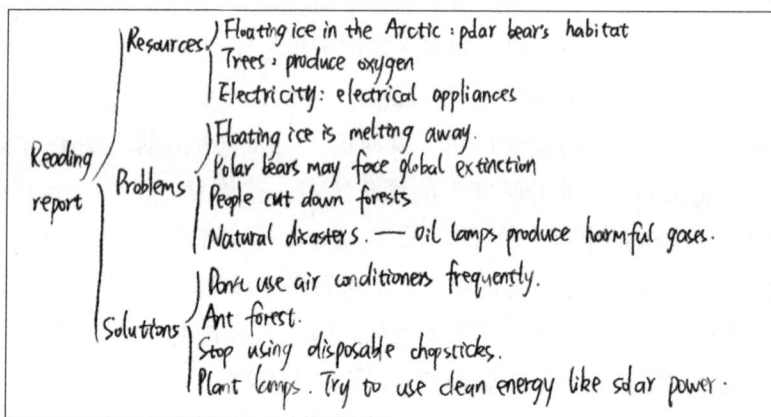

第二课时中拓展阅读后的主题演讲提纲

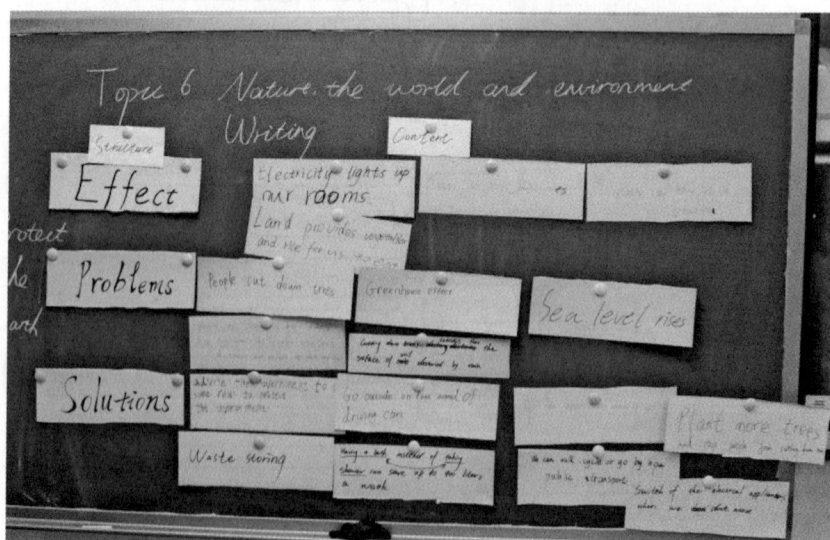

第三课时中写前头脑风暴活动

（二）专家点评

话题大单元复习是基于当前中考英语第一轮复习中重复性高、碎片化、缺乏新鲜感，学生参与兴趣不高的现状；基于沪教版教材以话题划分单元，知识复现和螺旋上升的特点；结合框架理论、读写融合理论在语言知识学习中的运用，将深度学习单元整体教学的理念迁移运用到初中英语复习教学中，建构的复习模式。话题大单元复习模式将初中教材 46 个单元整合为 11 个话题大单元，以话题为单位将零散的知识进行整合，形成结构性的知识并在语境中输出运用，将语言知识技能的提升与中考备考策略的培养有机整合，缩短复习进程，提高复习效率。其基本流程是"讨论话题（词汇与听说）→拓展话题（拓展阅读）→综合运用（话题写作）"，遵循语言知识习得规律，从听、说、读到写，三个课时主题统一，互相关联递进。

教师在使用资源的时候，一要充分阅读教学设计和课件，理解课时之间的关联，关注语言知识的复现递进，如：第一、二课时所学词汇在第三课时的复现和运用，第一课时口头表达与第三课时写作任务的关联，第二课时拓展阅读语篇所涉及的内容观点可以用在第三课时的写作中等等，这样才能用好资源，提高复习效率；二是要基于学情灵活处理容量和课时，大部分话题都设计了三个课时，部分偏简单的话题设计为两个课时，听说与写作可以合并为一个课时，拓展阅读课一般是三个语篇，教师可以基于学情，适当删减。（南沙区初中英语教研员　袁春玉）

附录

第一课时建构"词汇树"问题链：

What can people get from me?

1. What can people do with water?

2. What can trees bring to us? How does it work?

3. How many seasons are there on Earth? What do people usually do in each season?

What's wrong with me?

1. What caused water and air pollution?

2. What are the bad habits of human beings?

3. If people cut down too many trees, what problems will it cause?

4. Are there any other problems?

What can people do to help me?

1. What can people do to deal with water and air pollution?

2. How can people change their bad habits?

3. What should people do to save trees?

4. What should people do to prevent more natural disasters from happening?

参考文献

［1］杨玉琴.深度学习是指向核心素养的学习［J］.基础教育课程，2018，（06）：16－18.

［2］刘月霞，郭华.深度学习：走向核心素养.［M］北京：教育科学出版社，2018

［3］王蔷，李亮.推动核心素养背景下英语课堂教—学—评一体化：意义、理论与方法［J］.课程.教材.教法，2019，39（05）：114－120. DOI：10.19877/j. cnki. kcjcjf. 2019. 05. 016.

［4］王蔷，孙薇薇，蔡铭珂，等.指向深度学习的高中英语单元整体教学设计［J］.外语教育研究前沿，2021，4（01）：17－25+87－88.

［5］卜彩丽，冯晓晓，张宝辉.深度学习的概念、策略、效果及其启示——美国深度学习项目（SDL）的解读与分析［J］.远程教育杂志，2016，34（05）：75－82. DOI：10.15881/j. cnki. cn33－1304/g4. 2016. 05. 008.

［6］冯嘉慧.深度学习的内涵与策略——访俄亥俄州立大学包雷教授［J］.全球教育展望，2017，46（09）：3－12.

［7］吕林海.意义建构与整体学习：基于脑的学习与教学理论的核心理念［J］.教育理论与实践，2006，（15）：54－57.

［8］李戎.关于"整体语言教学法"的学习与实践［J］.民族教育研究，2007，（05）：114－119. DOI：10.15946/j. cnki. 1001－7178. 2007. 05. 024.

［9］格兰特·威金斯，杰伊·麦克泰格.追求理解的教学设计［M］上海：华东师范大学出版社，2017.

［10］夏雪梅.项目化学习设计：学习素养视角下的国际与本土实践［M］北京：教育科学出版社，2018.

［11］高浦胜义.综合学习的理论、实践和评价［M］.东京：黎明书房，1998.

［12］王蔷.全面和准确把握英语课程内容是落实课程目标的前提［J］.英语学习，2022，（04）：18－33.

［13］中华人民共和国教育部.普通高中英语课程标准（2017年版2020年修

订）［M］北京：人民教育出版社，2020.

［14］苗兴伟，罗少茜.基于语篇分析的阅读圈活动设计与实施［J］.中小学外语教学（中学篇），2020，43（09）：1－5.

［15］韩宝成.整体外语教学的理念［J］.外语教学与研究，2018，50（04）：584－595+641.

［16］李宝荣，闻超，庞淼，等.基于主题意义进行单元整体教学的实践思路和策略［J］.英语学习，2019，（02）：32－45.

［17］贾茗越.英语教学主题意义探究情境创设的"四化"策略［J］.教学月刊·中学版（教学参考），2019，（12）：3－7.

［18］程晓堂，周宇轩.主题、话题、主题意义概念辨析［J］.中小学外语教学（中学篇），2023，46（06）：1－5.

［19］程晓堂.义务教育英语课程标准关键问题解读［J］.中小学外语教学（中学篇），2022，45（07）：1－8.

［20］杨九俊.学习任务群：语文学习的创新样态［N］.中国教育报，2022－06－1.

［21］王蔷，周密，蔡铭珂.基于大观念的高中英语单元整体教学设计［J］.中小学外语教学（中学篇），2021，44（01）：1－7.

［22］中华人民共和国教育部，义务教育英语课程标准（2022年版）［M］北京：北京师范大学出版社，2022.

［23］王蔷.新课程背景下英语课堂教、学、评一体化设计［EB/OL］https：//v.youku.com/v_show/id_XNTAxNTEyNDkxMg==.html，2020.

［24］魏惠，程晓堂.初中英语单元教学目标设计的理念与实践［J］.课程.教材.教法，2022，42（08）：137－144.DOI：10.19877/j.cnki.kcjcjf.2022.08.017.

［25］程晓堂.基于主题意义探究的英语教学理念与实践［J］.中小学外语教学（中学篇），2018，41（10）：1－7.

［26］葛炳芳.主题、话题和主题意义的区别及其对基础外语教学的启示［J］.英语学习，2022，（10）：4－9.

［27］王蔷，周密，蒋京丽，等.基于大观念的英语学科教学设计探析［J］.课程.教材.教法，2020，40（11）：99－108.DOI：10.19877/j.cnki.kcjcjf.2020.11.014.

[28] 衡很亨. 基于主题意义探究的英语读写结合教学策略 [J]. 中小学外语教学（中学篇），2021，44（08）：45－50.

[29] 余文森，龙安邦. 论义务教育新课程标准的教育学意义 [J]. 课程. 教材. 教法，2022，42（06）：4－13. DOI：10.19877/j.cnki.kcjcjf.2022.06.019.

[30] 文子怡，林红，敖娜仁图雅，等. 英语学习活动观理念下以关联为核心的活动设计 [J]. 中小学外语教学（小学篇），2023，46（08）：1－6.

[31] 陈庆. 初中英语课堂教学评价的现状，问题及对策研究 [J]. 佳木斯职业学院学报，2018，（08）：280.

[32] 乔成玉. 农村初中英语课堂评价存在的问题及对策探析 [J]. 教学实践，2016（9）：141.

[33] 丁丽云. "教-学-评一体化"实施过程中的问题及其解决对策 [J]. 中国教育学刊，2018，（03）：66－68.

[34] 谢翌，杨志平. 大作业观：主要内涵与实践路径 [J]. 课程. 教材. 教法，2022，42（01）：10－17. DOI：10.19877/j.cnki.kcjcjf.2022.01.019.

[35] 王月芬. 重构作业：课程视域下的单元作业 [M]. 北京：教育科学出版社. 2021.

[36] 倪碧宏. 开放性作业操作例谈 [J]. 教学与管理，2002，（35）：74－75.

[37] 陈新忠. 高中英语教学中语篇的主题与主题意义 [J]. 英语学习，2018，（11）：8－10.

[38] 孙引，陈则航，庞培. 新课标理念下现行初中英语教材的使用探究 [J]. 中小学外语教学（中学篇），2023，46（08）：22－27.

[39] 王学鹏，谢萍. 初中英语单元主题意义探究的路径研究 [J]. 中小学英语教学与研究，2023，（09）：11－15.

[40] 颜瑞华. 基于单元整体教学理念的单元整体教学设计 [J]. 教书育人：教师新概念，2021（12）：2.

[41] 张敏，冯辉，孙清莹. 基于结构化知识的英语读写结合教学探析 [J]. 中小学外语教学（中学篇），2023，46（06）：30－35.

[42] 李海，何关远，李燕. 思维导图在高中英语阅读教学中的运用 [J]. 基础外语教育，2016，18（05）：81－87+111.

[43] 应周积，傅飞波. 多技能融合的阅读教学初探 [J]. 中小学外语教学（中学篇），2023，46（02）：49－54.

［44］安富海. 促进深度学习的课堂教学策略研究［J］. 课程. 教材. 教法，2014，34（11）：57－62. DOI：10. 19877/j. cnki. kcjcjf. 2014. 11. 011.

［45］黄维强. 在英语阅读教学中融入思维品质培养的实践［J］. 中小学外语教学（中学篇），2017，40（11）：6－12.

［46］万红红. 培养学生高阶思维能力的初中英语读后教学实践［J］. 中小学外语教学（中学篇），2021，44（01）：40－44.

［47］张秋会，王蔷. 浅析文本解读的五个角度［J］. 中小学外语教学（中学篇），2016，39（11）：11－16.

［48］王蔷. 从综合语言运用能力到英语学科核心素养——高中英语课程改革的新挑战［J］. 英语教师，2015，15（16）：6－7.

［49］王惠平. 建构主义学习理论下的高职英语情境教学［J］. 长治学院学报，2010，27（06）：78－79.

［50］张娟，何莲珍. 义务教育英语学业质量标准的解读与应用前景展望［J］. 中小学外语教学（中学篇），2022，45（11）：1－7.

［51］朱彩霞. 基于思维导图的高中英语课文复述［J］. 基础教育论坛，2021，（08）：33－34.

［52］黄贻宁，黄远振. 义务教育英语课程内容的变革意蕴与教学路径［J］. 课程. 教材. 教法，2023，43（03）：111－117. DOI：10. 19877/j. cnki. kcjcjf. 2023. 03. 022.

［53］程晓堂. 关于英语语法教学问题的思考［J］. 课程·教材·教法，2013，33（04）：62－70. DOI：10. 19877/j. cnki. kcjcjf. 2013. 04. 010.

［54］袁露露. 基于语篇阅读的英语语法课教学设计［J］. 中小学外语教学（中学篇），2021，44（05）：6－12.

［55］张理英. 基于主题语境的初中英语语法教学实践［J］. 中小学外语教学（中学篇），2022，45（03）：26－31.

［56］方涵，刘钰. 基于多模态语篇的高中英语看的教学策略［J］. 中小学外语教学（中学篇），2019，42（07）：20－25.

［57］张舫. 基于三维动态语法观的高中英语语法教学实践［J］. 中小学外语教学（中学篇），2021，44（08）：56－60.

［58］侯姝琛，杨娜. 基于三维动态语法观的高中英语语法教学活动设计例析［J］. 中小学外语教学（中学篇），2020，43（10）：42－47.

［59］张伊娜. 探索主题语境下深度阅读教学的新思路——谈"拓展性阅读"教学的价值、意义与原则［J］. 教育视界，2019，0（25）：4－8

［60］张祥锦. 主题拓展阅读在初中英语教学中的尝试［J］. 中小学外语教学（中学篇），2021，44（05）：13－17.

［61］崔允漷. 如何开展指向学科核心素养的大单元设计［J］. 北京教育（普教版），2019，（02）：11－15.

［62］梅德明. 普通高中课程标准（2017年版2020年修订）教师指导 英语［M］上海：上海教育出版社，2020.

［63］顾雪丹. 初中英语主题阅读的教学实践与思考［J］. 中小学外语教学（中学篇），2019，42（09）：26－31.

［64］葛炳芳. 英语阅读教学的综合视野：内容、思维和语言（第二版）［M］. 杭州：浙江大学出版社. 2014.

［65］谢丽芹. 微写作在初中英语教学中的应用［J］. 课程教材教学研究（教育研究），2019，（Z6）：95－96.

［66］李学萍. 初中英语写作的有效教学对策［J］. 河南教育（教师教育），2023，（04）：66－67. DOI：10.16586/j. cnki. 41－1033/g4. 2023.04.018.

［67］陆美琼. 微写作在初中英语教学中的应用［J］. 广西教育，2022，（04）：70－72.

［68］王蔷.《普通高中英语课程标准（2017年版）》六大变化之解析［J］. 中国外语教育，2018，11（02）：11－19+84.

［69］张智丰. 基于"输出驱动—输入促成假设"的高中英语读写结合教学［J］. 中小学英语教学与研究，2019，（06）：35－40.

［70］郑葳，刘月霞. 深度学习：基于核心素养的教学改进［J］. 教育研究，2018，39（11）：56－60.

［71］程晓堂，但巍. 基础教育阶段英语课程的核心理念解读［J］. 课程·教材·教法，2012，32（03）：57－63. DOI：10.19877/j. cnki. kcjcjf. 2012.03.008.

［72］王勇. 围绕主题意义探究开展高中英语单元整体教学［J］. 中小学外语教学（中学篇），2021，44（05）：59－64.

［73］东尼·博赞. 思维导图：放射性思维［M］. 北京：作家出版社. 1998.

［74］东尼·博赞，克里斯·格里菲斯. 思维导图实践版［M］. 北京：化学工业

出版社. 2016.

[75] 付骥. 依托单元主题运用思维可视化和语块，提高英语写作教学水平 [J]. 中小学英语教学与研究，2019，（08）：51-55.

[76] 俞希，王守仁.《义务教育英语课程标准》词汇表修订原则和教学实施建议 [J]. 外语教育研究前沿，2023，6（02）：37-43+94. DOI：10.20083/ j. cnki. fleic. 2023. 02. 037.

[77] 蔡红. 单元整体教学视角下的高中英语词汇教学 [J]. 英语学习，2021，（11）：15-19.

[78] 张华. 课程与教学论 [M]. 上海：上海教育出版社，2000.

[79] 张泰刚. 主题意义探究视阈下英语课堂学习活动设计存在的主要问题分析 [J]. 中小学英语教学与研究，2020，（06）：25-28.

[80] Halliday, M. A. K. & Hasan, R. Language, Context, and Text：Aspects of Language in a Social-Semiotic Perspective（Language Education）（2nd ed. ）[M] Oxford：Oxford University Press. 1989.

[81] Stephen D. Krashen. Second Language Acquisition and Second Language Learning [M]. Oxford：Pergamon Press. 1981.

后　记

　　十年的持续研究，离不开深度学习项目专家孜孜不倦的高位引领，南沙区教育发展研究院领导的持续支持，和广大一线教师的积极配合。

　　感谢王蔷教授、孙铁玲老师对我区初中英语深度学习单元教学的指导，给我们带来新理念，指导单元设计模板，参与我区课例展示活动，以及线上线下及时解答，为我们解决研究路上的一个个难题。感谢广东省英语教研员王琳珊老师、广州市英语教研员何琳老师，大力支持我区开展单元教学研究，并为我的团队创造案例展示和交流学习的机会。

　　感谢南沙区教育发展研究院给我提供了优秀的研究平台，为学科研究制定了清晰的推进路线，组织开展系列主题研修活动，引导学科提炼与推广研究成果，在研究过程中给予极大的支持。

　　感谢我的团队成员，他们支持我的研究计划，积极开展子课题研究、开发新案例、承担课例展示活动，共同推进研究的主题化、系列化和课程化发展。其中，冯桃、杨政、张文晗、杜翠珍、童宇超、陈洁璇、周娇、温华敏、范娟、杨梓悠、李宇航、王丽梅老师与我共同完成本书的部分章节。

　　最后，要感谢南沙区广大一线英语教师们，在两轮行动研究过程中，全区初中英语教师们积极实践我们的单元教学设计，通过课堂实践验证单元整体教学的科学性和有效性，撰写了300多份实践反馈报告，为案例的优化修改提供了宝贵建议，在此表示衷心感谢！

　　由于水平有限，本书若有不当之处，欢迎老师们通过邮件（465555687@qq.com）与我联系，共同探讨，推进初中英语单元整体教学的研究。

袁春玉